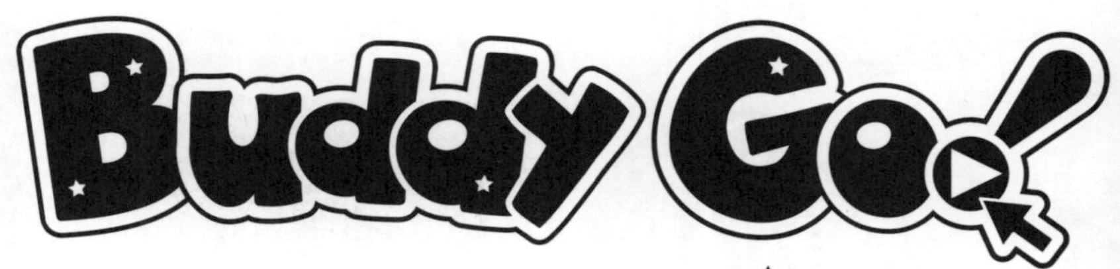

Minori Kurosaki

Band neun!

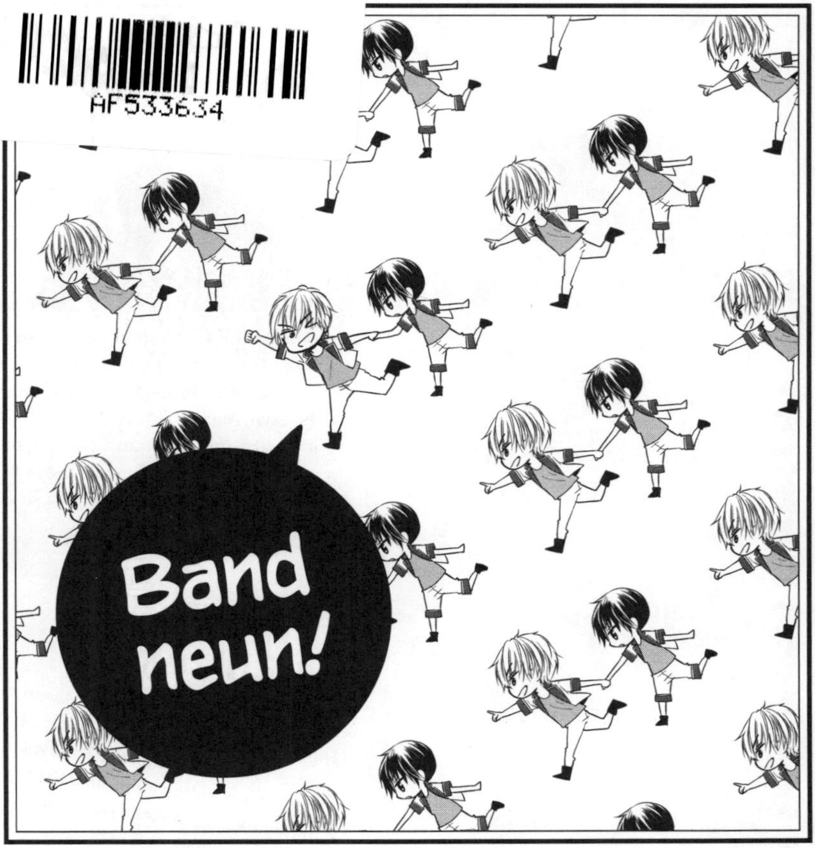

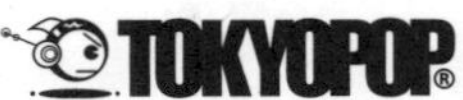

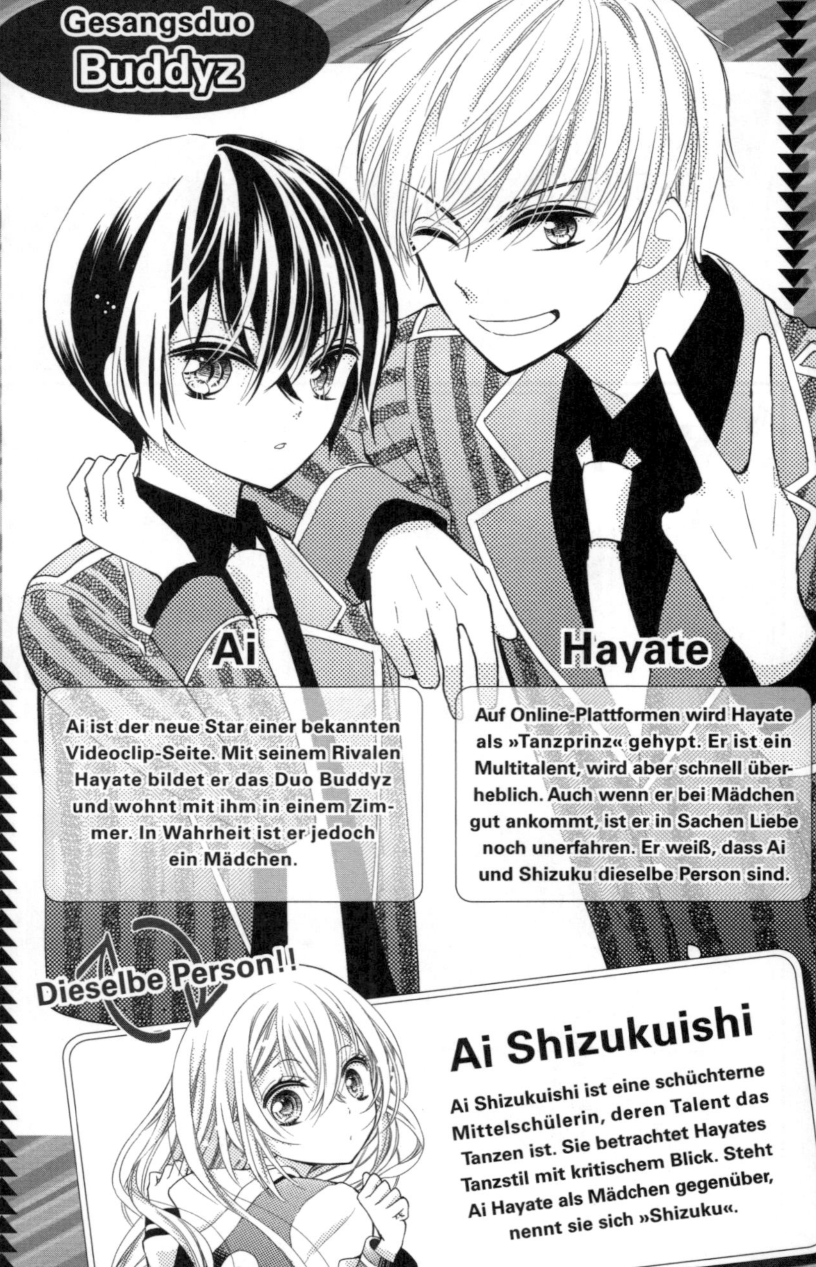
Gesangsduo
Buddyz
Ai
Hayate
Ai ist der neue Star einer bekannten Videoclip-Seite. Mit seinem Rivalen Hayate bildet er das Duo Buddyz und wohnt mit ihm in einem Zimmer. In Wahrheit ist er jedoch ein Mädchen.
Auf Online-Plattformen wird Hayate als »Tanzprinz« gehypt. Er ist ein Multitalent, wird aber schnell überheblich. Auch wenn er bei Mädchen gut ankommt, ist er in Sachen Liebe noch unerfahren. Er weiß, dass Ai und Shizuku dieselbe Person sind.
Dieselbe Person!!
Ai Shizukuishi
Ai Shizukuishi ist eine schüchterne Mittelschülerin, deren Talent das Tanzen ist. Sie betrachtet Hayates Tanzstil mit kritischem Blick. Steht Ai Hayate als Mädchen gegenüber, nennt sie sich »Shizuku«.

Buddy Go! Story & Charaktere

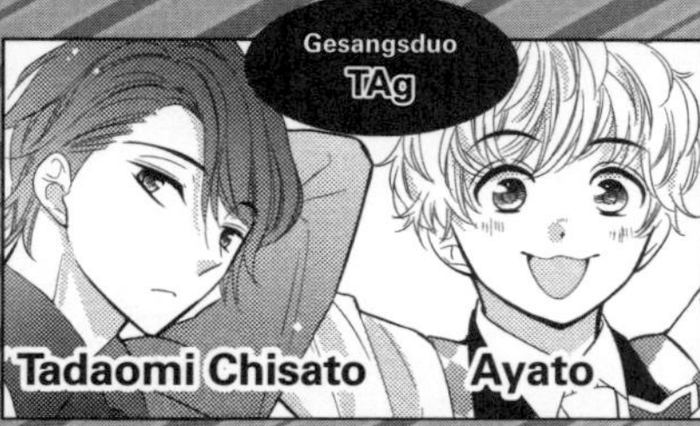

Auch »Omi« genannt. Ein cooler Typ. Geht ins dritte Highschool-Jahr.

Hayates großer Bruder. Seit Kindertagen mit Tadaomi befreundet.

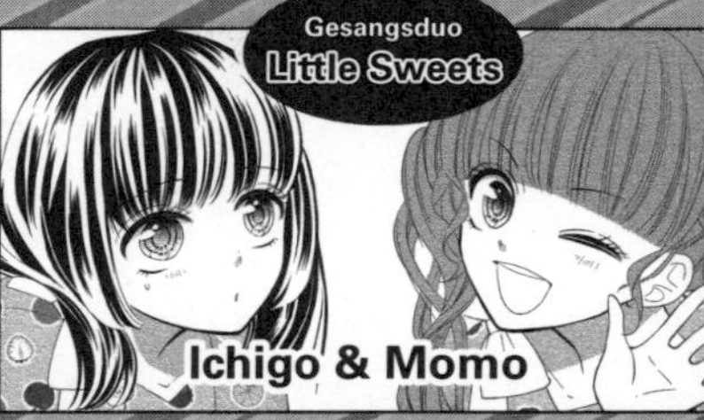

Ichigo ist ein zurückhaltendes und braves Mädchen. Sie hat Ai sehr gern.

Momo ist ein heiteres und aufgewecktes Mädchen. Sie hat Gefühle für Hayate.

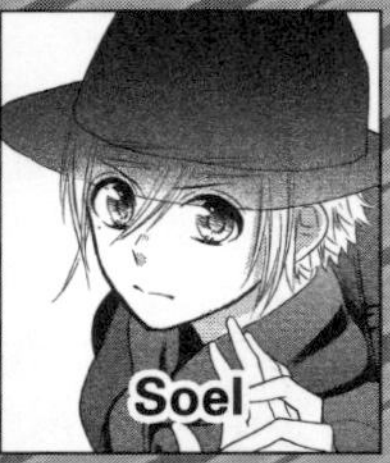

Aushängeschild der Agentur Ace Idol. Fungiert als Mentor für Buddyz und kennt Ais wahres Ich.

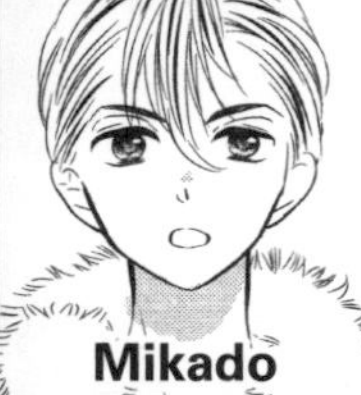

Frontmann der Gruppe Shot. Ein Tanztalent und ebenbürtiger Gegner. Er kennt Ais Identität.

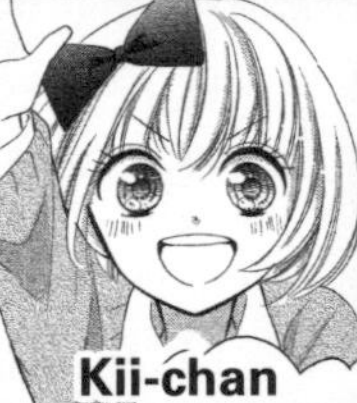

Ais beste Freundin. Ermutigte Ai, ihre Tanzvideos auf Smido hochzuladen.

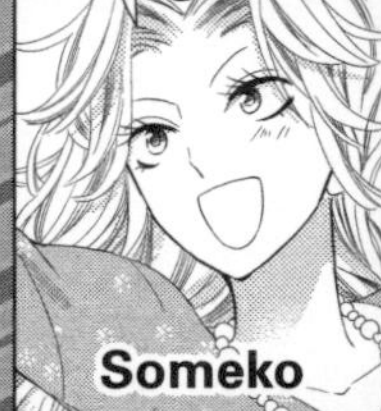

Musikproduzentin bei Ace Idol. Möchte, dass Buddyz groß rauskommen.

Als der Popstar Hayate online auf den Amateurtänzer Ai aufmerksam wird, überredet er ihn, zu einem Casting zu gehen. Kurz entschlossen macht Hayates Produzentin aus den beiden das Duo Buddyz. Hayate begreift schnell, dass Ai ein Mädchen ist, und verliebt sich in sie. Als Buddyz mit dem Duo TAg einen Musikvideo-Battle auf die Beine stellen, entstehen neue Koops, aber auch Konflikte. Dass TAg aus Hayates Bruder Ayato und seinem Kumpel Omi besteht, treibt nicht nur die Verkäufe in die Höhe, sondern sorgt auch für frischen Gesprächsstoff. Als ein eifersüchtiger Soel-Fan damit droht, Ais Identität zu enthüllen, entscheidet sich Soel, die Ace Idol Agentur zu verlassen. Hayate weiß, dass er Gefühle für Ai hat, und überzeugt ihn, seine Kündigung zurückzuziehen. Er ermutigt Soel sogar, Ai seine Gefühle zu offenbaren …

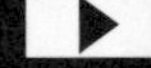
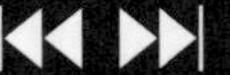
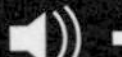

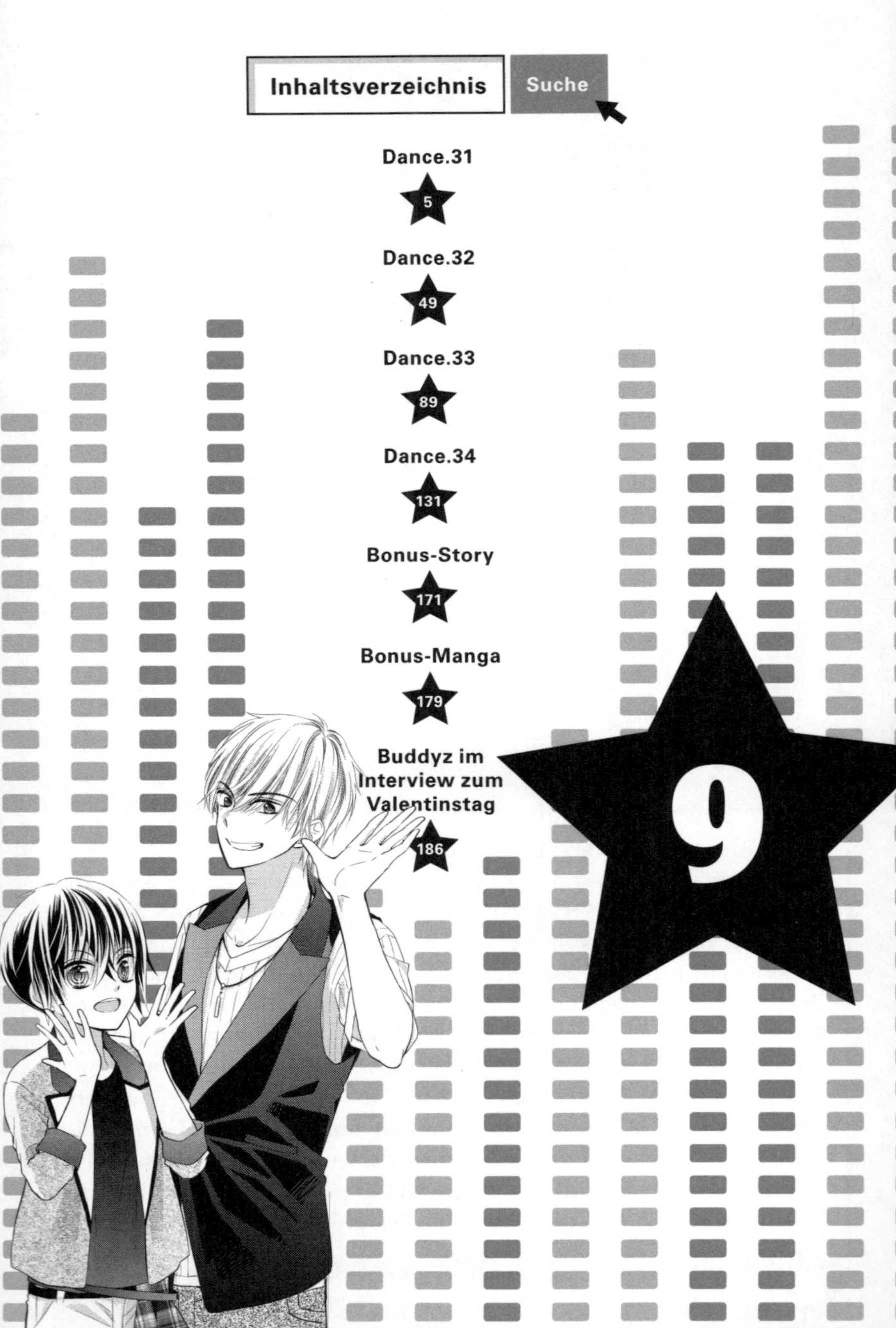

Inhaltsverzeichnis

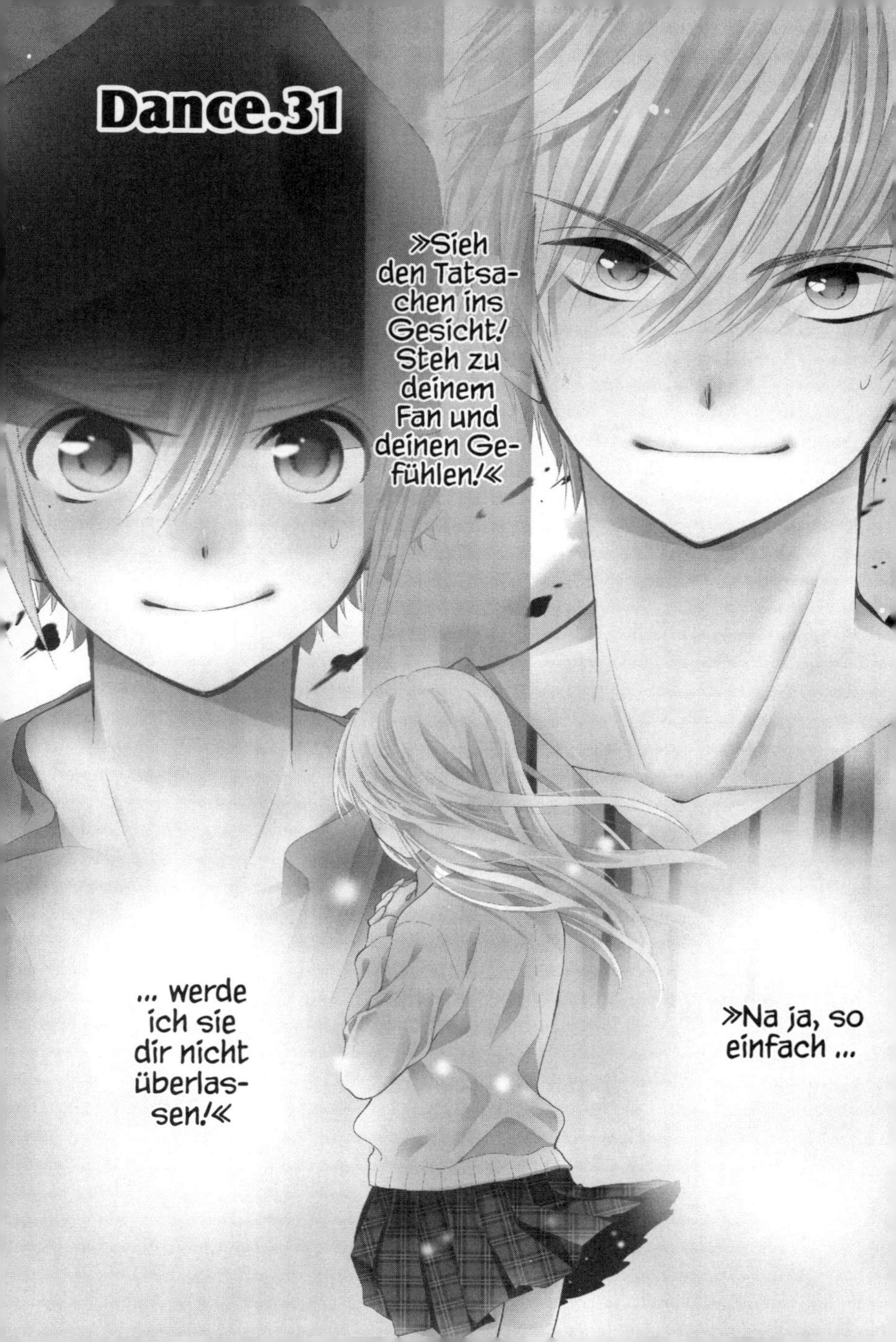
Dance.31
»Sieh den Tatsa-chen ins Gesicht! Steh zu deinem Fan und deinen Ge-fühlen!«
»Na ja, so einfach ...
... werde ich sie dir nicht überlas-sen!«

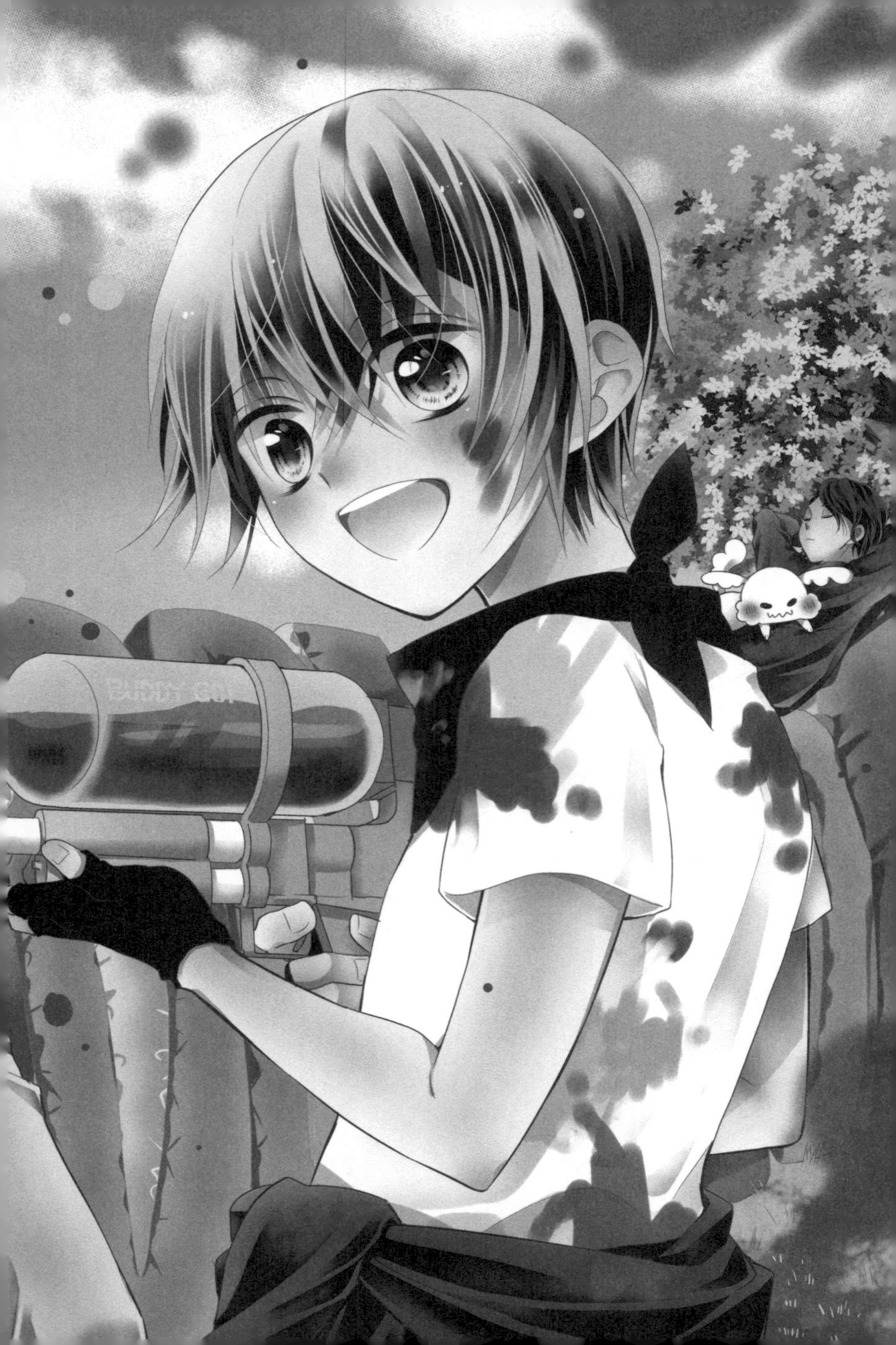

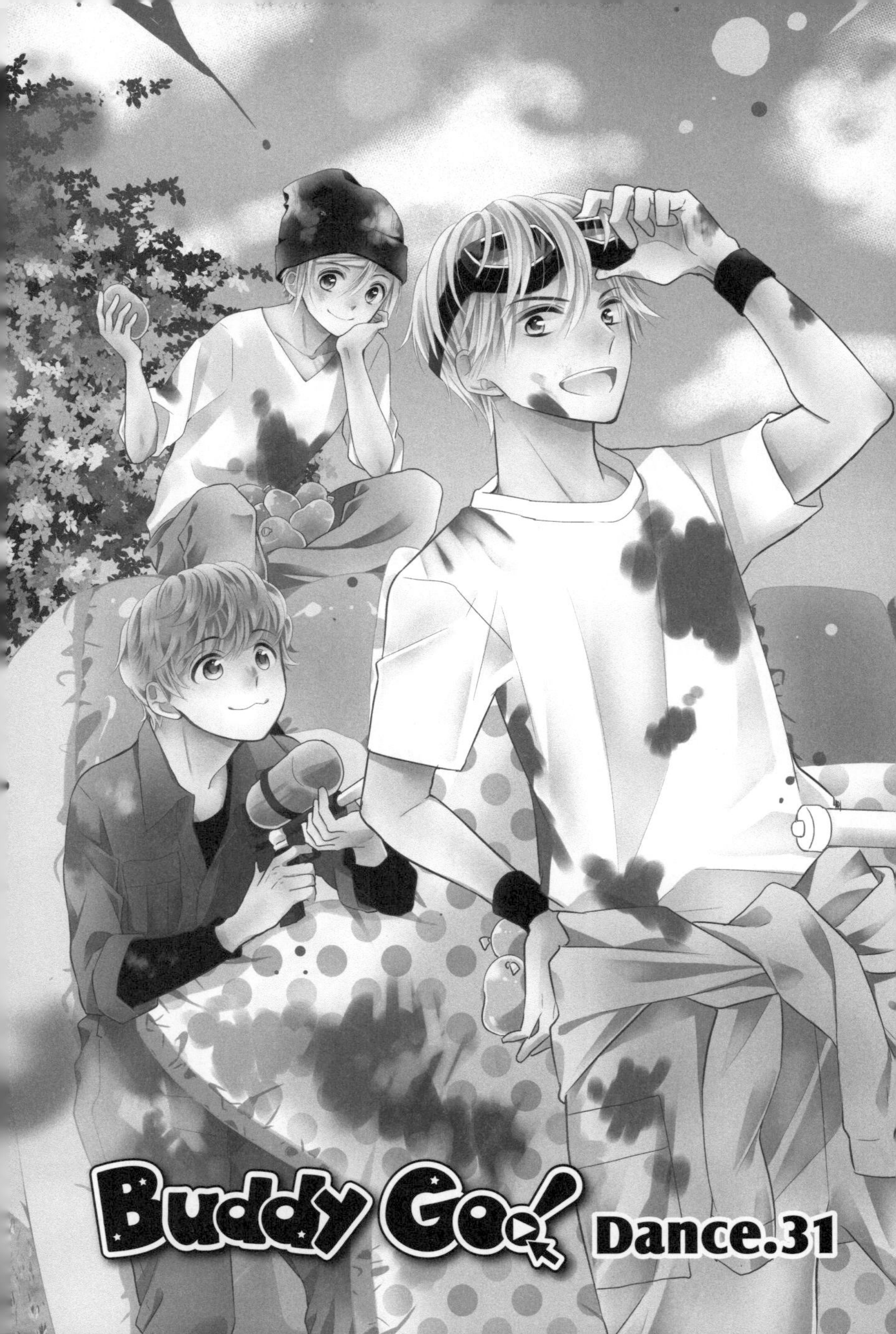
Buddy Go!
Dance.31

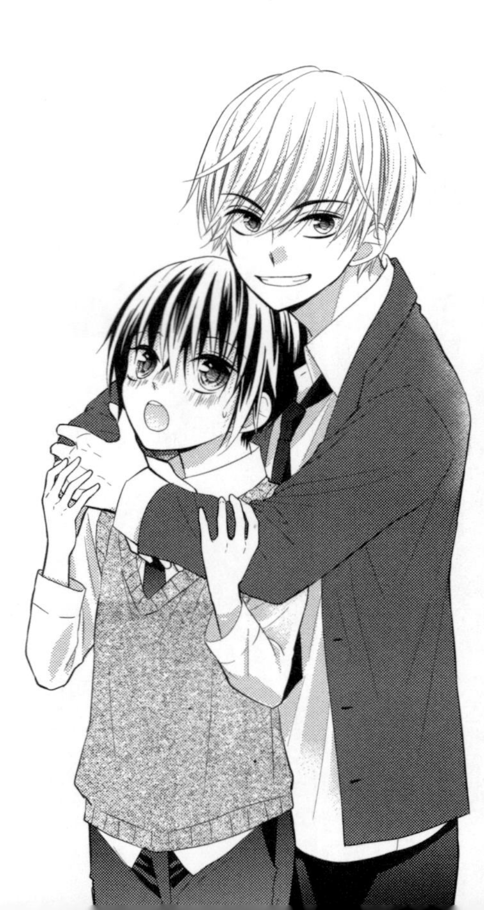

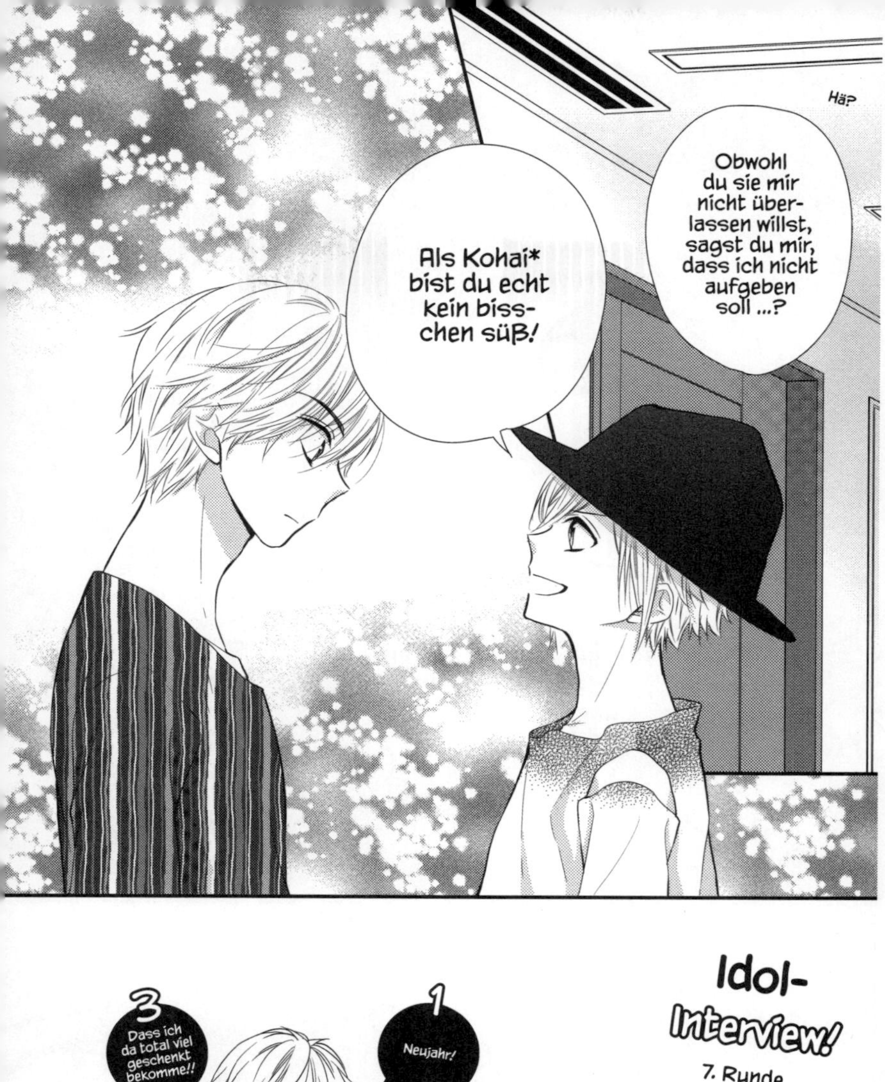

Hä?

Obwohl du sie mir nicht überlassen willst, sagst du mir, dass ich nicht aufgeben soll ...?

Als Kohai* bist du echt kein bisschen süß!

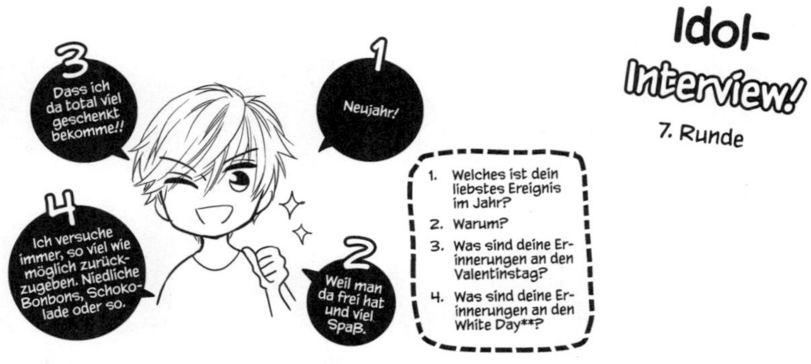

*Anrede für jüngere Schüler, Studien- und Arbeitskollegen
**In Japan schenken die Mädchen den Jungs am Valentinstag Süßigkeiten, am White Day revanchieren sich die Jungs.

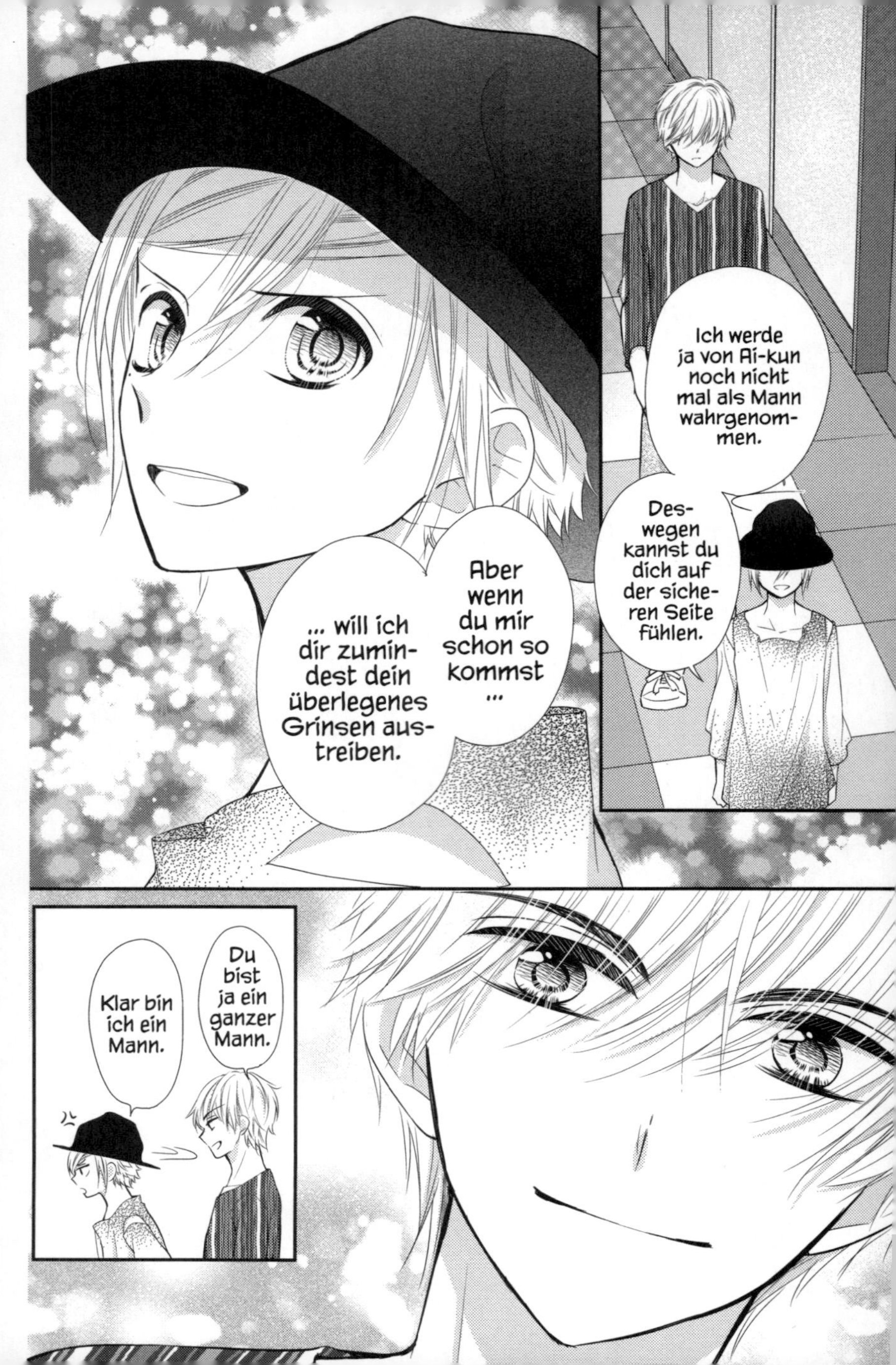
Ich werde ja von Ai-kun noch nicht mal als Mann wahrgenommen.
Deswegen kannst du dich auf der sicheren Seite fühlen.
Aber wenn du mir schon so kommst ...
... will ich dir zumindest dein überlegenes Grinsen austreiben.
Du bist ja ein ganzer Mann.
Klar bin ich ein Mann.

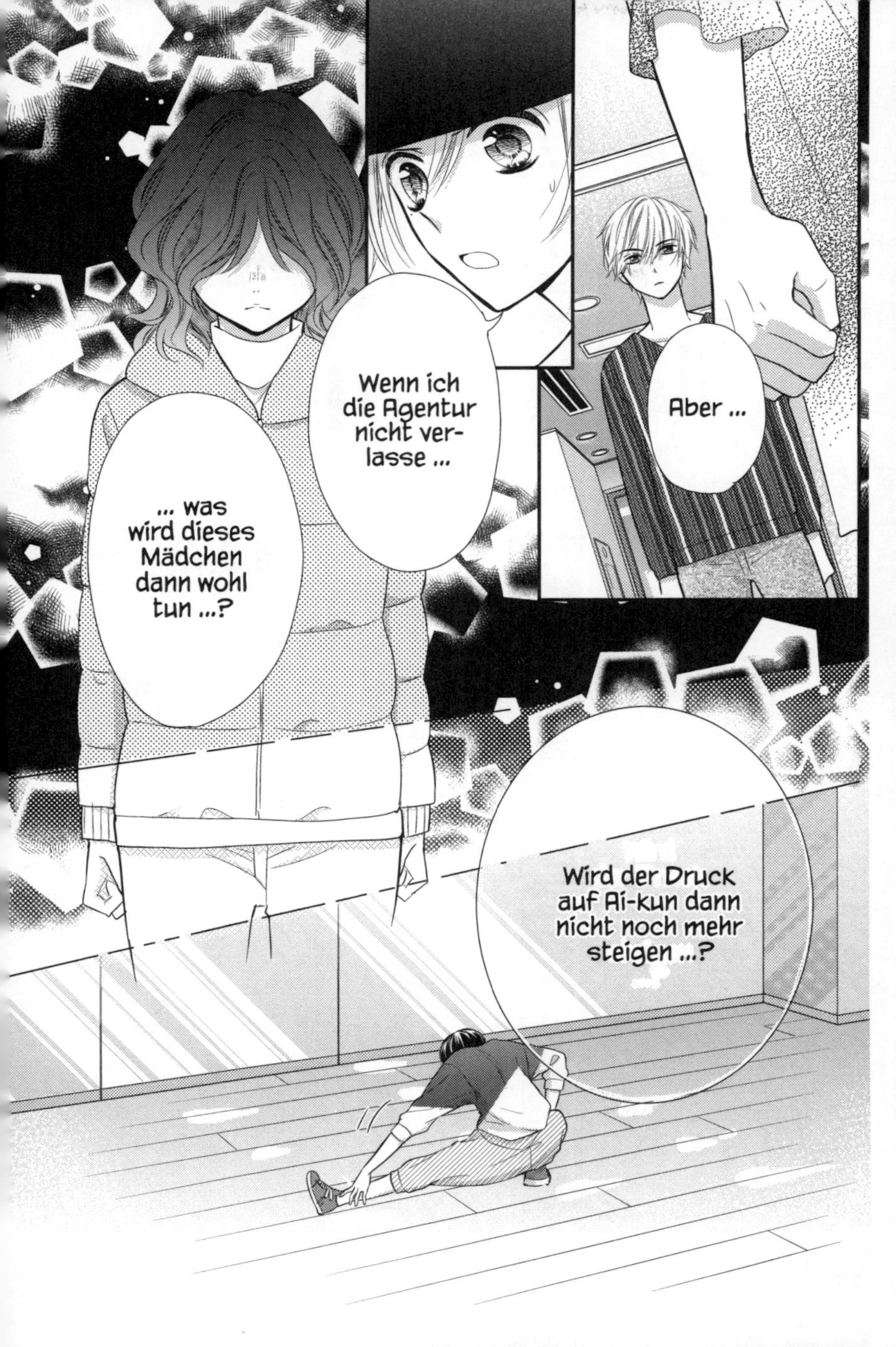
Aber ...
Wenn ich die Agentur nicht ver-lasse ...
... was wird dieses Mädchen dann wohl tun ...?
Wird der Druck auf Ai-kun dann nicht noch mehr steigen ...?

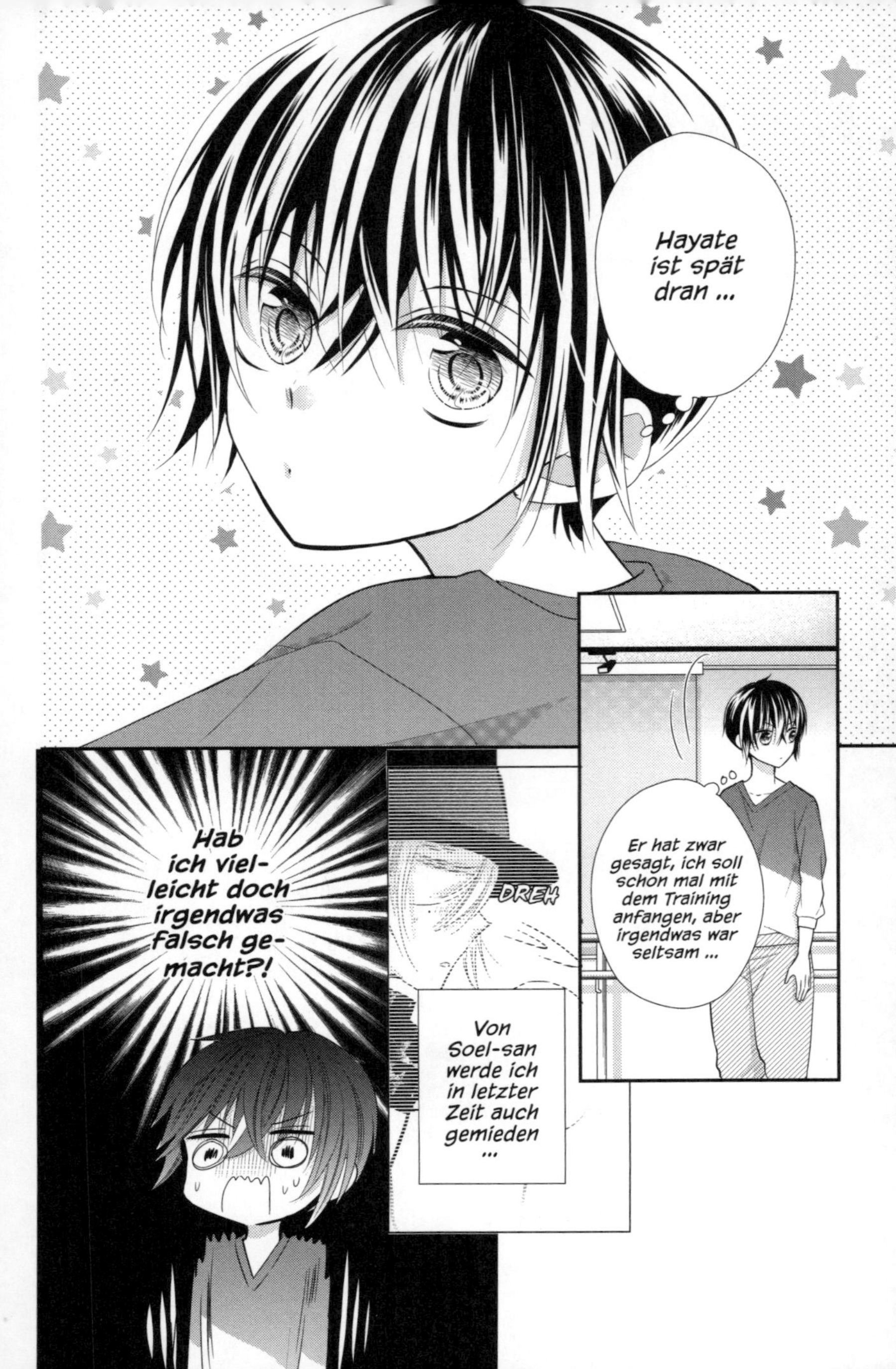
Hayate ist spät dran ...
Er hat zwar gesagt, ich soll schon mal mit dem Training anfangen, aber irgendwas war seltsam ...
DREH
Von Soel-san werde ich in letzter Zeit auch gemieden ...
Hab ich viel-leicht doch irgendwas falsch ge-macht?!

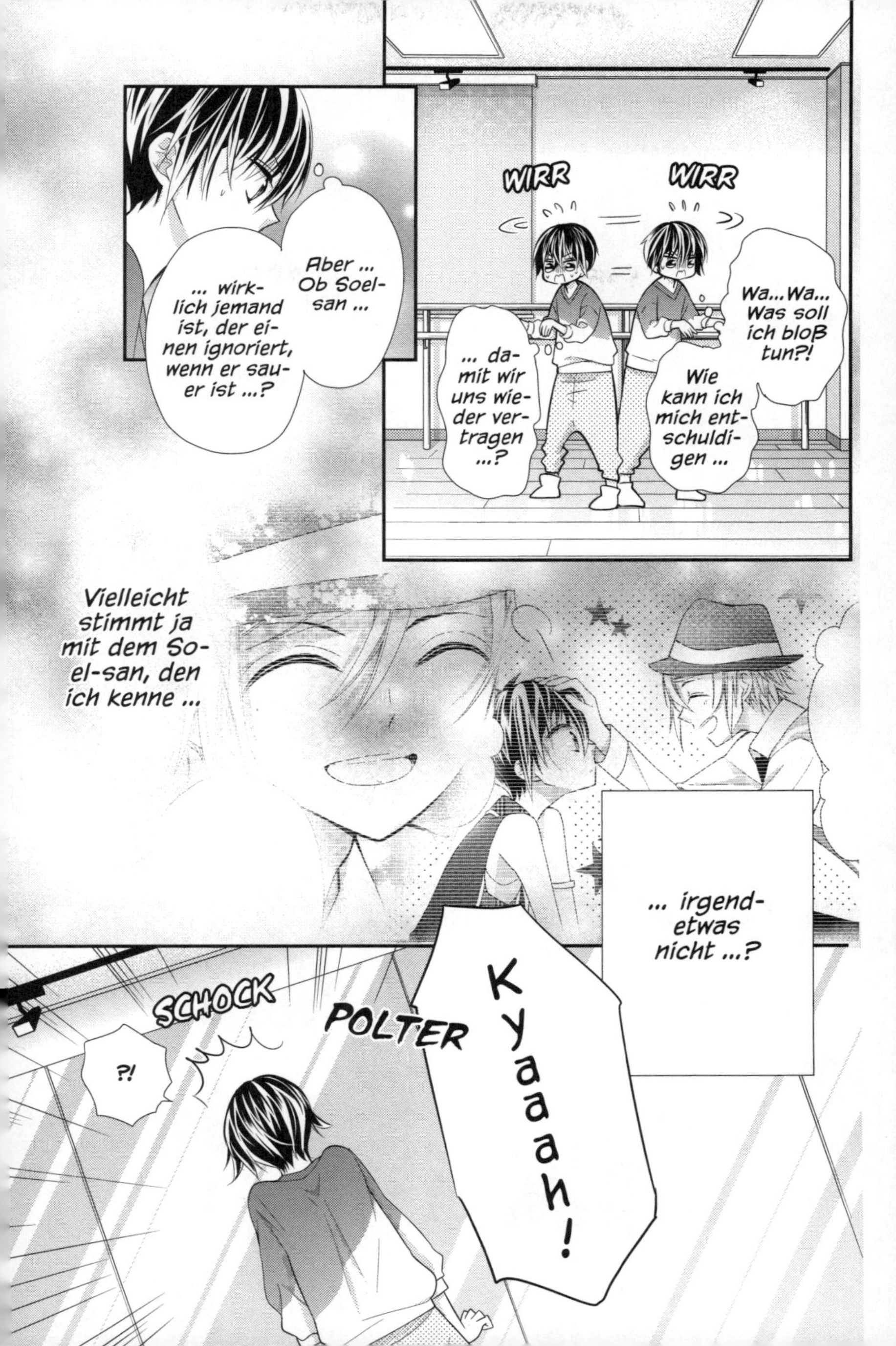
WIRR
WIRR
Wa...Wa... Was soll ich bloß tun?!
Wie kann ich mich ent-schuldi-gen ...
... da-mit wir uns wie-der ver-tragen ...?
Aber ... Ob Soel-san ...
... wirk-lich jemand ist, der ei-nen ignoriert, wenn er sau-er ist ...?
Vielleicht stimmt ja mit dem So-el-san, den ich kenne ...
... irgend-etwas nicht ...?
Kyaaah!
POLTER
SCHOCK
?!

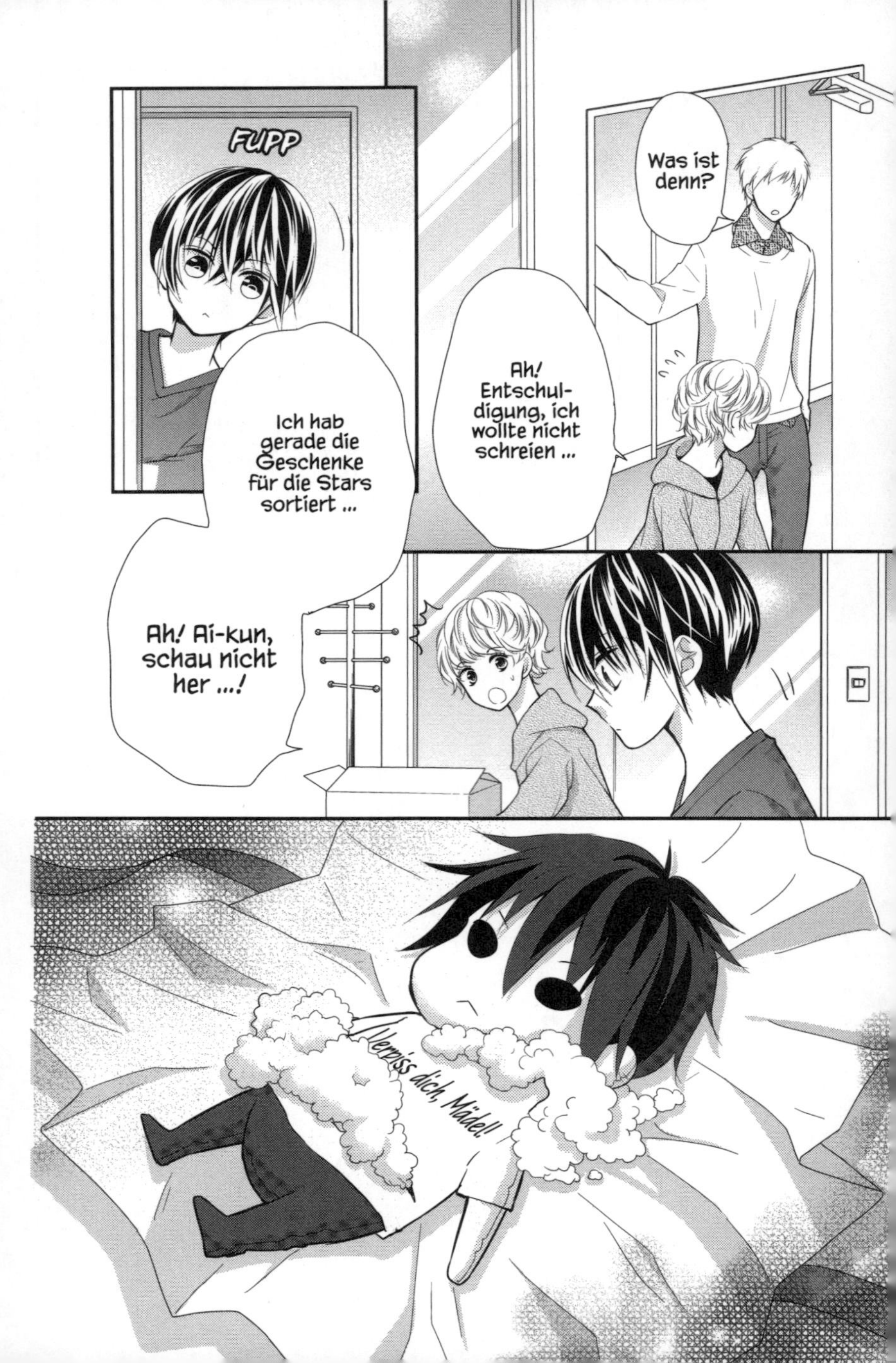

Was ist denn?
Ah! Entschuldigung, ich wollte nicht schreien ...
FUPP
Ich hab gerade die Geschenke für die Stars sortiert ...
Ah! Ai-kun, schau nicht her ...!
Verpiss dich, Mädel!

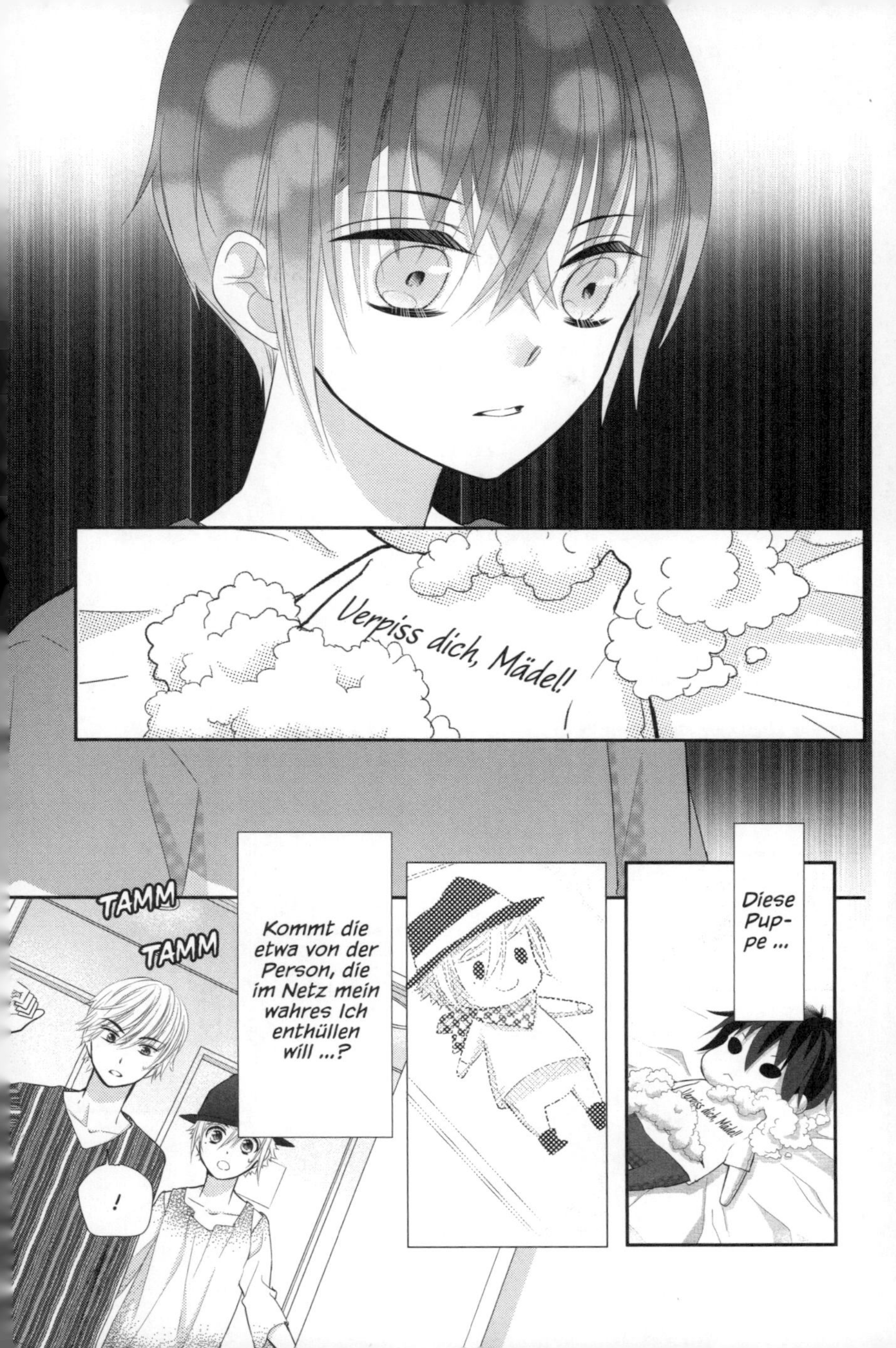
Verpiss dich, Mädel!
Diese Puppe ...
Kommt die etwa von der Person, die im Netz mein wahres Ich enthüllen will ...?
TAMM
TAMM
!

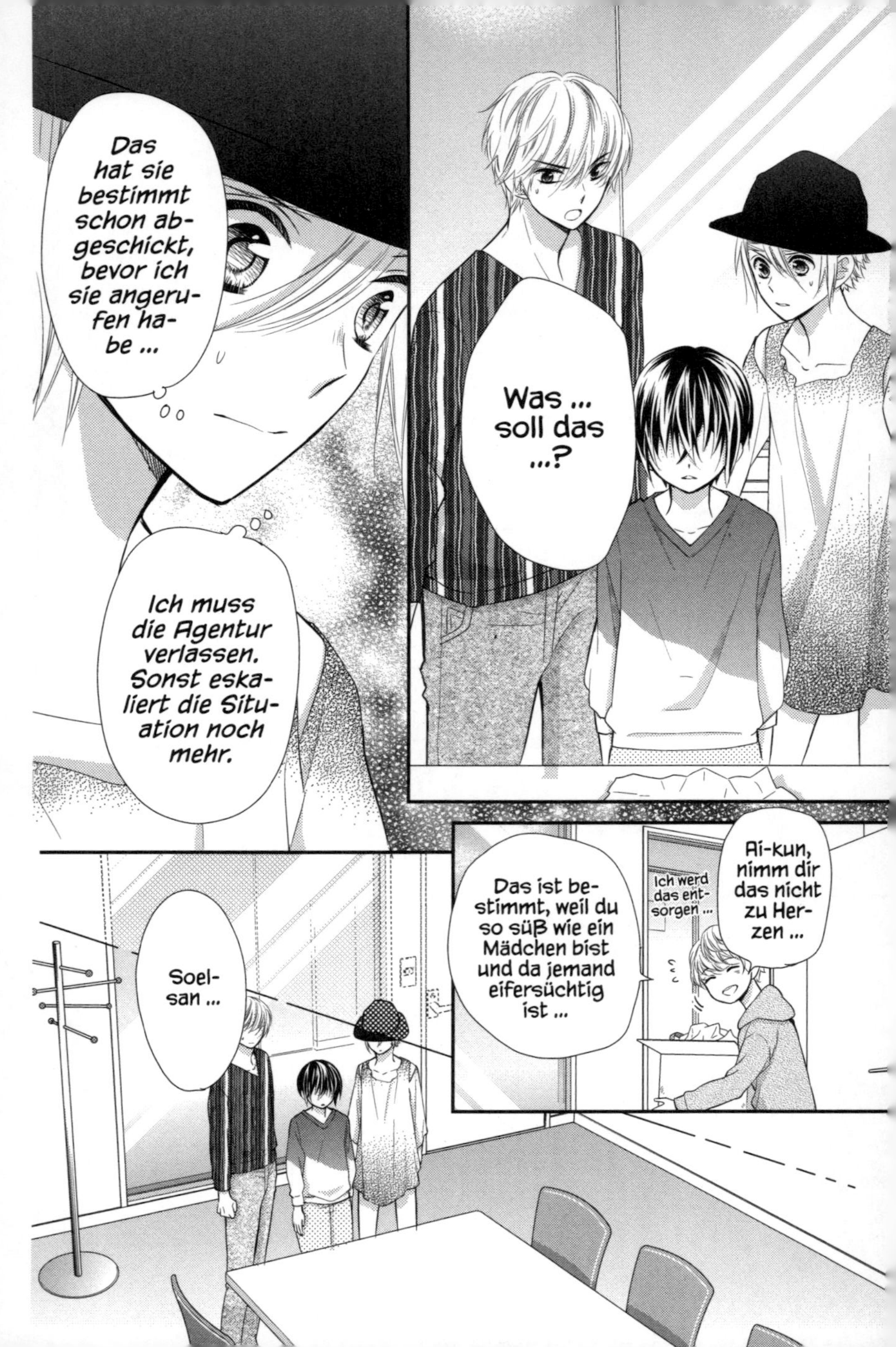

Was ... soll das ...?
Das hat sie bestimmt schon abgeschickt, bevor ich sie angerufen habe ...
Ich muss die Agentur verlassen. Sonst eskaliert die Situation noch mehr.
Ai-kun, nimm dir das nicht zu Herzen ...
Ich werd das entsorgen ...
Das ist bestimmt, weil du so süß wie ein Mädchen bist und da jemand eifersüchtig ist ...
Soel-san ...

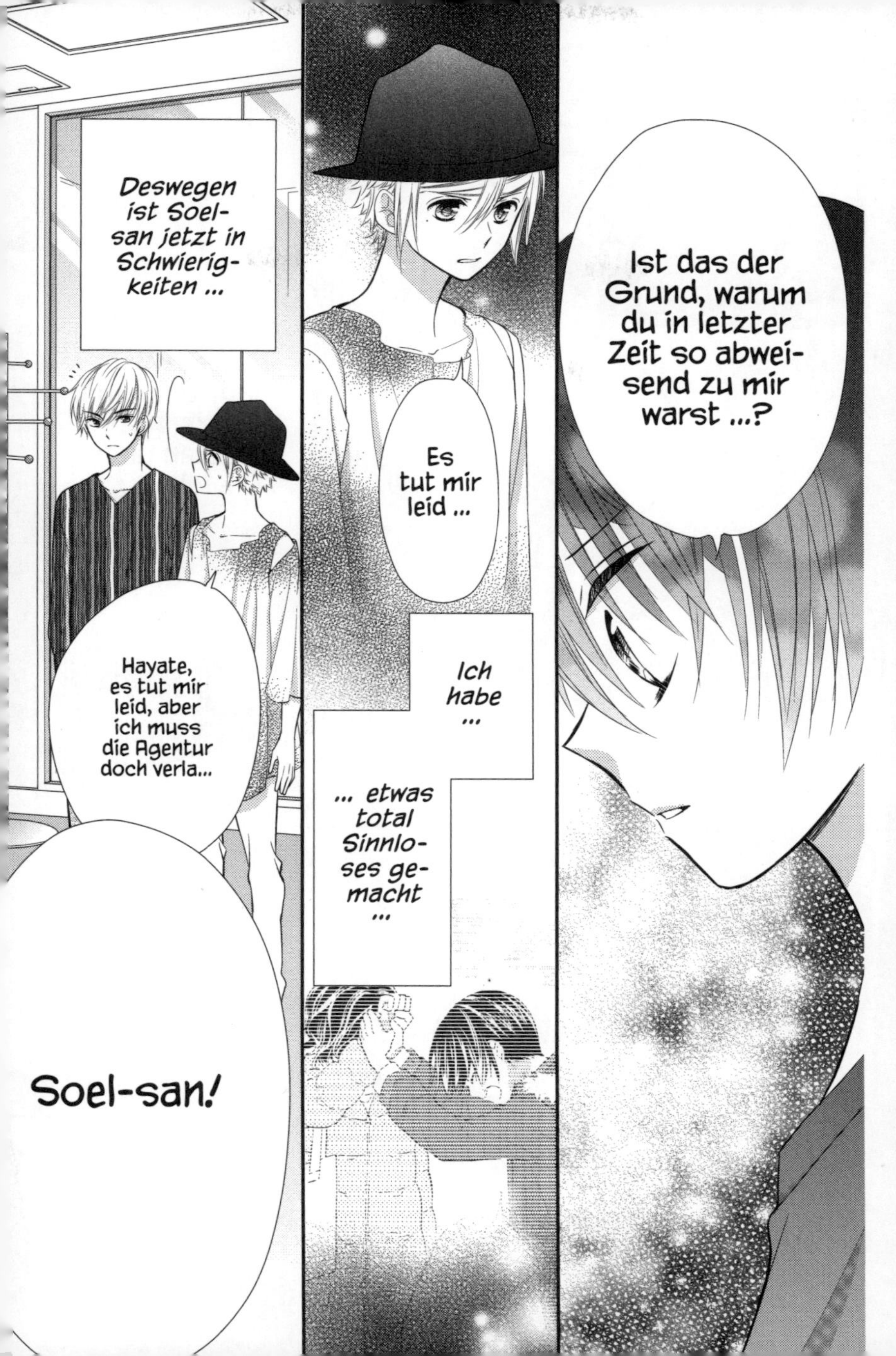
Ist das der Grund, warum du in letzter Zeit so abweisend zu mir warst ...?
Es tut mir leid ...
Ich habe ...
... etwas total Sinnloses gemacht ...
Deswegen ist Soel-san jetzt in Schwierigkeiten ...
Hayate, es tut mir leid, aber ich muss die Agentur doch verla...
Soel-san!

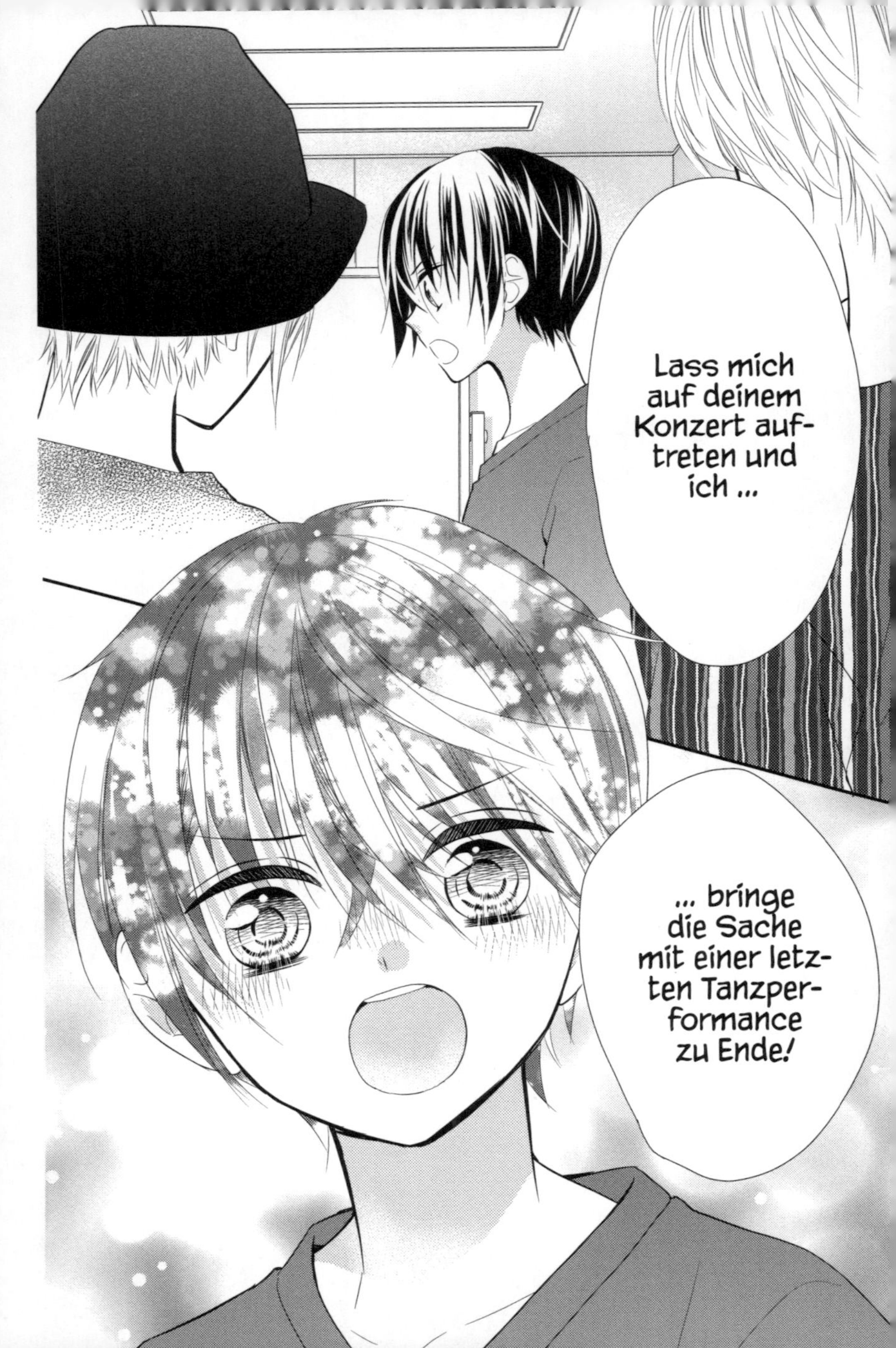
Lass mich auf deinem Konzert auftreten und ich ...
... bringe die Sache mit einer letzten Tanzperformance zu Ende!

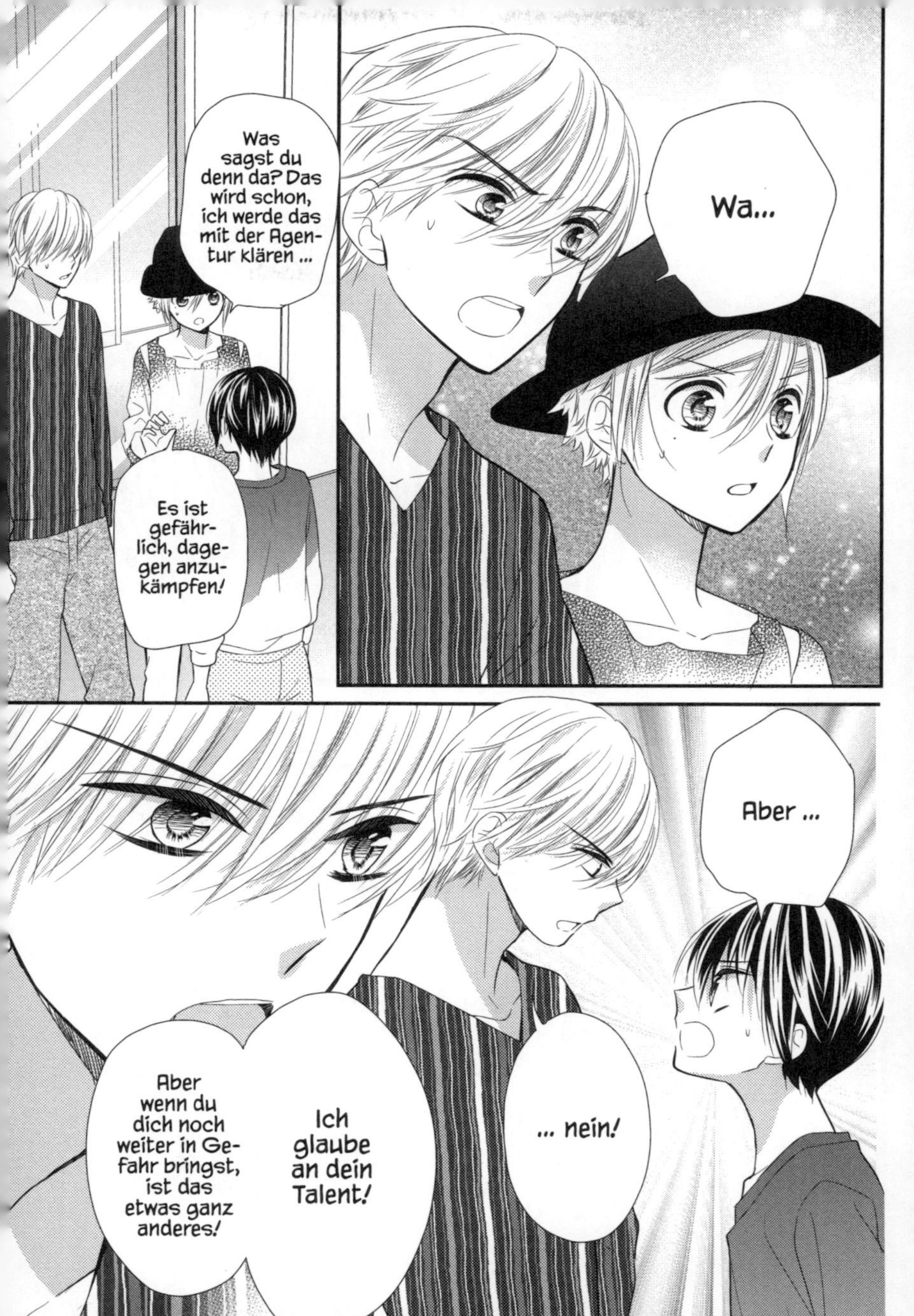
Wa…
Was sagst du denn da? Das wird schon, ich werde das mit der Agentur klären …
Es ist gefährlich, dagegen anzukämpfen!
Aber …
… nein!
Ich glaube an dein Talent!
Aber wenn du dich noch weiter in Gefahr bringst, ist das etwas ganz anderes!

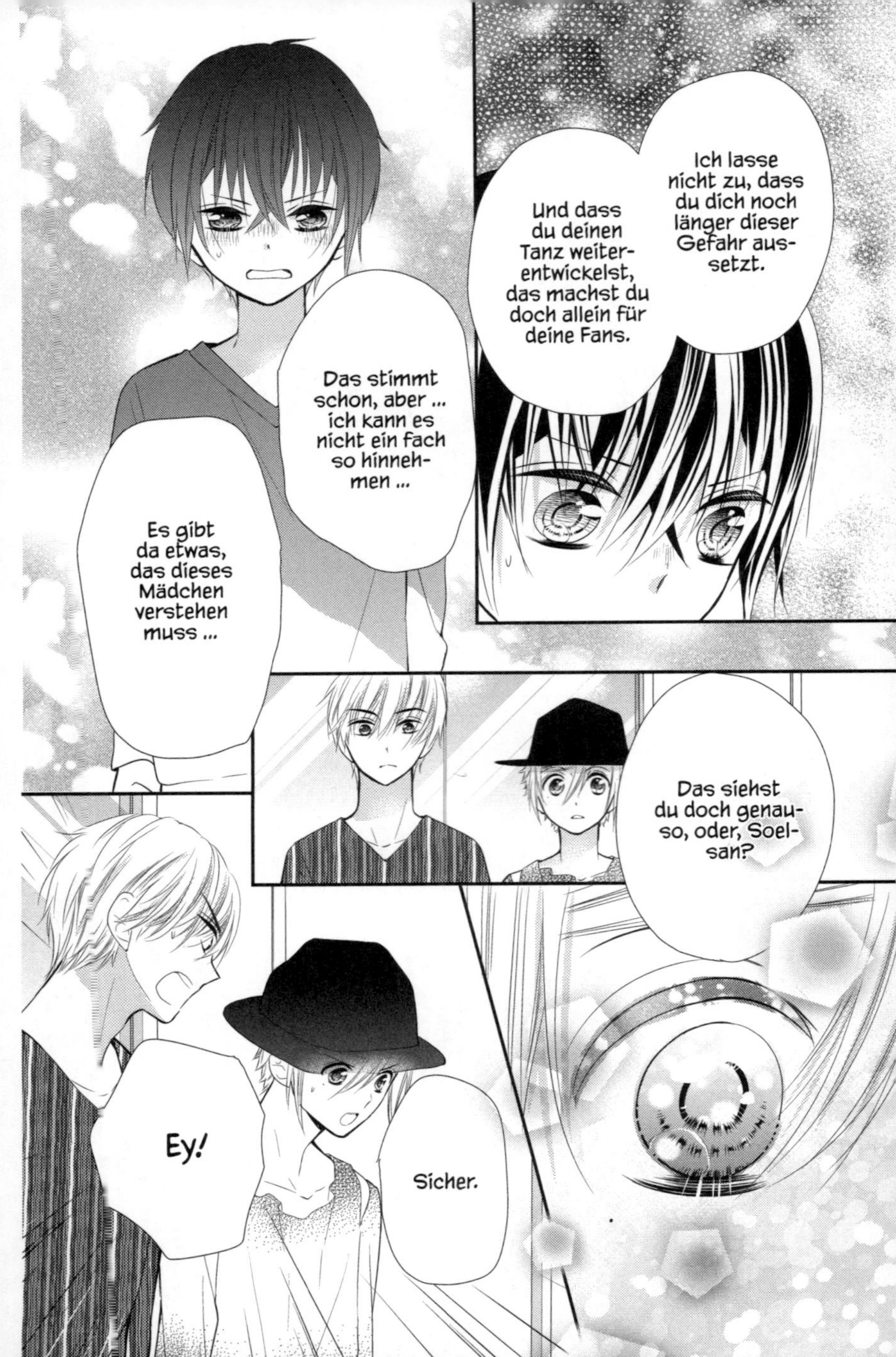
Ich lasse nicht zu, dass du dich noch länger dieser Gefahr aus-setzt.
Und dass du deinen Tanz weiter-entwickelst, das machst du doch allein für deine Fans.
Das stimmt schon, aber ... ich kann es nicht ein fach so hinneh-men ...
Es gibt da etwas, das dieses Mädchen verstehen muss ...
Das siehst du doch genau-so, oder, Soel-san?
Sicher.
Ey!

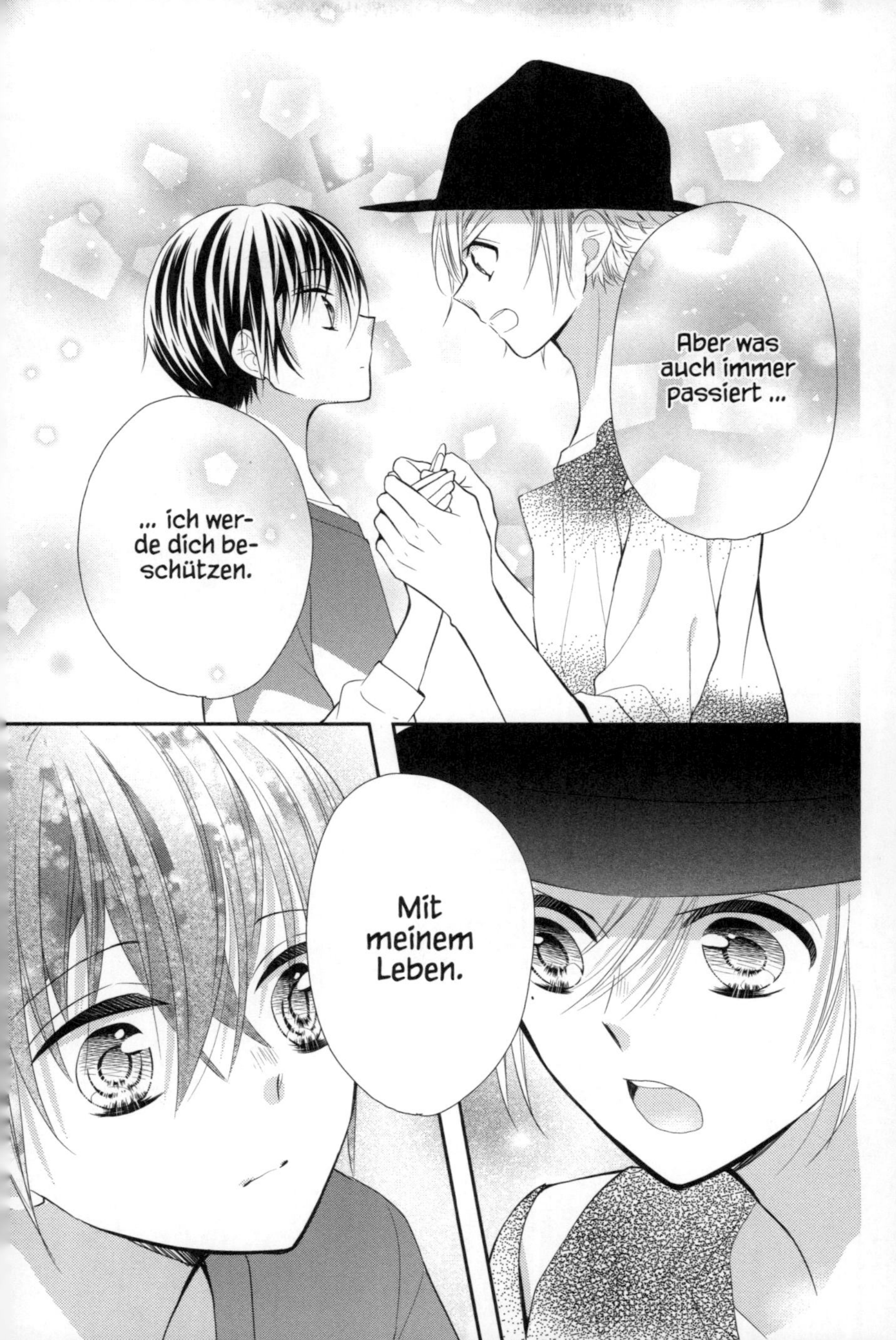
Aber was auch immer passiert ...
... ich werde dich beschützen.
Mit meinem Leben.

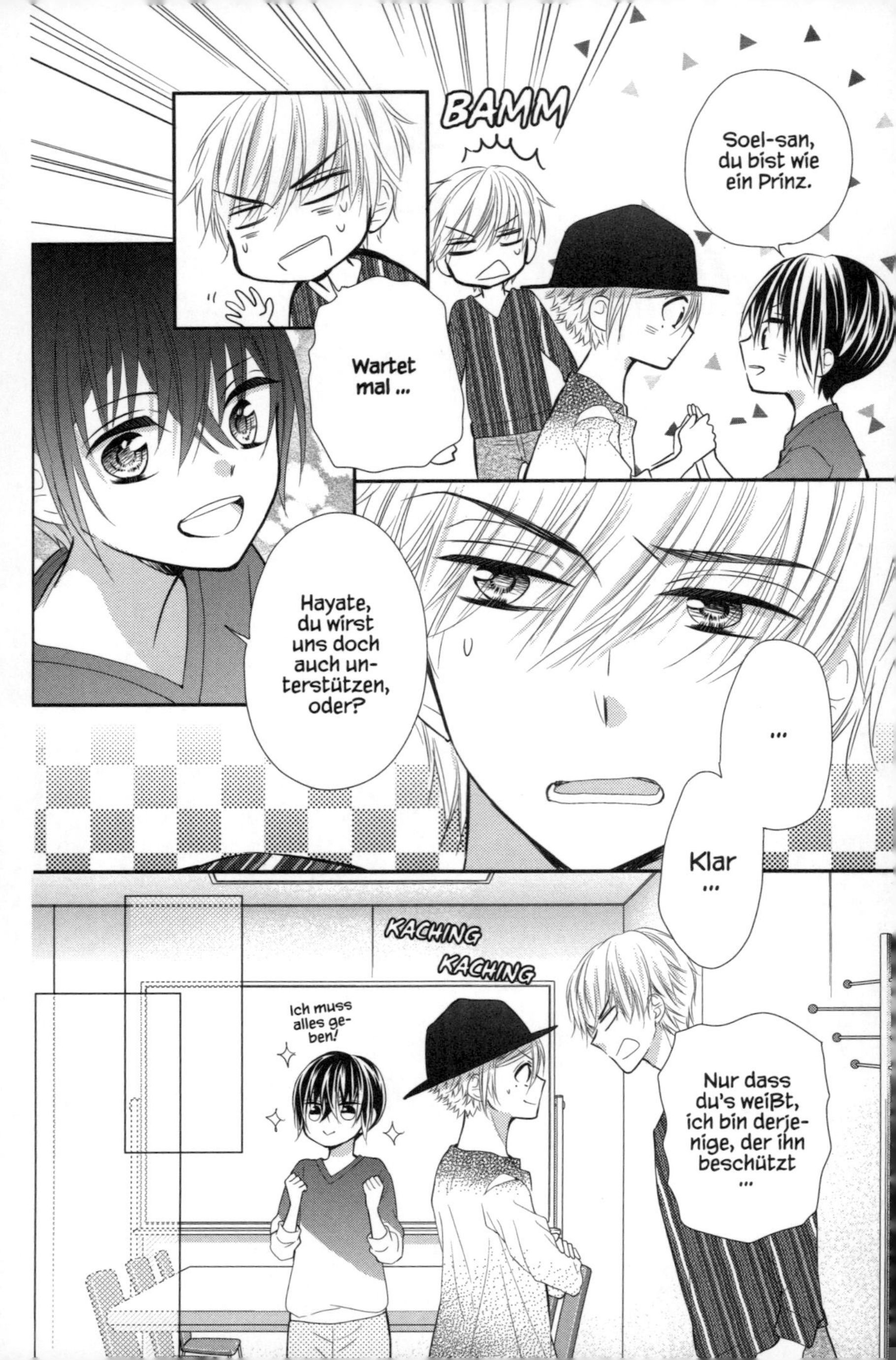
Soel-san, du bist wie ein Prinz.
BAMM
Wartet mal ...
Hayate, du wirst uns doch auch unterstützen, oder?
...
Klar ...
Nur dass du's weißt, ich bin derjenige, der ihn beschützt ...
KACHING
KACHING
Ich muss alles geben!

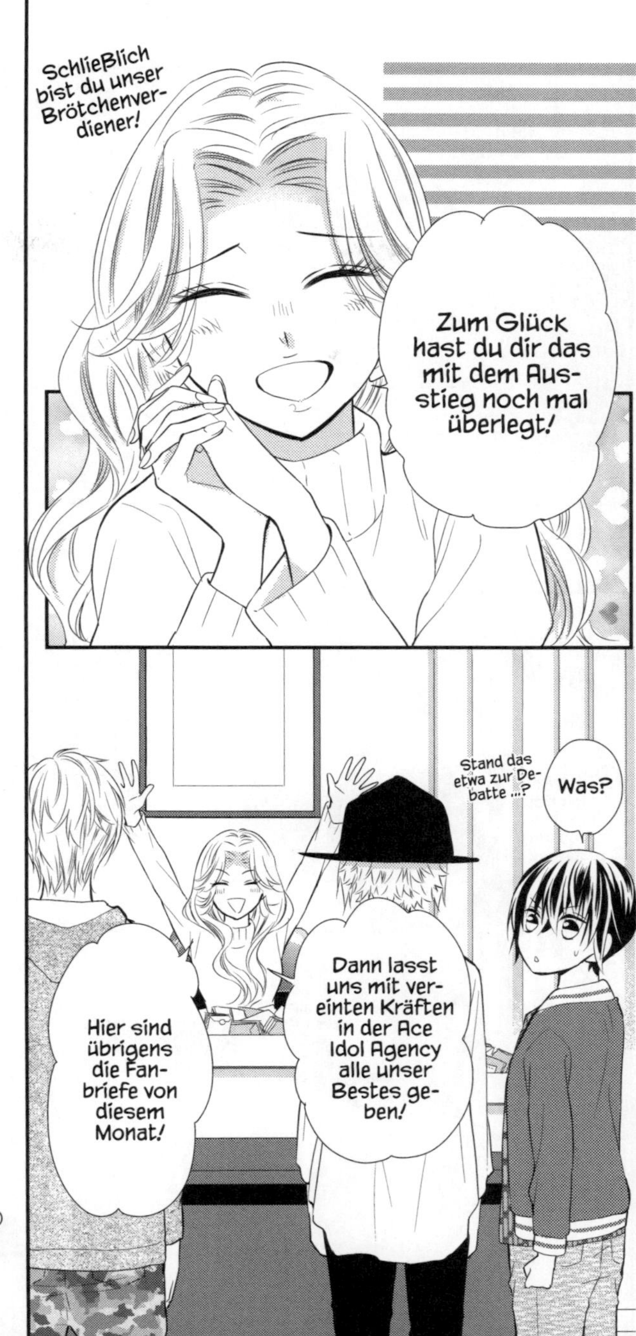
Schließlich bist du unser Brötchenverdiener!
Zum Glück hast du dir das mit dem Ausstieg noch mal überlegt!
Was?
Stand das etwa zur Debatte ...?
Dann lasst uns mit vereinten Kräften in der Ace Idol Agency alle unser Bestes geben!
Hier sind übrigens die Fanbriefe von diesem Monat!

Buddy Go!

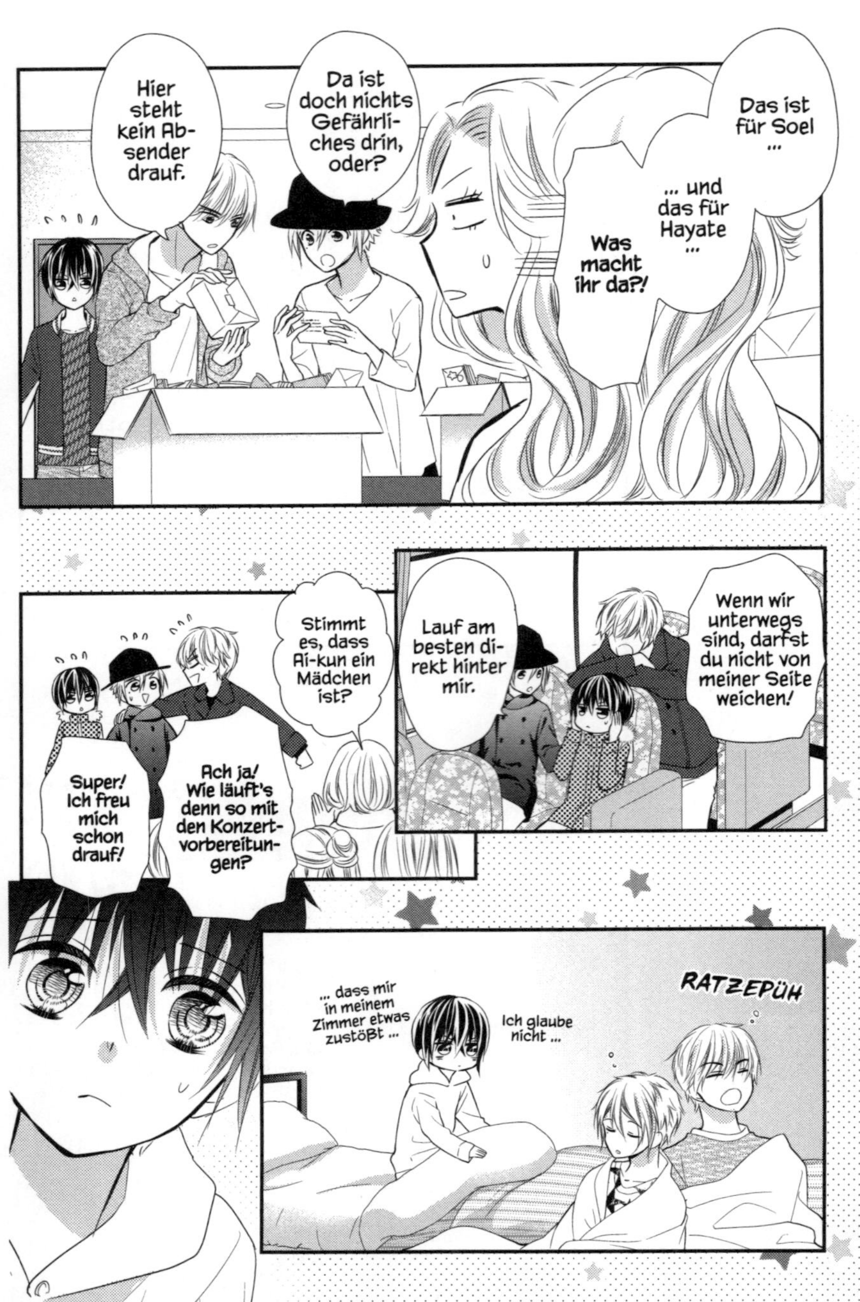
Das ist für Soel ...
... und das für Hayate ...
Was macht ihr da?!
Da ist doch nichts Gefährliches drin, oder?
Hier steht kein Absender drauf.
Wenn wir unterwegs sind, darfst du nicht von meiner Seite weichen!
Lauf am besten direkt hinter mir.
Stimmt es, dass Ai-kun ein Mädchen ist?
Ach ja! Wie läuft's denn so mit den Konzertvorbereitungen?
Super! Ich freu mich schon drauf!
RATZEPÜH
Ich glaube nicht ...
... dass mir in meinem Zimmer etwas zustößt ...

DINGDONG
Ja?
Ah!
Wir holen Ai ab!
BAFF

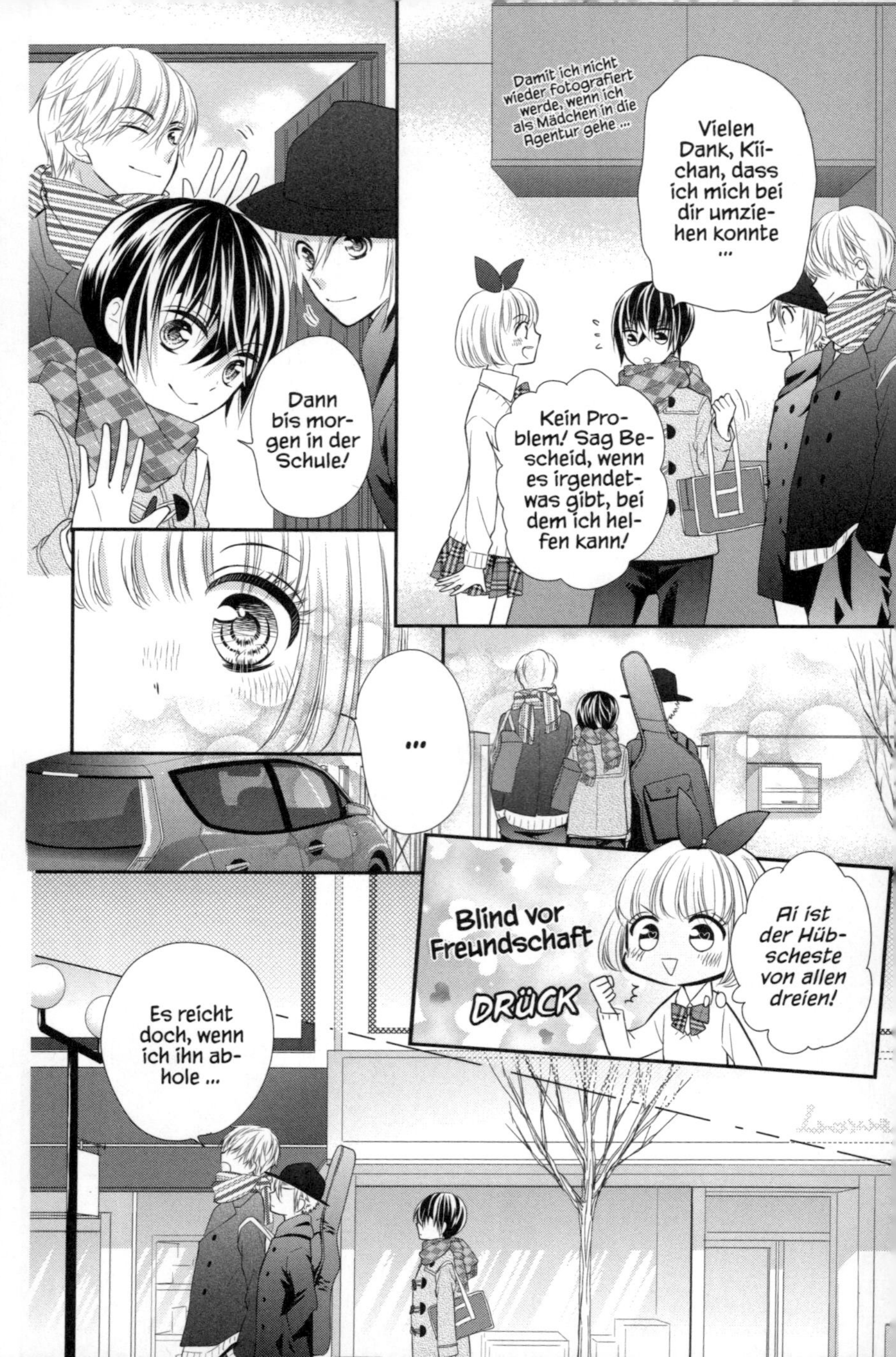
Damit ich nicht wieder fotografiert werde, wenn ich als Mädchen in die Agentur gehe ...
Vielen Dank, Kii-chan, dass ich mich bei dir umziehen konnte ...
Kein Problem! Sag Bescheid, wenn es irgendetwas gibt, bei dem ich helfen kann!
Dann bis morgen in der Schule!
...
Ai ist der Hübscheste von allen dreien!
Blind vor Freundschaft
DRÜCK
Es reicht doch, wenn ich ihn abhole ...

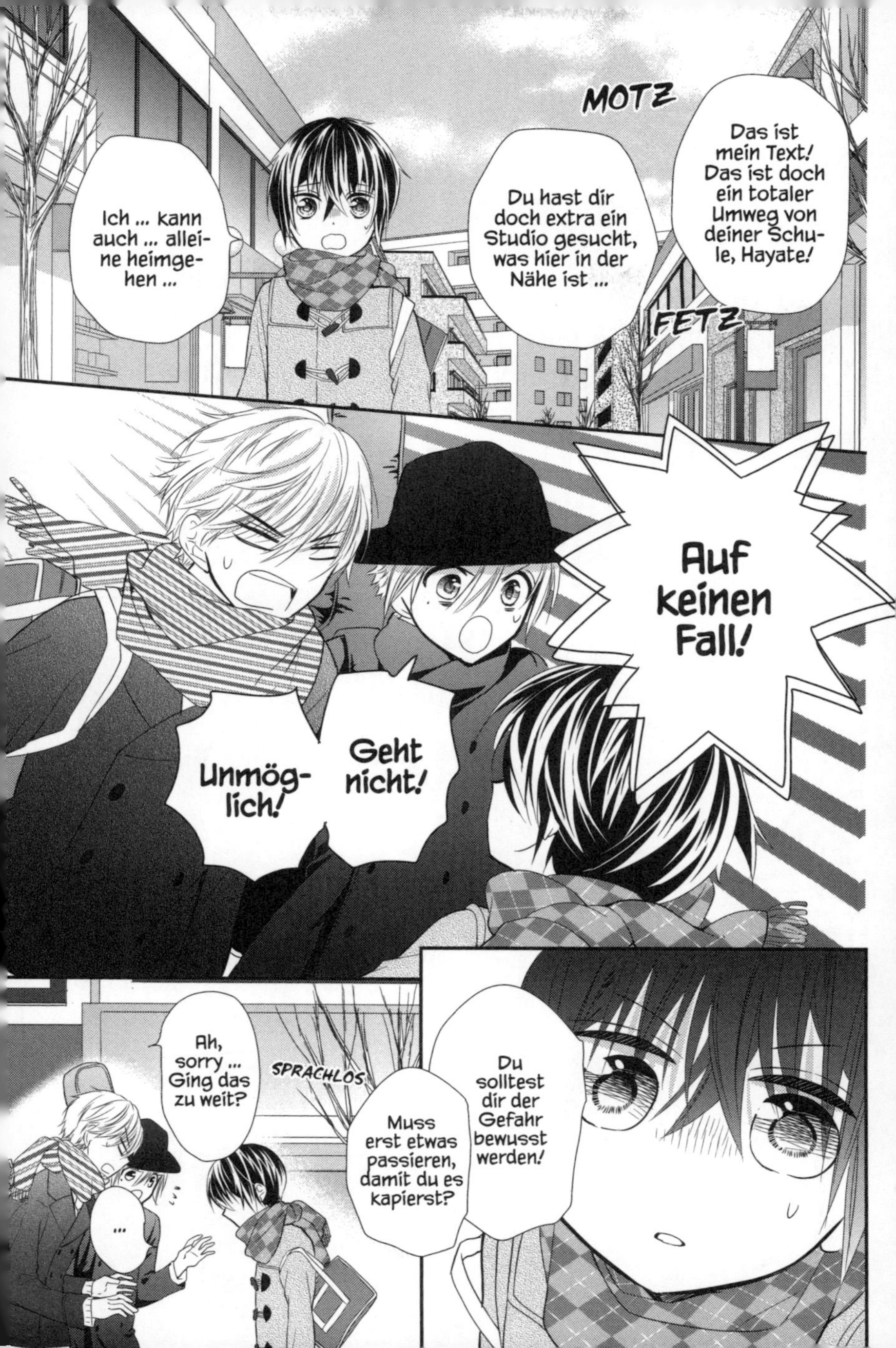
MOTZ
Das ist mein Text! Das ist doch ein totaler Umweg von deiner Schule, Hayate!
FETZ
Du hast dir doch extra ein Studio gesucht, was hier in der Nähe ist ...
Ich ... kann auch ... alleine heimgehen ...
Auf keinen Fall!
Geht nicht!
Unmöglich!
Du solltest dir der Gefahr bewusst werden!
Muss erst etwas passieren, damit du es kapierst?
SPRACHLOS
Ah, sorry ... Ging das zu weit?
...

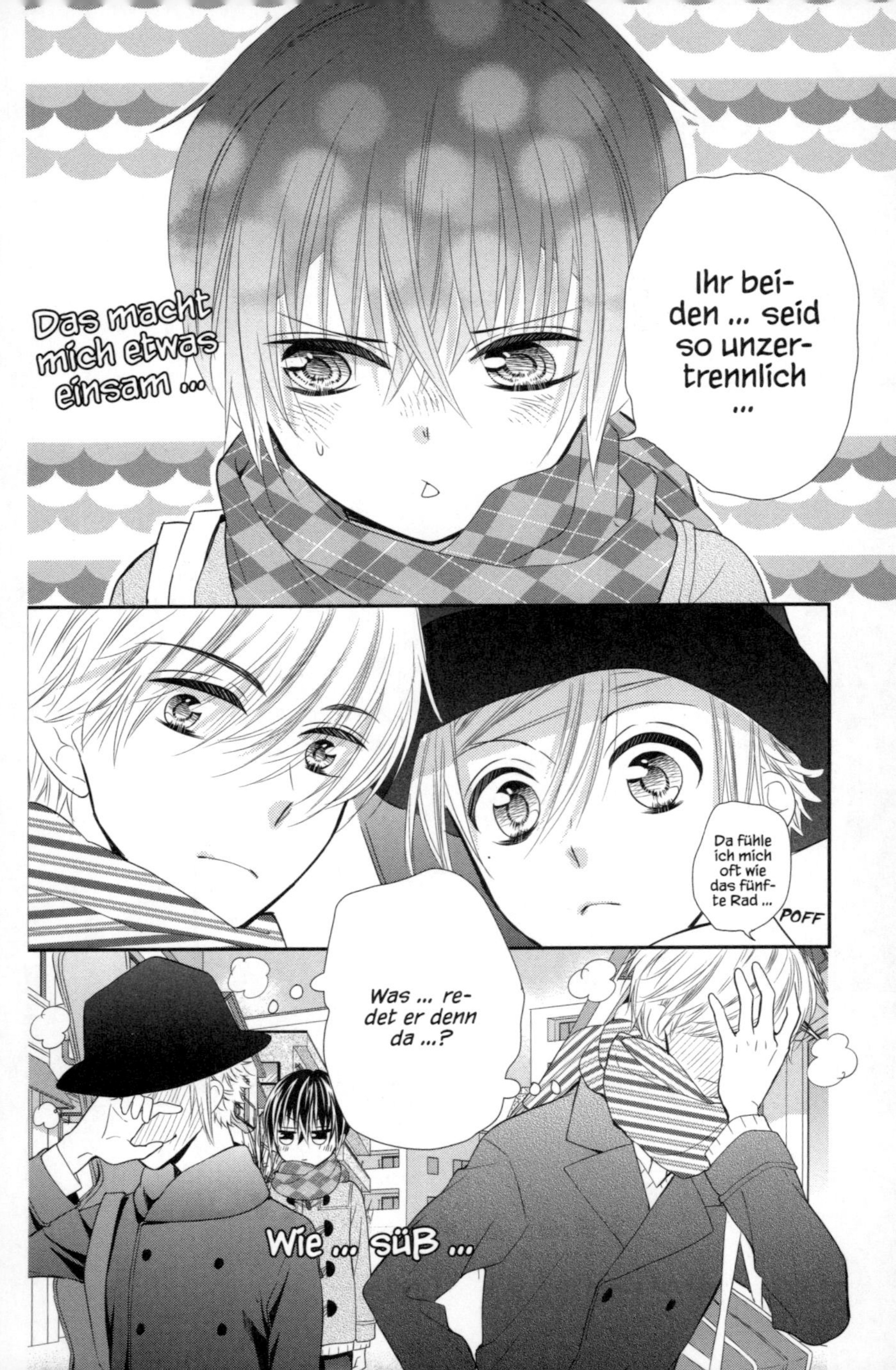

Ihr beiden ... seid so unzertrennlich ...
Das macht mich etwas einsam ...
Da fühle ich mich oft wie das fünfte Rad ...
POFF
Was ... redet er denn da ...?
Wie ... süß ...

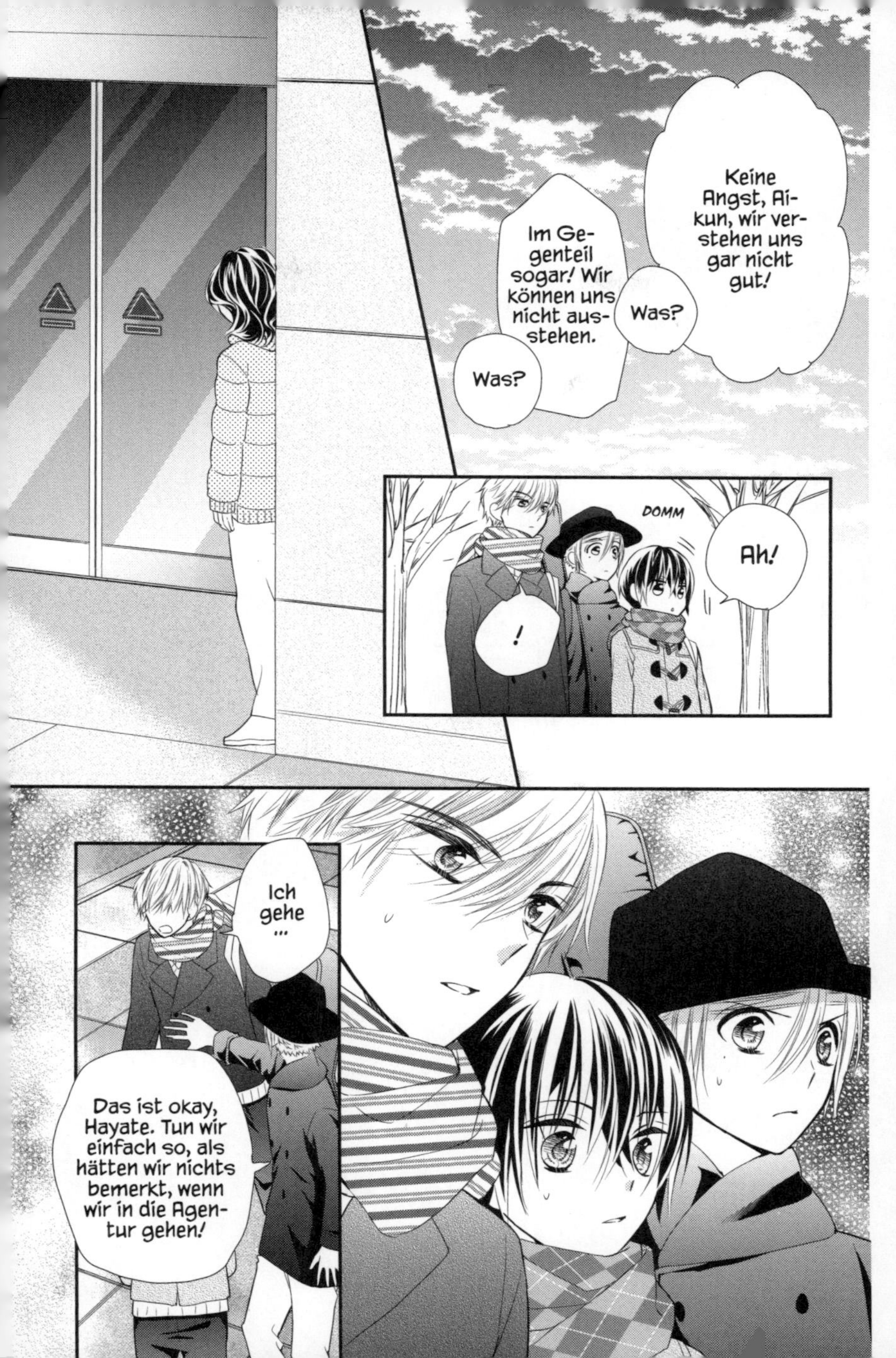
Keine Angst, Ai-kun, wir verstehen uns gar nicht gut!
Was?
Im Gegenteil sogar! Wir können uns nicht ausstehen.
Was?
DOMM
Ah!
!
Ich gehe ...
Das ist okay, Hayate. Tun wir einfach so, als hätten wir nichts bemerkt, wenn wir in die Agentur gehen!

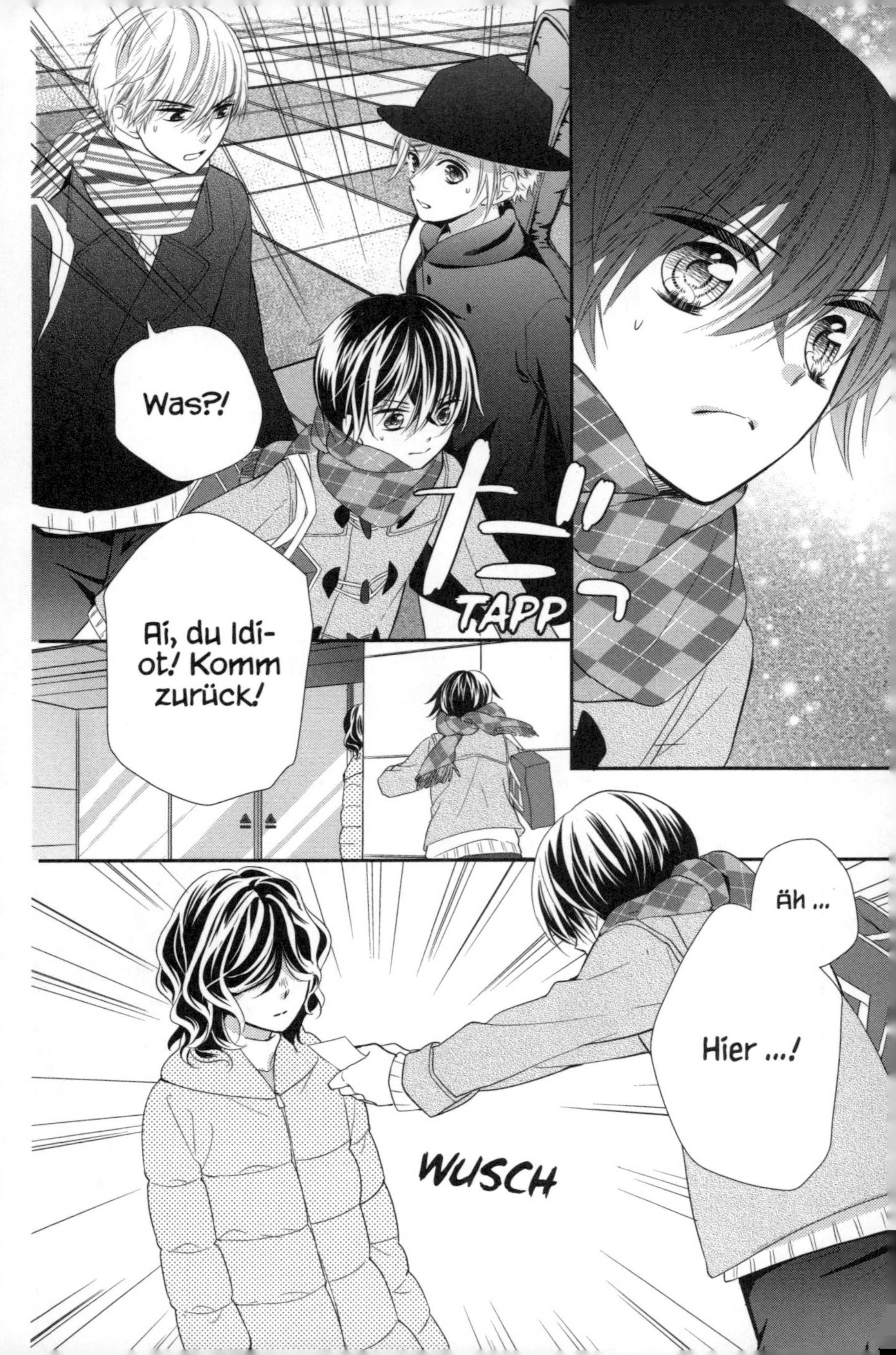
Was?!
TAPP
Ai, du Idi-
ot! Komm
zurück!
Äh ...
Hier ...!
WUSCH

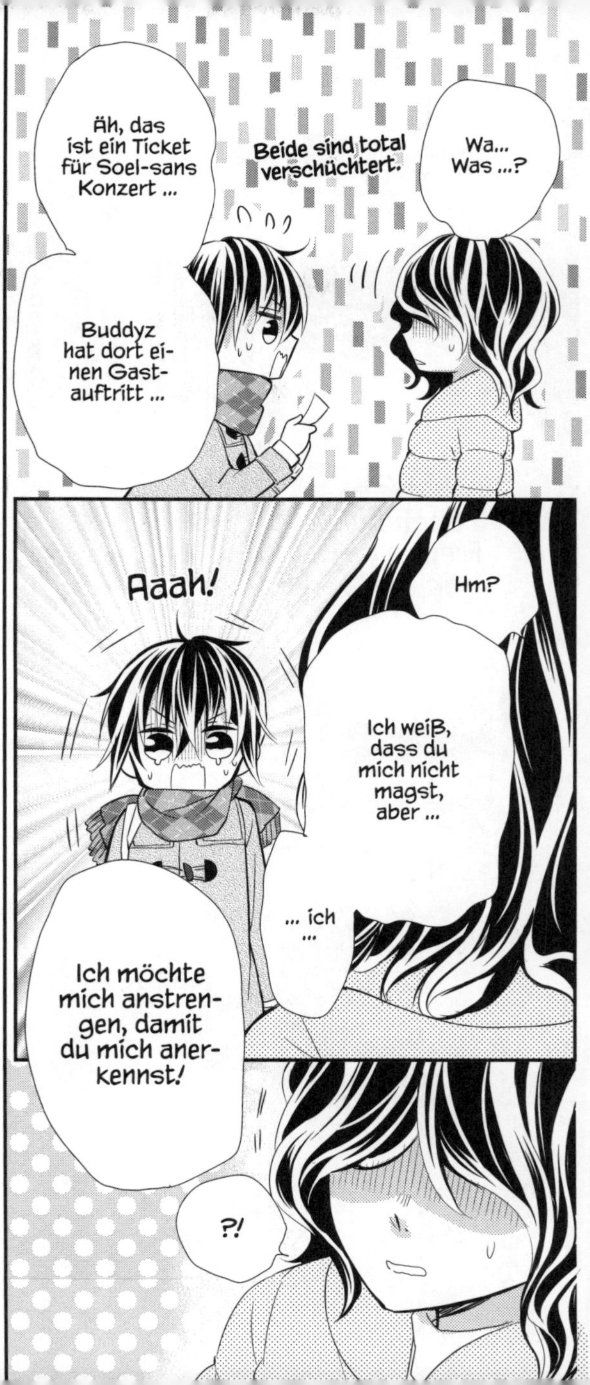

Wa... Was ...?

Beide sind total verschüchtert.

Äh, das ist ein Ticket für Soel-sans Konzert ...

Buddyz hat dort einen Gastauftritt ...

Hm?

Aaah!

Ich weiß, dass du mich nicht magst, aber ...

... ich ...

Ich möchte mich anstrengen, damit du mich anerkennst!

?!

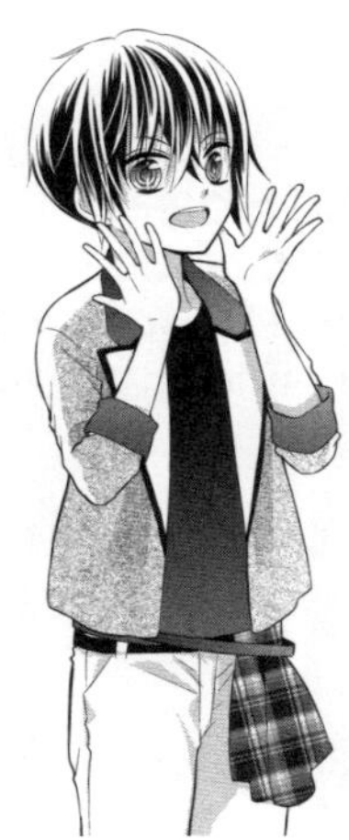

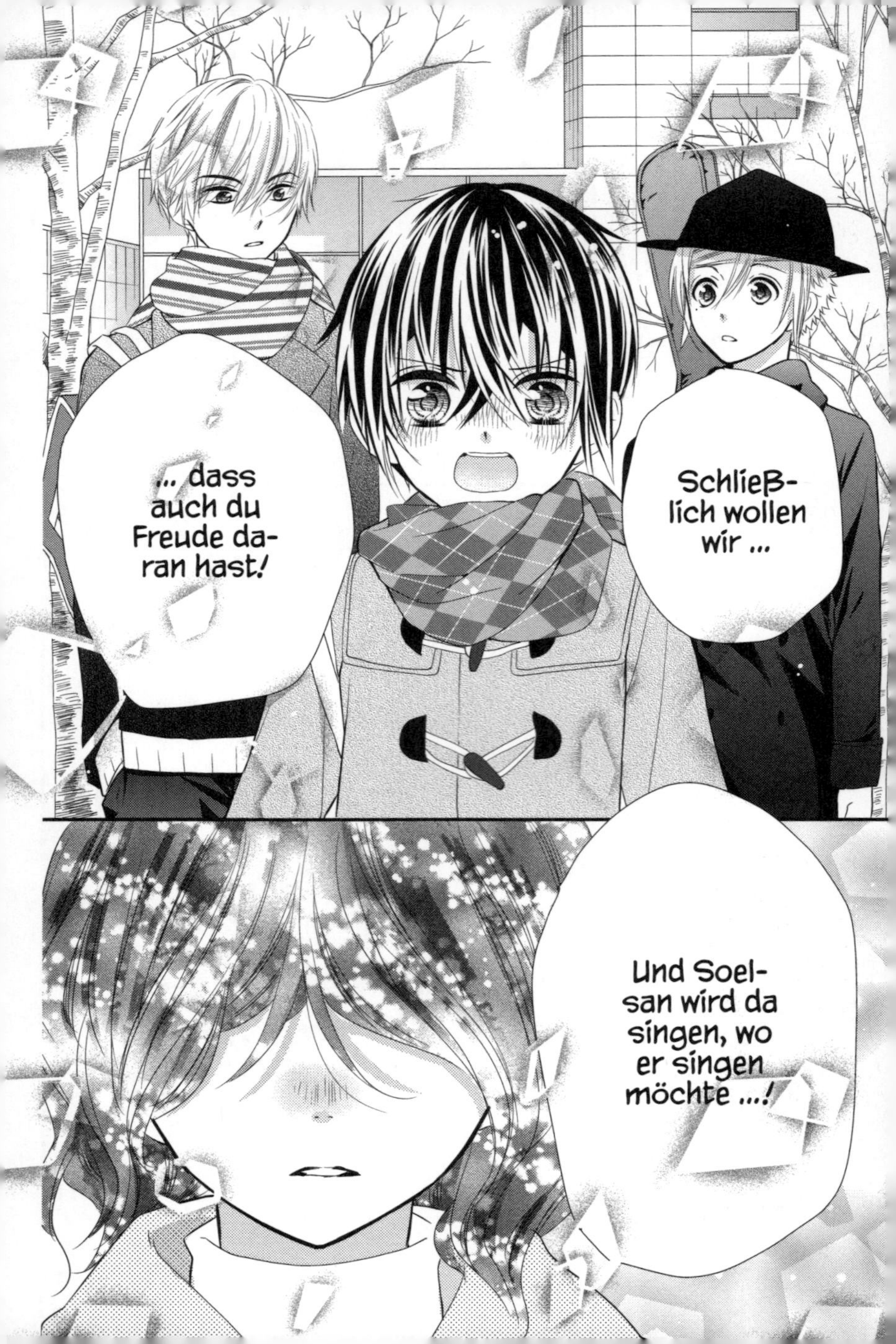
Schließ-lich wollen wir ...
... dass auch du Freude da-ran hast!
Und Soel-san wird da singen, wo er singen möchte ...!

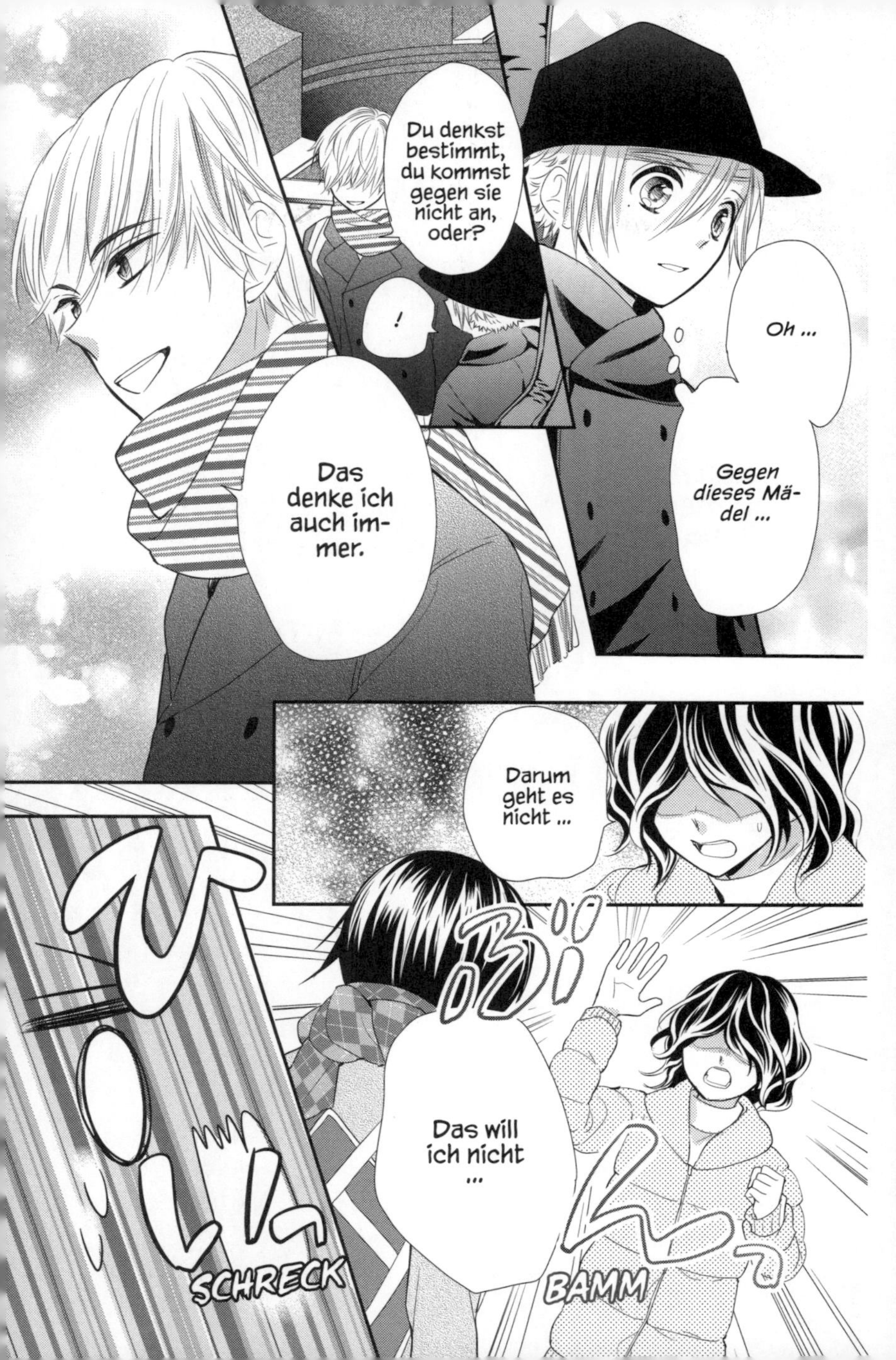
Oh ...
Gegen dieses Mädel ...
Du denkst bestimmt, du kommst gegen sie nicht an, oder?
!
Das denke ich auch immer.
Darum geht es nicht ...
Das will ich nicht ...
BAMM
SCHRECK

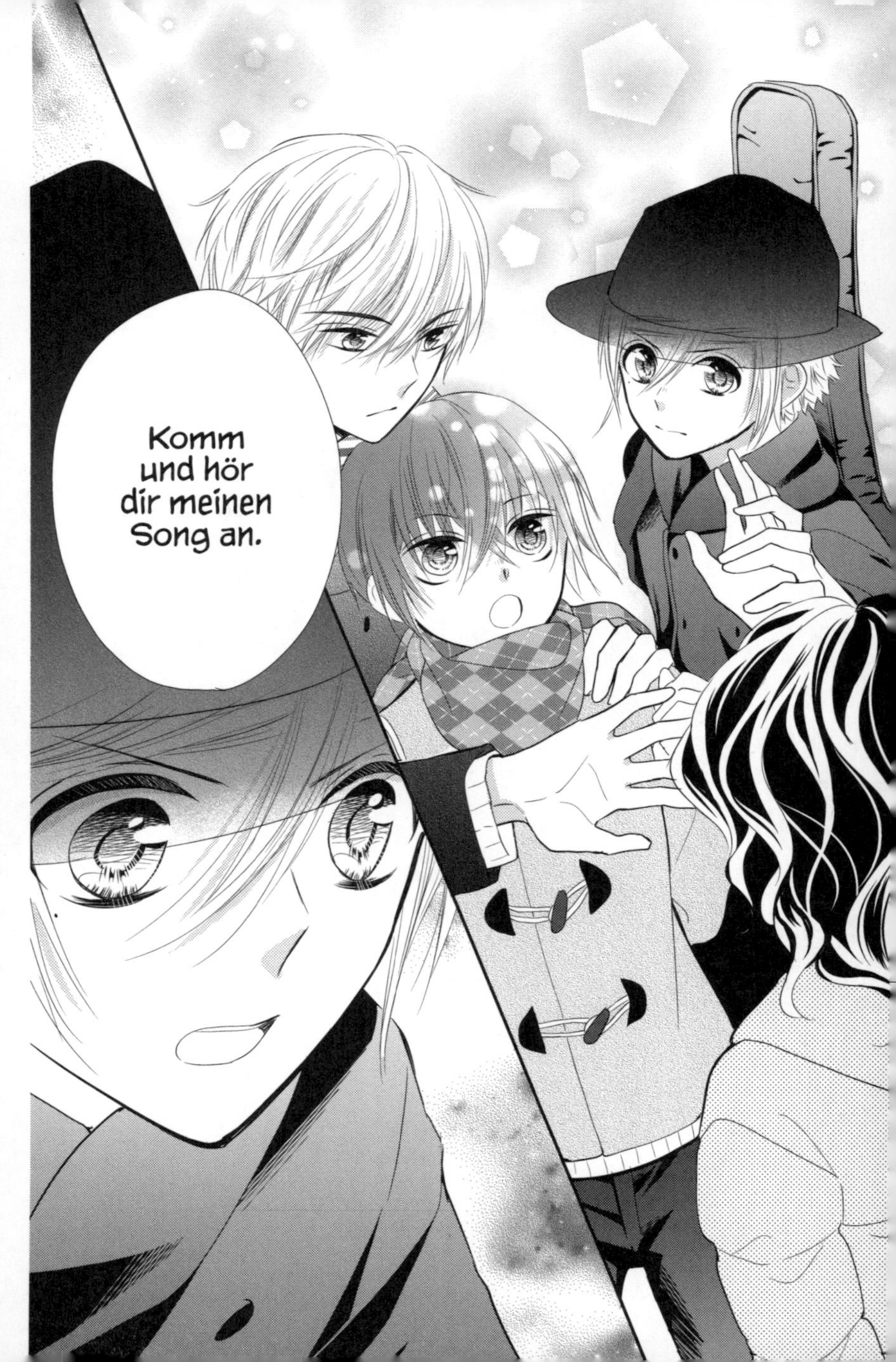
Komm
und hör
dir meinen
Song an.

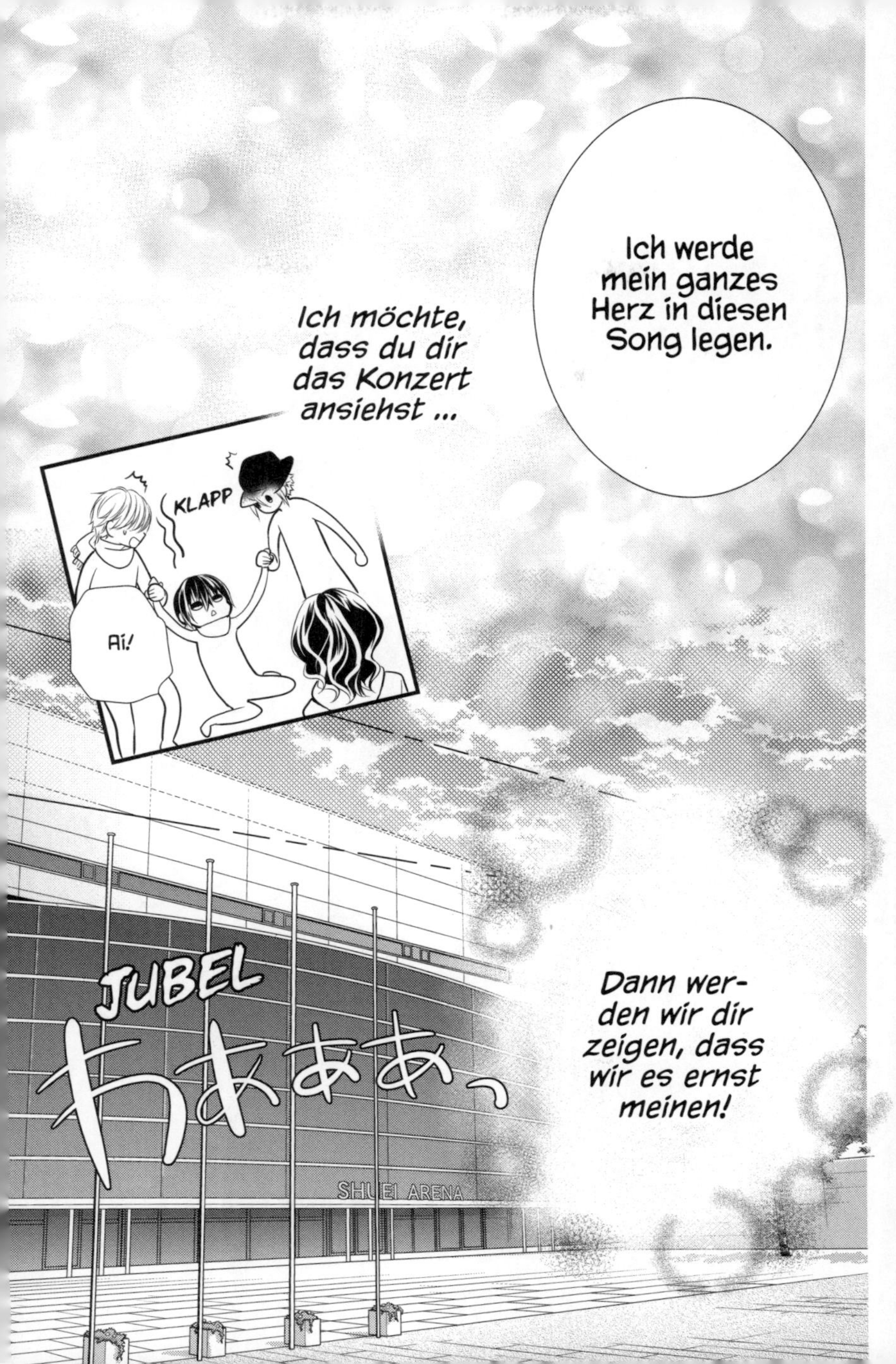
Ich werde mein ganzes Herz in diesen Song legen.
Ich möchte, dass du dir das Konzert ansiehst ...
KLAPP
Ai!
JUBEL
わああぁ
Dann werden wir dir zeigen, dass wir es ernst meinen!
SHUEI ARENA

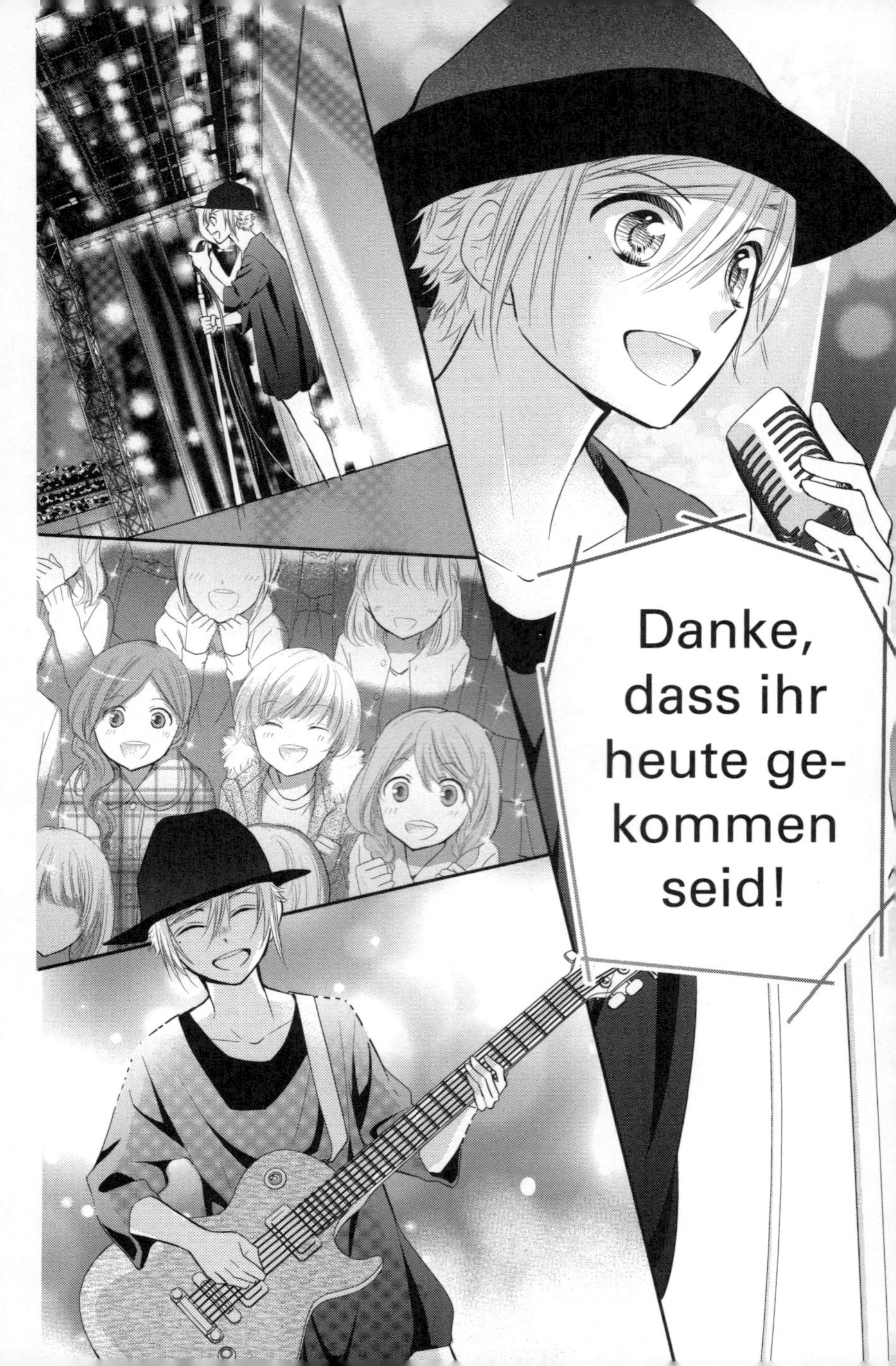
Danke, dass ihr heute ge- kommen seid!

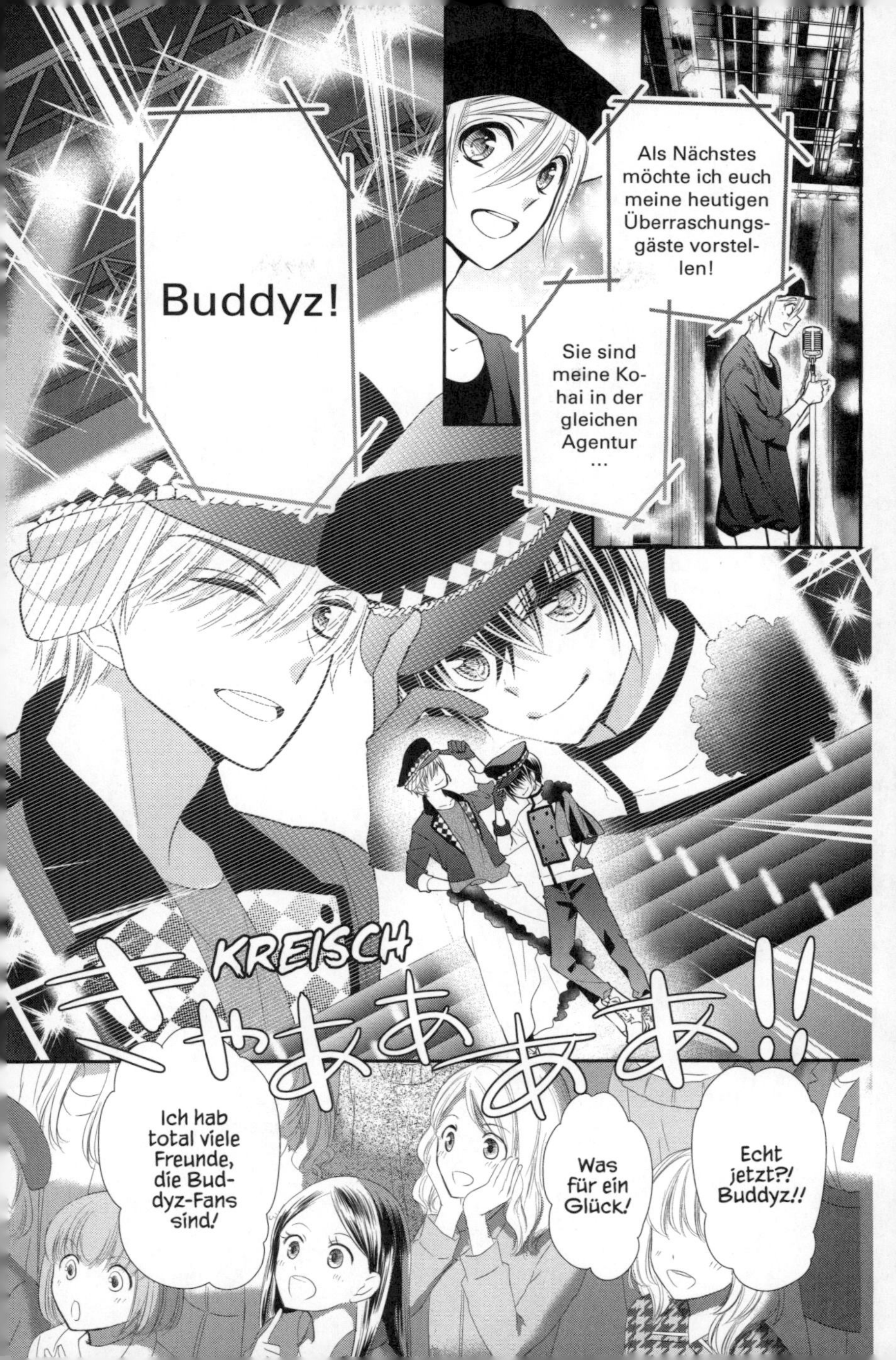
Als Nächstes möchte ich euch meine heutigen Überraschungs-gäste vorstel-len!
Sie sind meine Ko-hai in der gleichen Agentur …
Buddyz!
KREISCH
きゃあああ!!
Echt jetzt?! Buddyz!!
Was für ein Glück!
Ich hab total viele Freunde, die Bud-dyz-Fans sind!

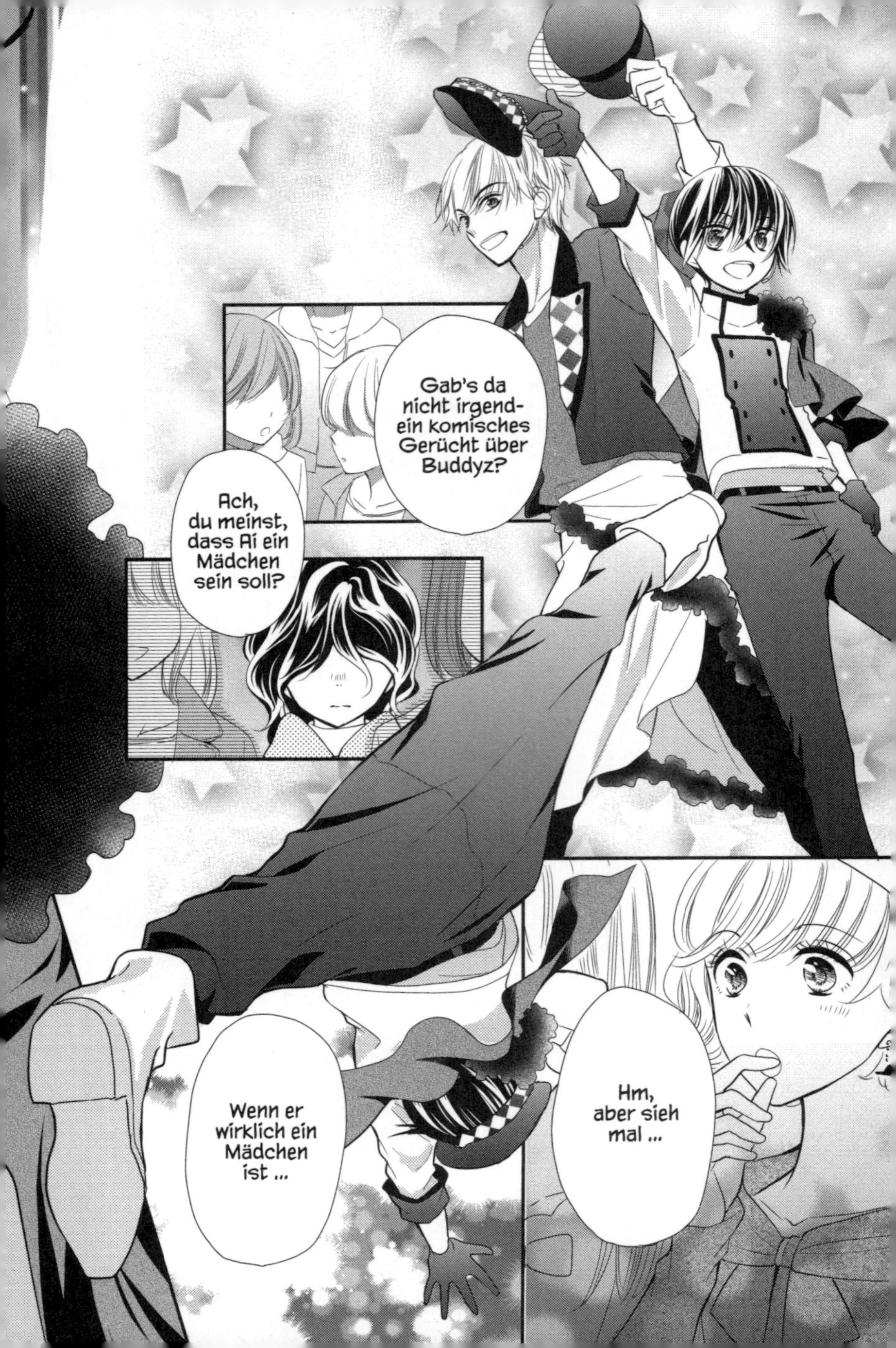
Gab's da nicht irgendein komisches Gerücht über Buddyz?
Ach, du meinst, dass Ai ein Mädchen sein soll?
Hm, aber sieh mal ...
Wenn er wirklich ein Mädchen ist ...

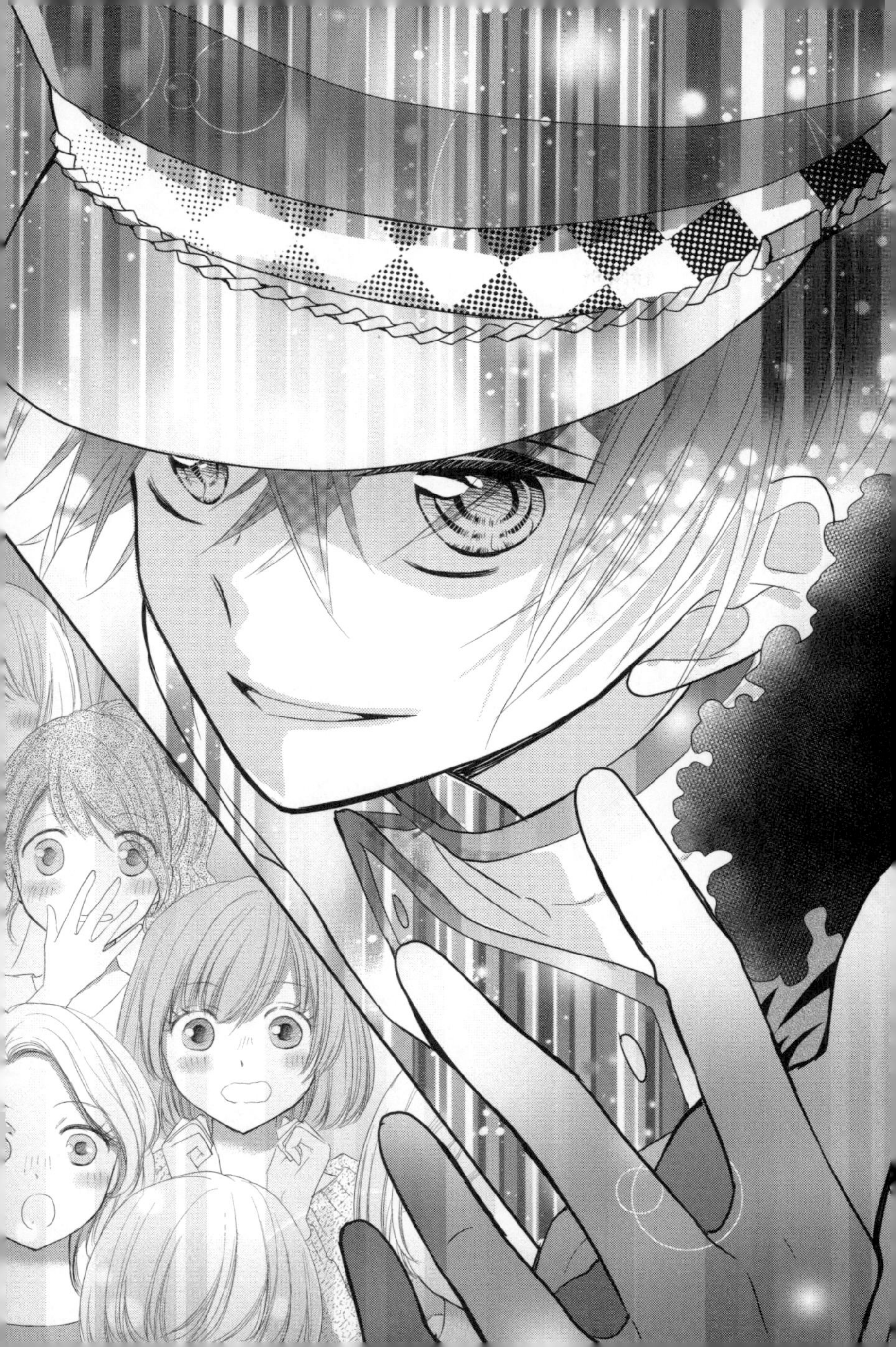

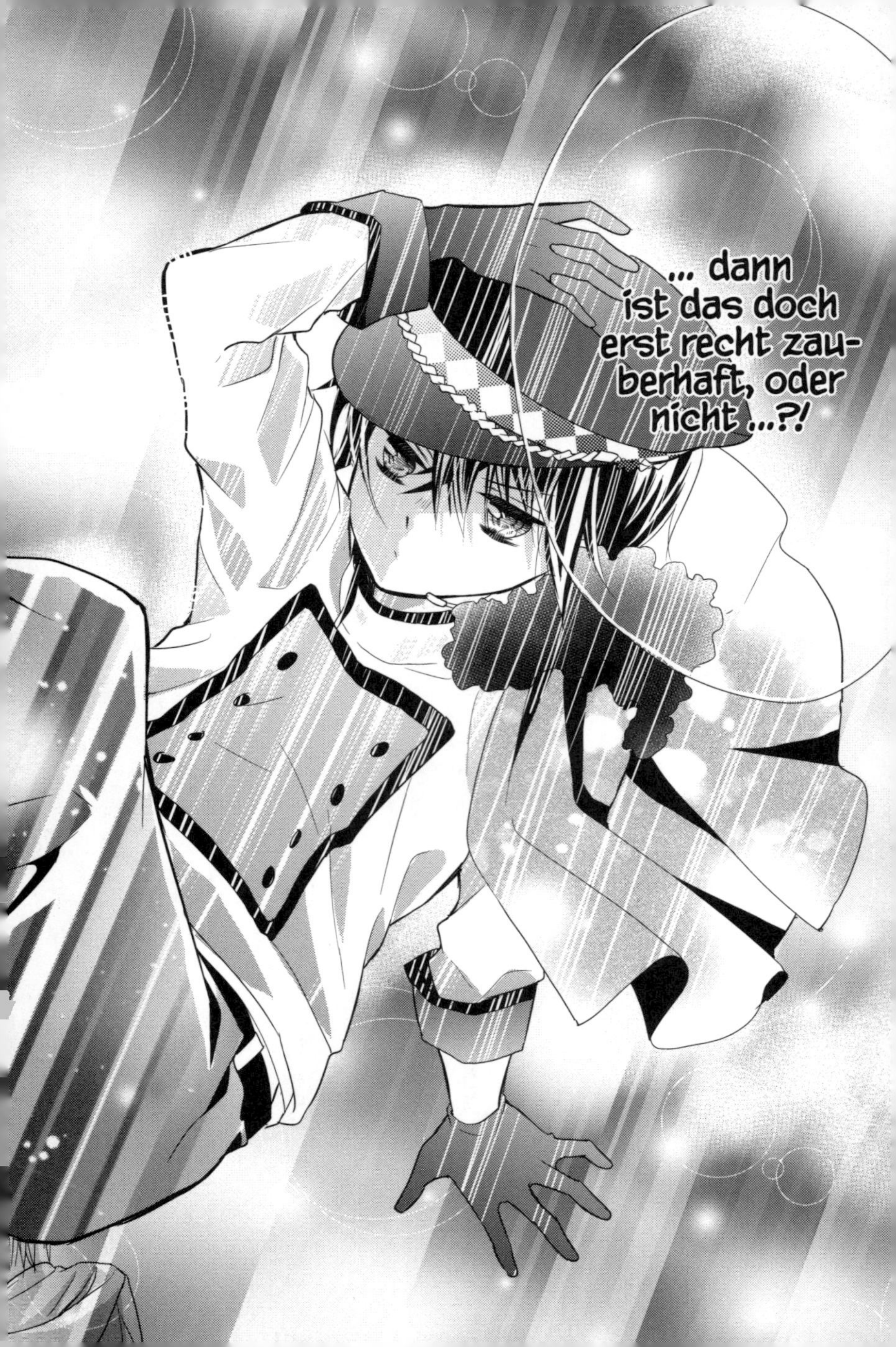
... dann ist das doch erst recht zauberhaft, oder nicht ...?!

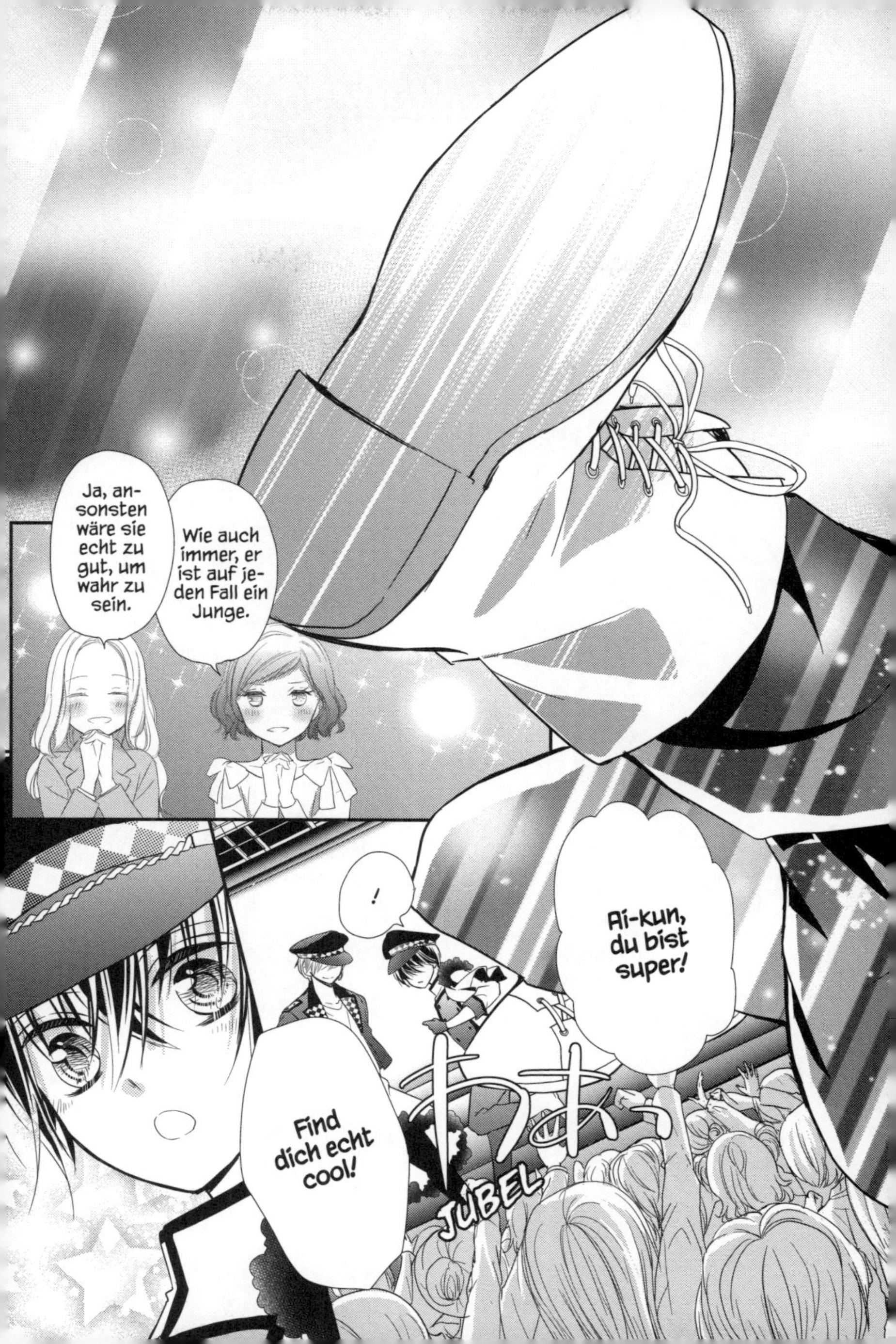
Wie auch immer, er ist auf jeden Fall ein Junge.
Ja, ansonsten wäre sie echt zu gut, um wahr zu sein.
!
Ai-kun, du bist super!
Find dich echt cool!
JUBEL

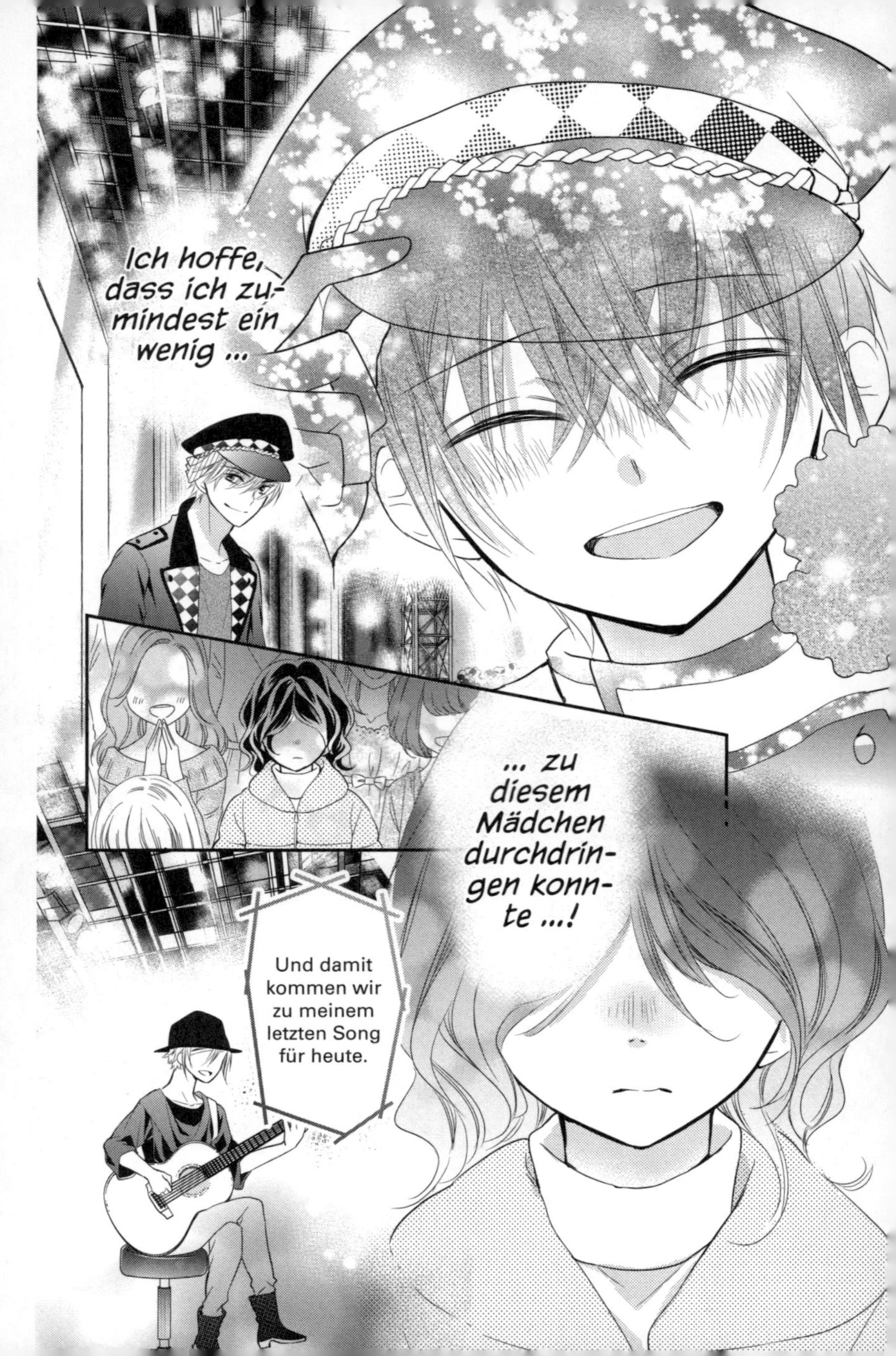
Ich hoffe, dass ich zumindest ein wenig ...
... zu diesem Mädchen durchdringen konnte ...!
Und damit kommen wir zu meinem letzten Song für heute.

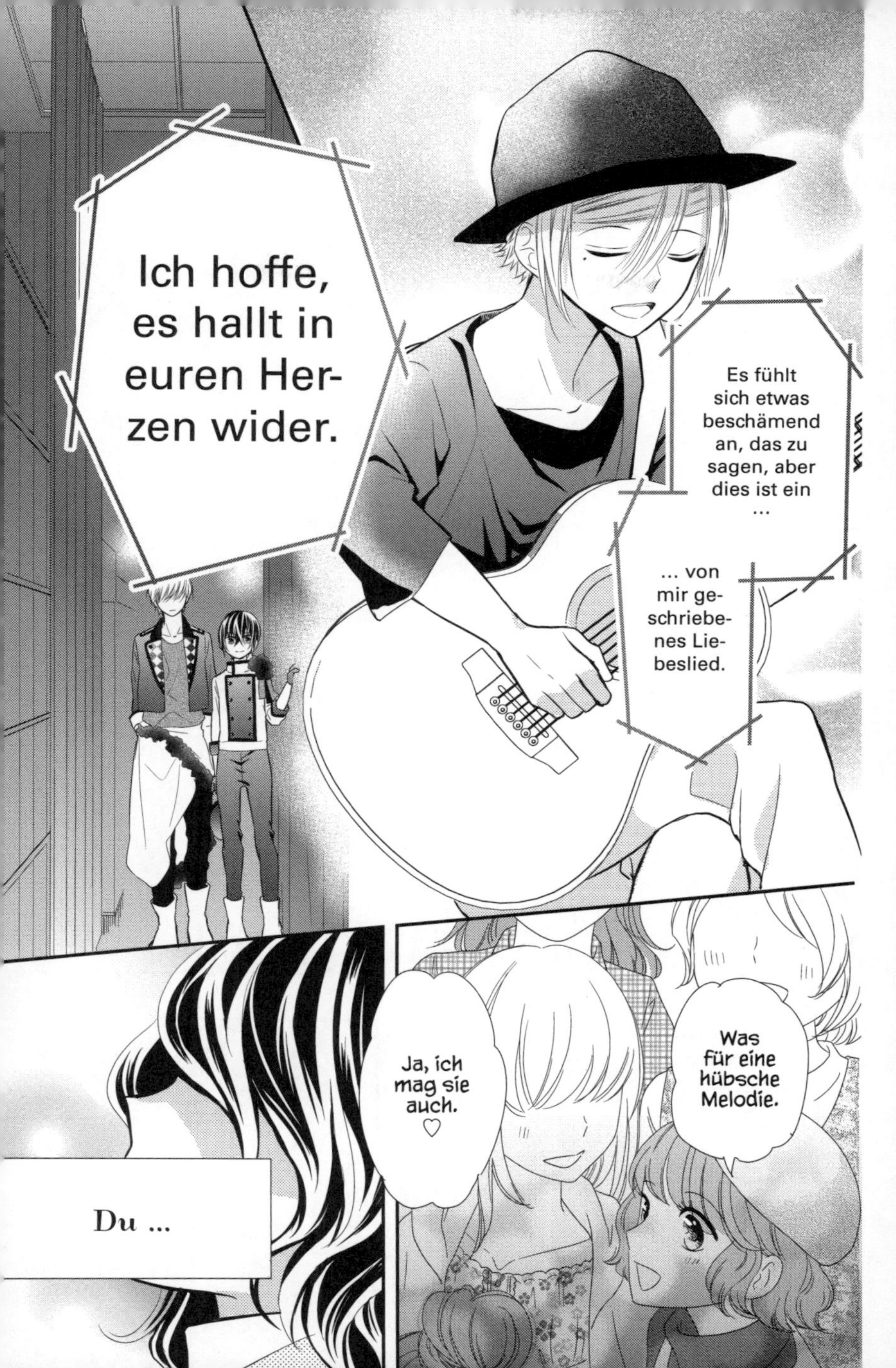
Es fühlt sich etwas beschämend an, das zu sagen, aber dies ist ein ...
... von mir geschriebenes Liebeslied.
Ich hoffe, es hallt in euren Herzen wider.
Was für eine hübsche Melodie.
Ja, ich mag sie auch. ♡
Du ...

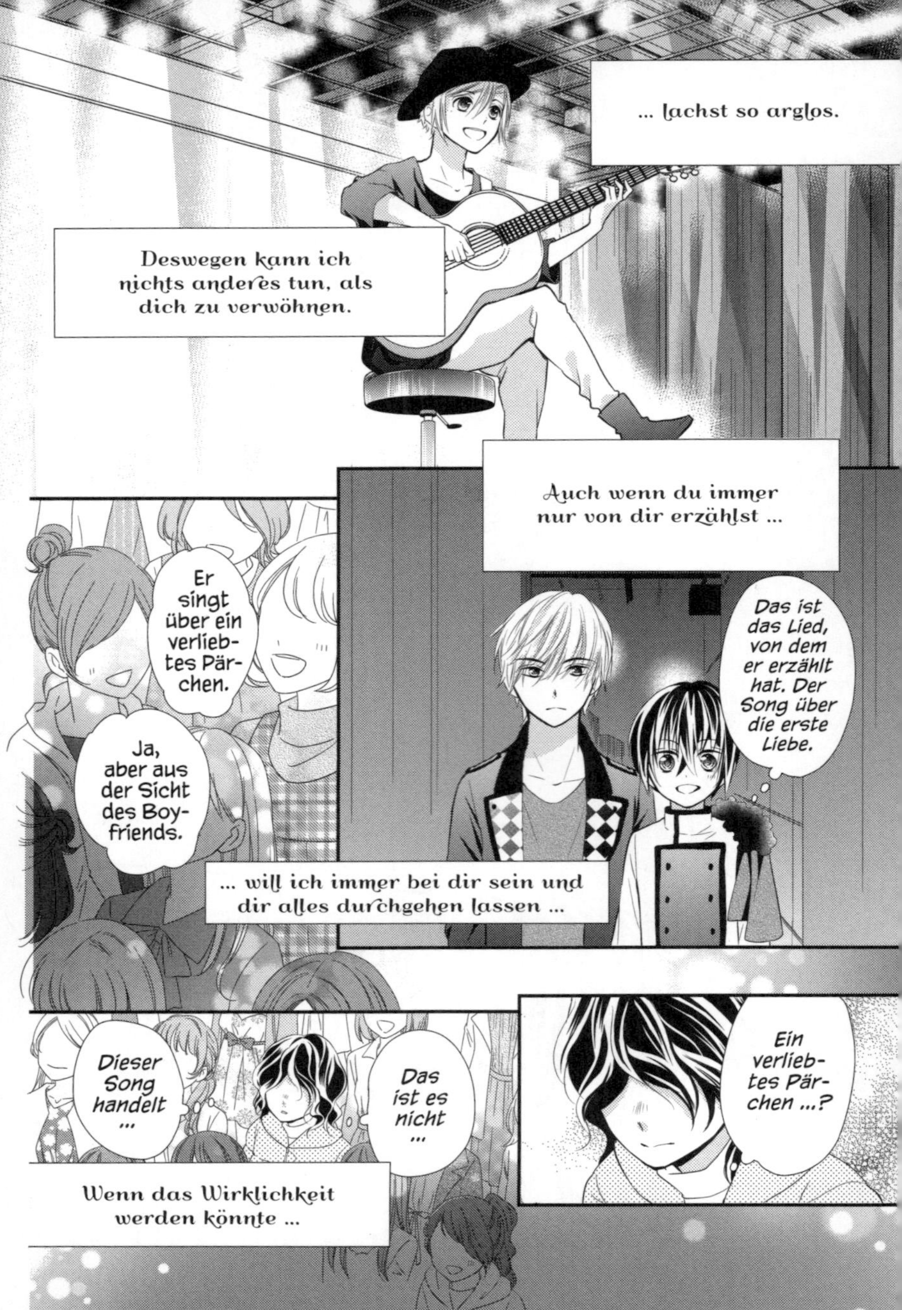
... lachst so arglos.
Deswegen kann ich nichts anderes tun, als dich zu verwöhnen.
Auch wenn du immer nur von dir erzählst ...
Das ist das Lied, von dem er erzählt hat. Der Song über die erste Liebe.
Er singt über ein verliebtes Pärchen.
Ja, aber aus der Sicht des Boyfriends.
... will ich immer bei dir sein und dir alles durchgehen lassen ...
Ein verliebtes Pärchen ...?
Das ist es nicht ...
Dieser Song handelt ...
Wenn das Wirklichkeit werden könnte ...

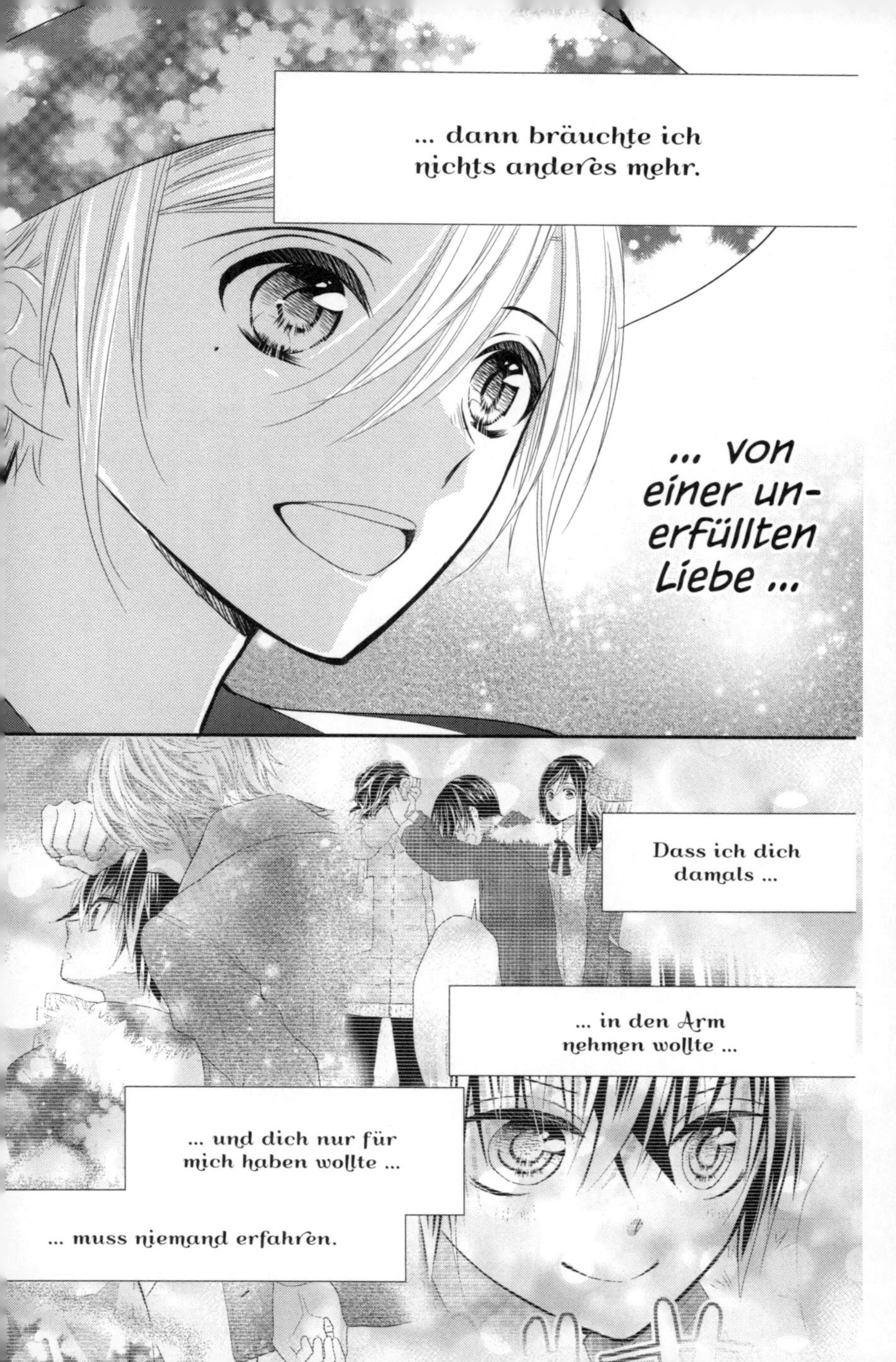
... dann bräuchte ich nichts anderes mehr.
... von einer unerfüllten Liebe ...
Dass ich dich damals ...
... in den Arm nehmen wollte ...
... und dich nur für mich haben wollte ...
... muss niemand erfahren.

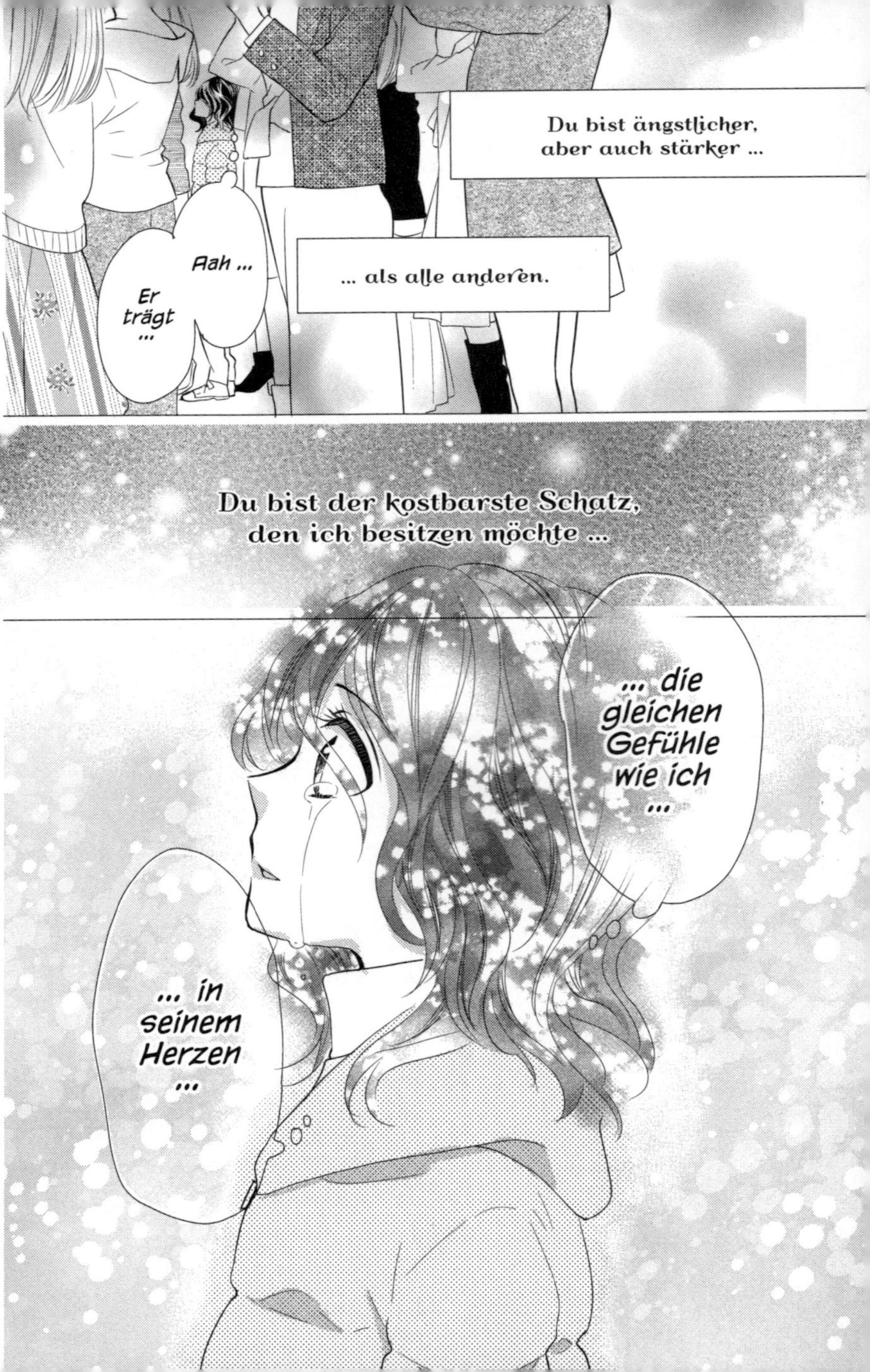

Du bist ängstlicher,
aber auch stärker ...

... als alle anderen.

Aah ...
Er trägt ...

Du bist der kostbarste Schatz,
den ich besitzen möchte ...

... die gleichen Gefühle wie ich ...

... in seinem Herzen ...

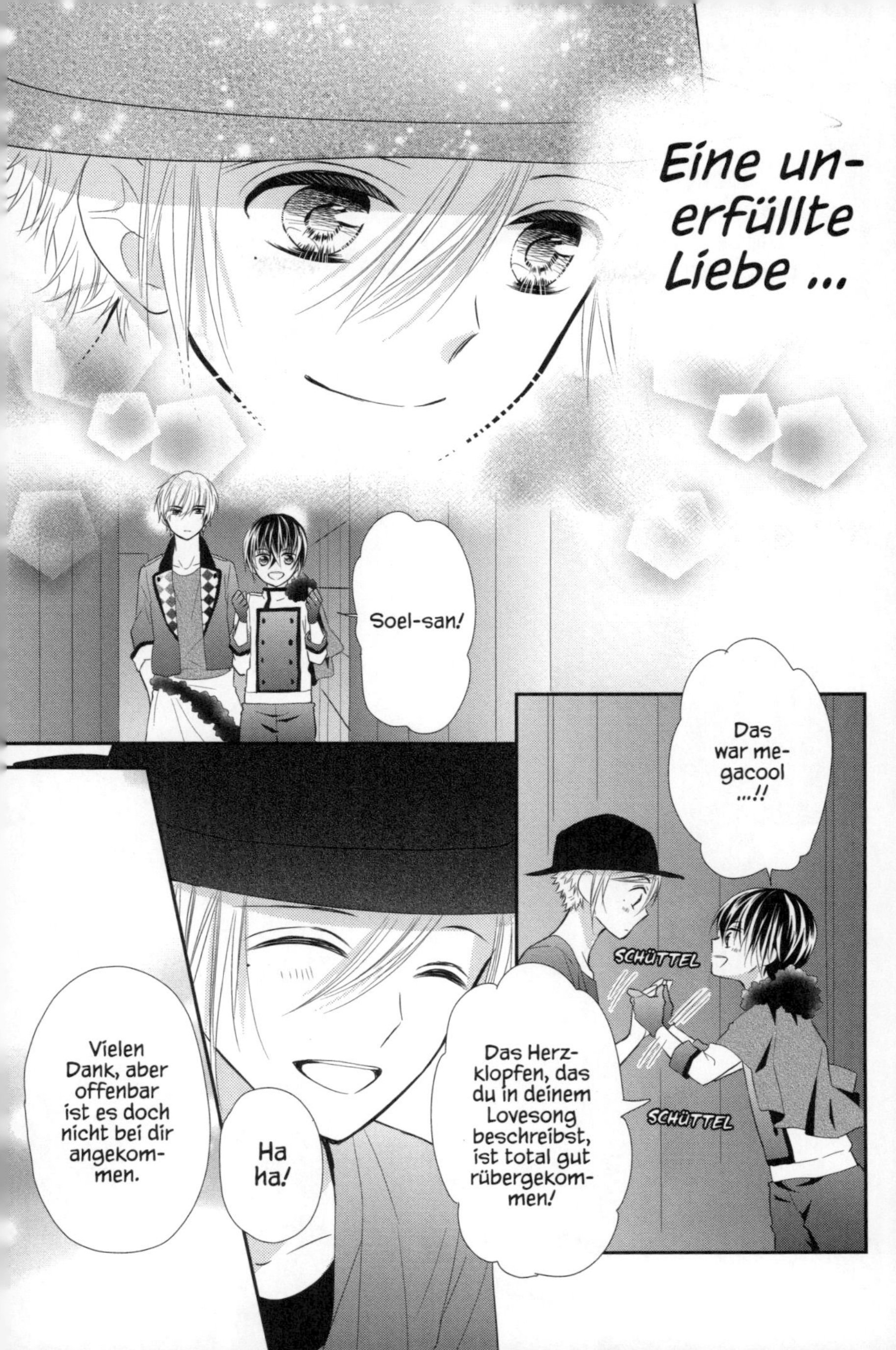
Eine unerfüllte Liebe ...
Soel-san!
Das war megacool ...!!
SCHÜTTEL
SCHÜTTEL
Das Herzklopfen, das du in deinem Lovesong beschreibst, ist total gut rübergekommen!
Ha ha!
Vielen Dank, aber offenbar ist es doch nicht bei dir angekommen.

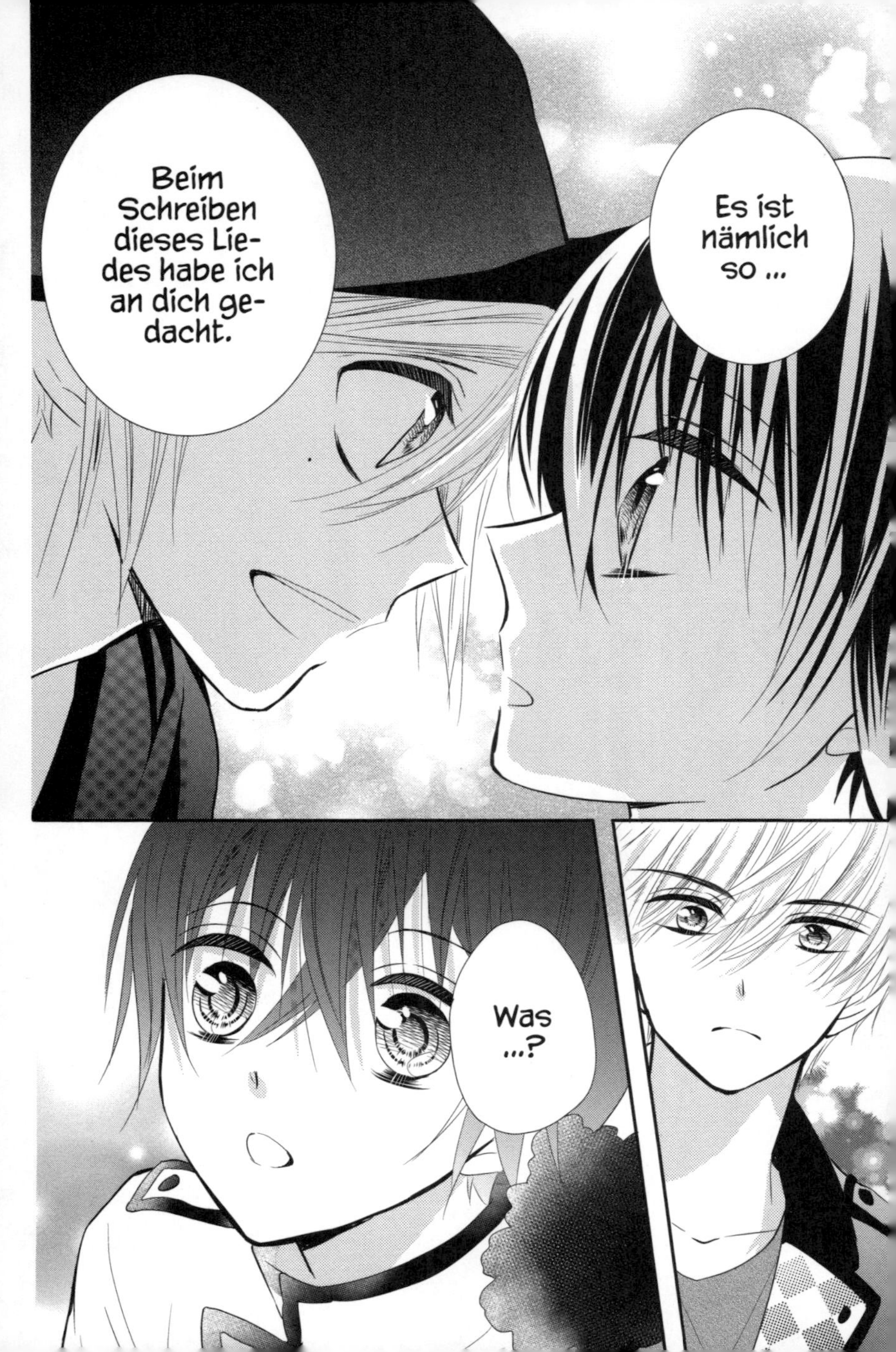
Es ist nämlich so ...
Beim Schreiben dieses Lie-des habe ich an dich ge-dacht.
Was ...?

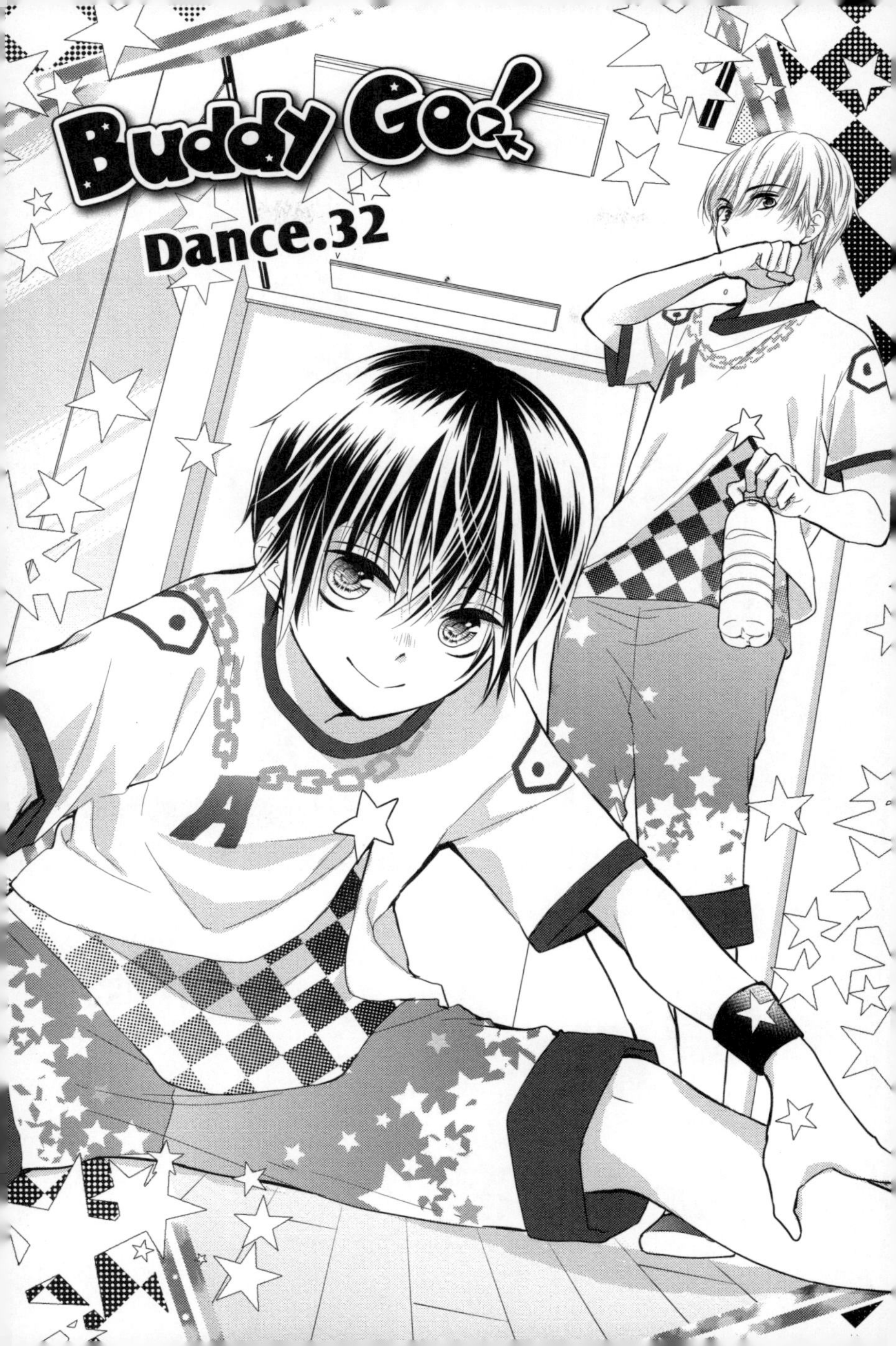
Buddy Go!
Dance.32

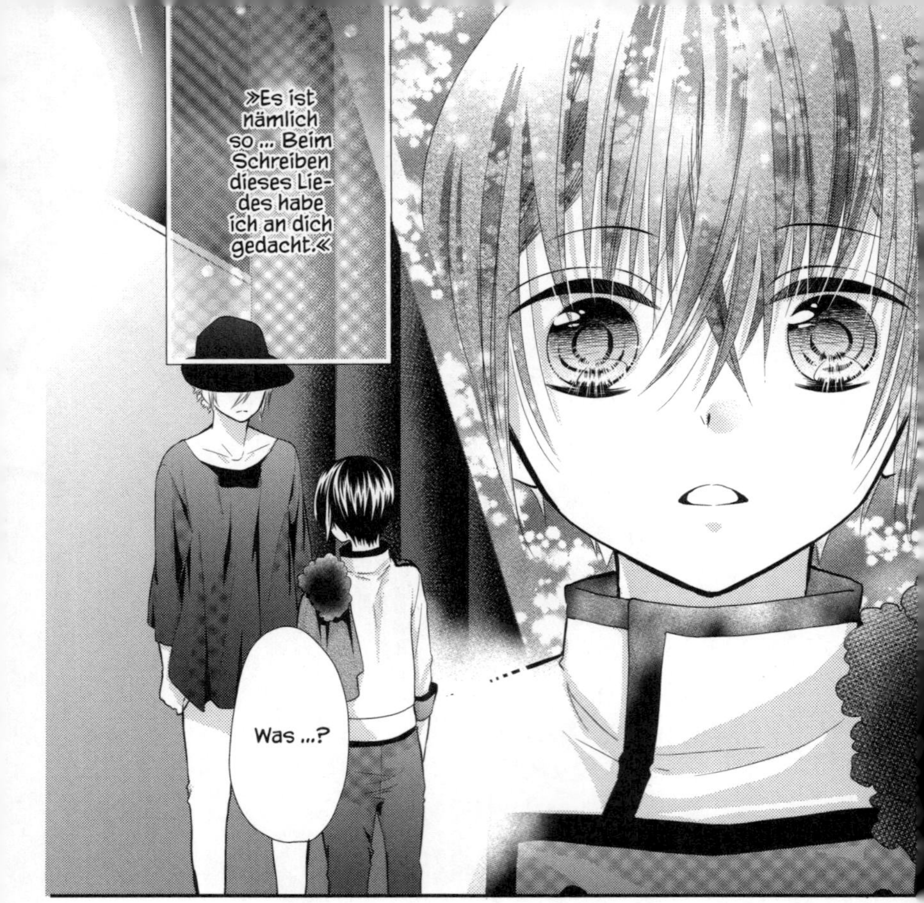

»Es ist nämlich so ... Beim Schreiben dieses Liedes habe ich an dich gedacht.«

Was ...?

Idol-Interview!

7. Runde

1. Welches ist dein liebstes Ereignis im Jahr?
2. Warum?
3. Was sind deine Erinnerungen an den Valentinstag?
4. Was sind deine Erinnerungen an den White Day?

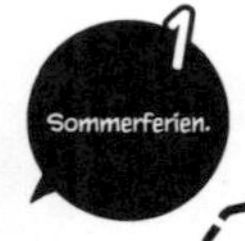

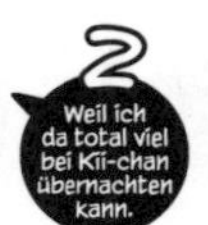

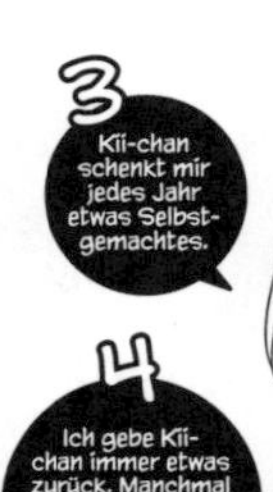

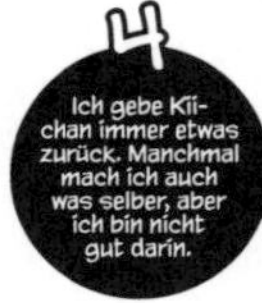

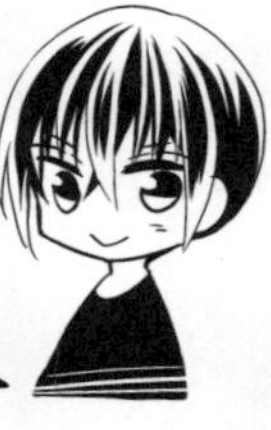

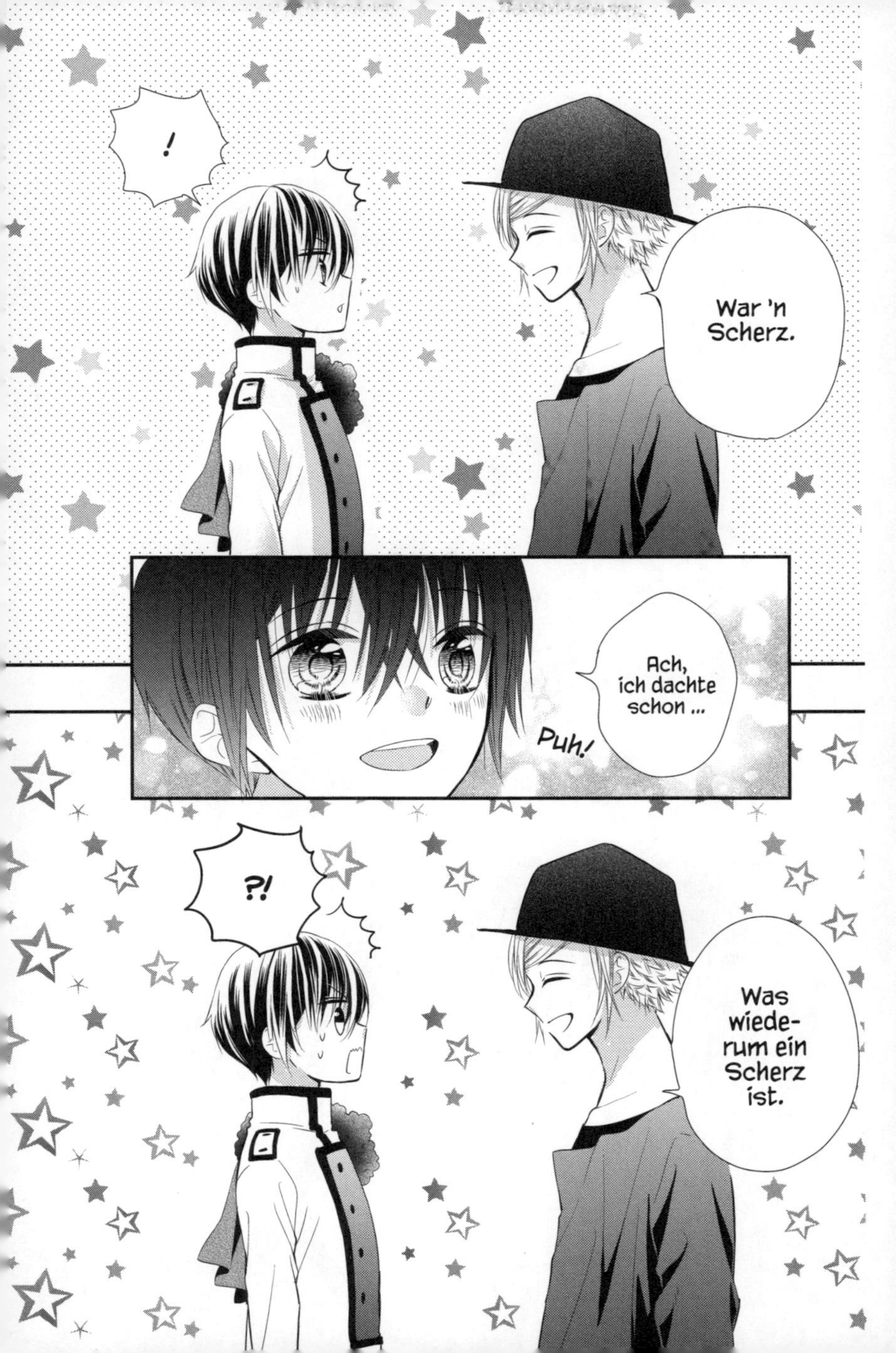
!
War 'n Scherz.
Ach, ich dachte schon ...
Puh!
?!
Was wiede-rum ein Scherz ist.

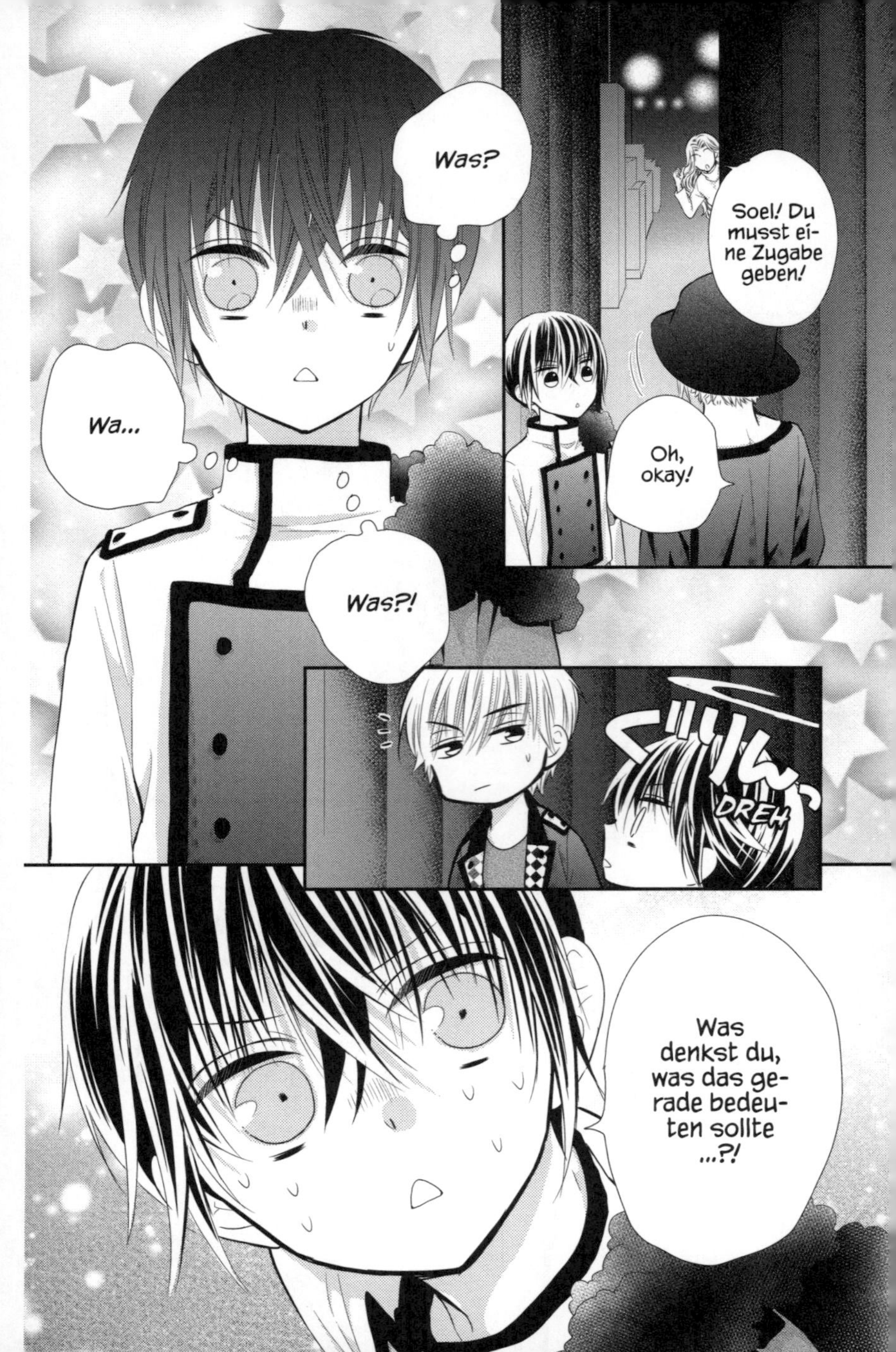

Soel! Du musst ei-ne Zugabe geben!
Oh, okay!
Was?
Wa...
Was?!
DREH
Was denkst du, was das ge-rade bedeu-ten sollte ...?!

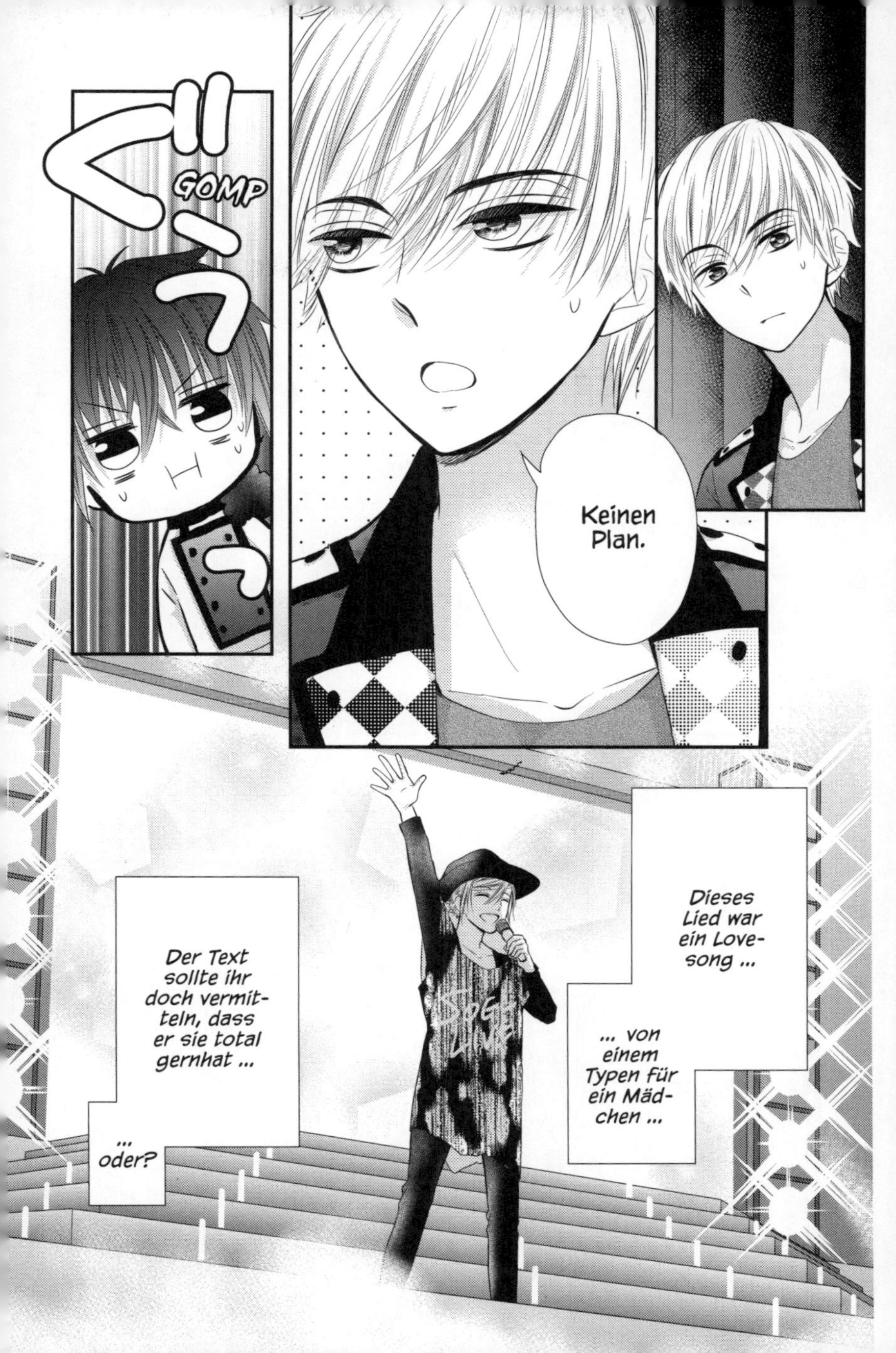

Keinen Plan.
ぐーっ
GOMP
Dieses Lied war ein Love-song ...
... von einem Typen für ein Mädchen ...
Der Text sollte ihr doch vermitteln, dass er sie total gernhat ...
... oder?

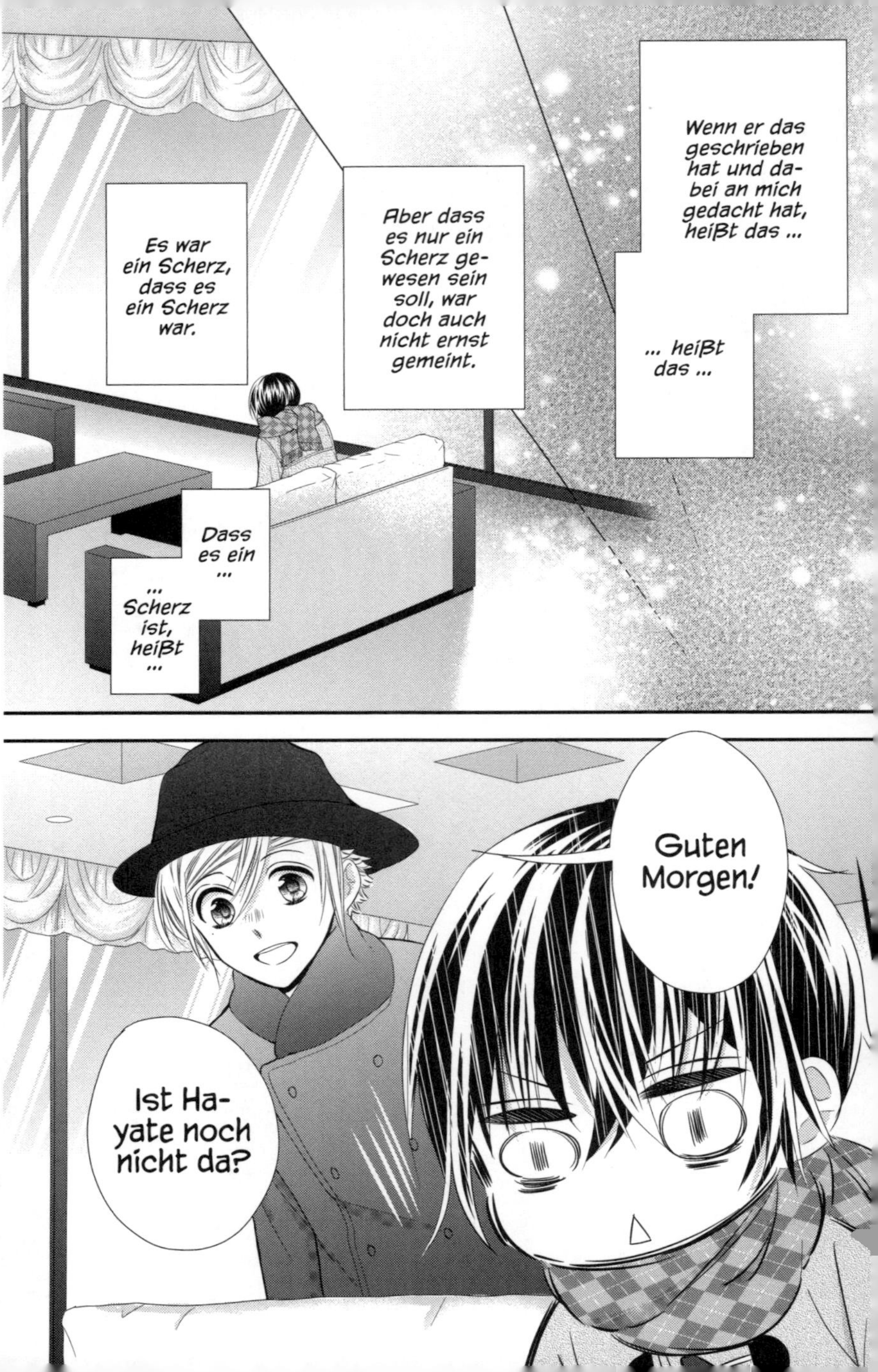

Wenn er das geschrieben hat und dabei an mich gedacht hat, heißt das ...

... heißt das ...

Aber dass es nur ein Scherz gewesen sein soll, war doch auch nicht ernst gemeint.

Es war ein Scherz, dass es ein Scherz war.

Dass es ein ...

... Scherz ist, heißt ...

Guten Morgen!

Ist Hayate noch nicht da?

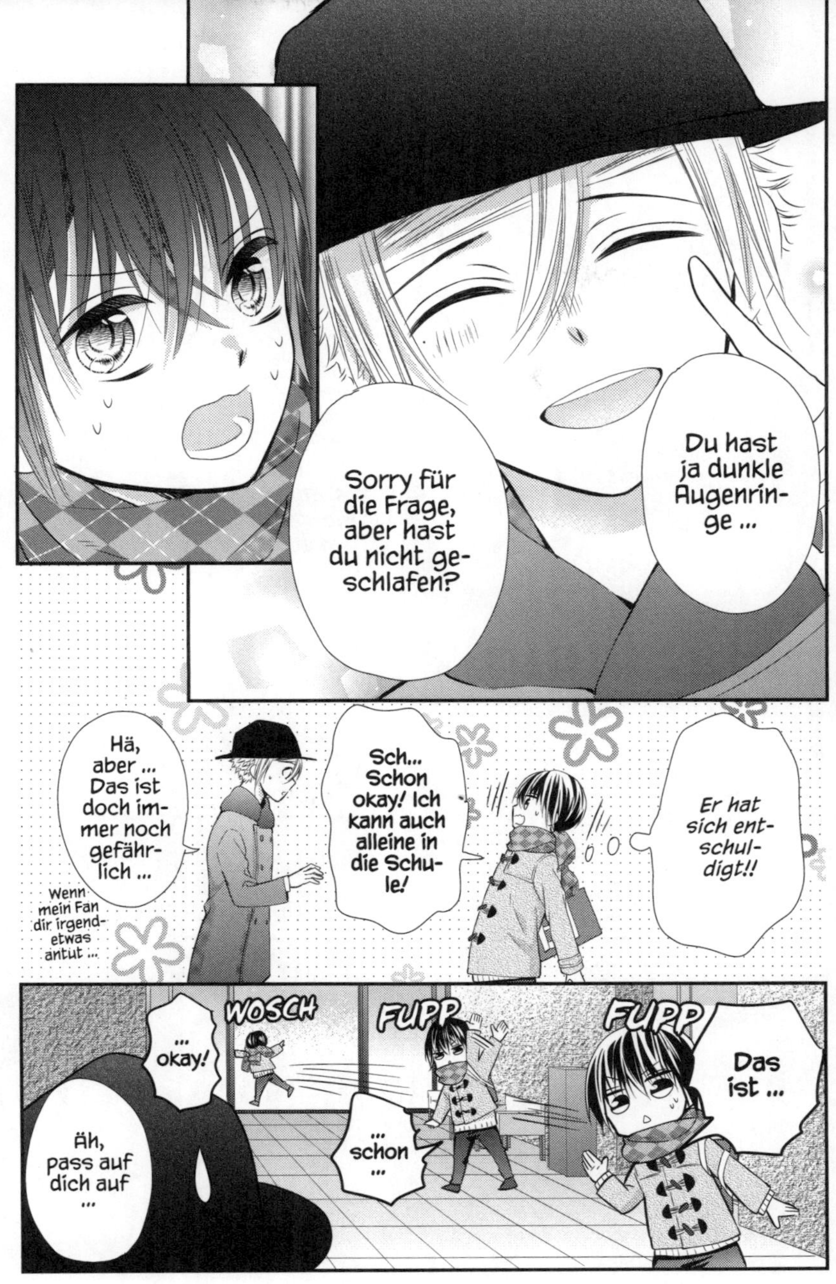

Du hast ja dunkle Augenringe ...
Sorry für die Frage, aber hast du nicht geschlafen?
Er hat sich entschuldigt!!
Sch... Schon okay! Ich kann auch alleine in die Schule!
Hä, aber ... Das ist doch immer noch gefährlich ...
Wenn mein Fan dir irgendetwas antut ...
Das ist ...
FUPP
FUPP
... schon ...
WOSCH
... okay!
Äh, pass auf dich auf ...

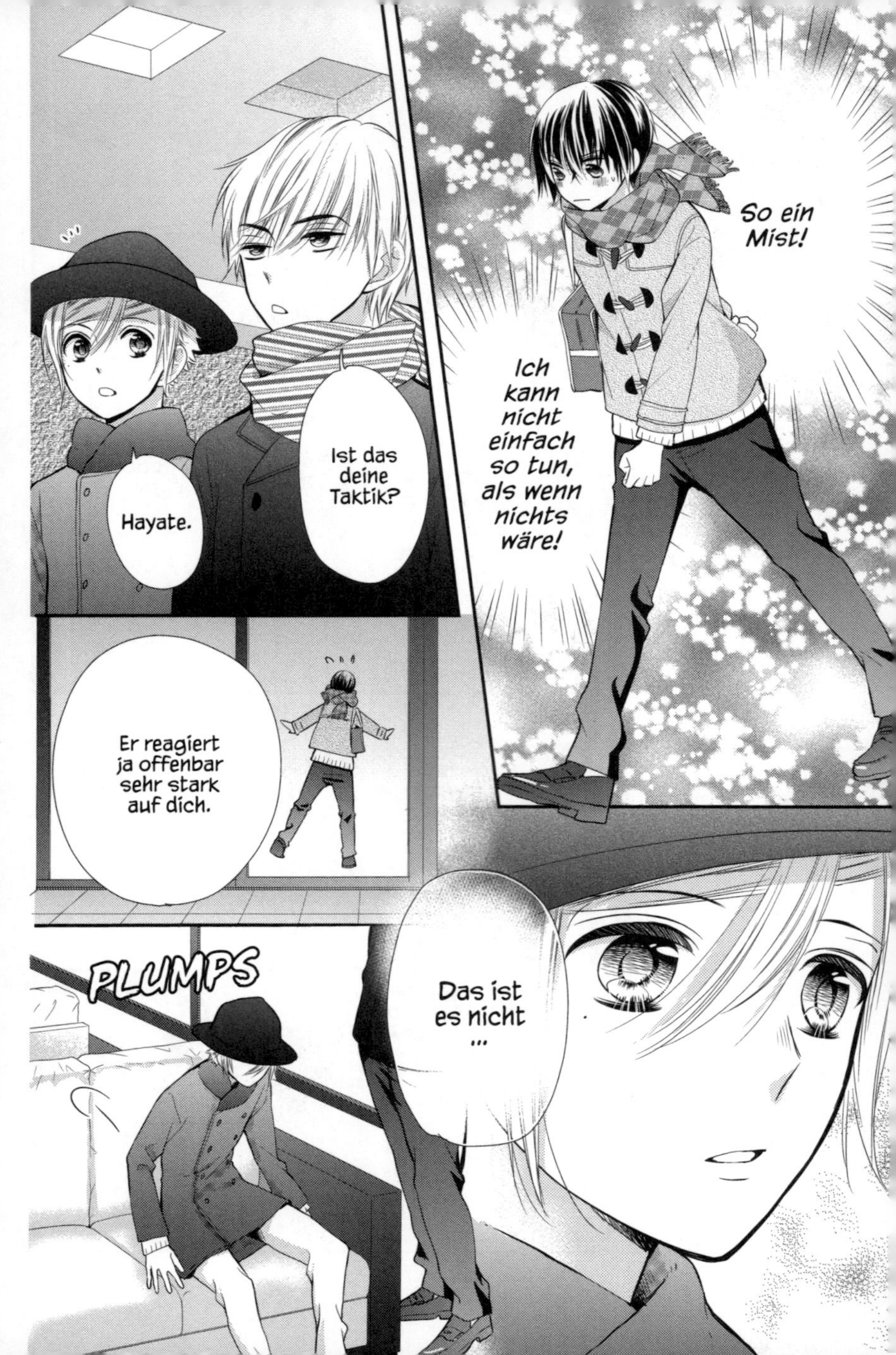
So ein Mist!
Ich kann nicht einfach so tun, als wenn nichts wäre!
Ist das deine Taktik?
Hayate.
Er reagiert ja offenbar sehr stark auf dich.
Das ist es nicht ...
PLUMPS

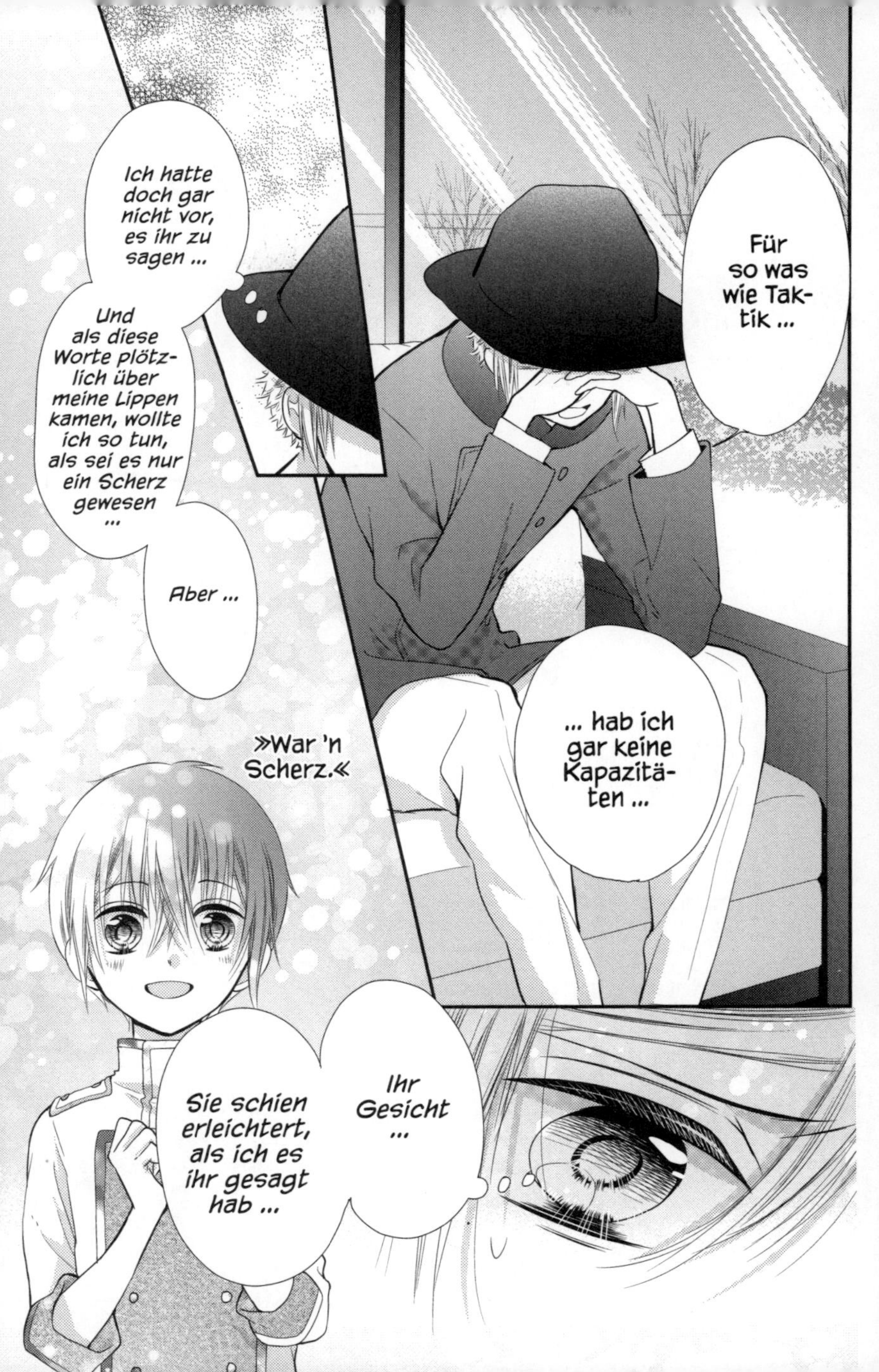
Für so was wie Taktik ...
... hab ich gar keine Kapazitäten ...
Ich hatte doch gar nicht vor, es ihr zu sagen ...
Und als diese Worte plötzlich über meine Lippen kamen, wollte ich so tun, als sei es nur ein Scherz gewesen ...
Aber ...
»War 'n Scherz.«
Ihr Gesicht ...
Sie schien erleichtert, als ich es ihr gesagt hab ...

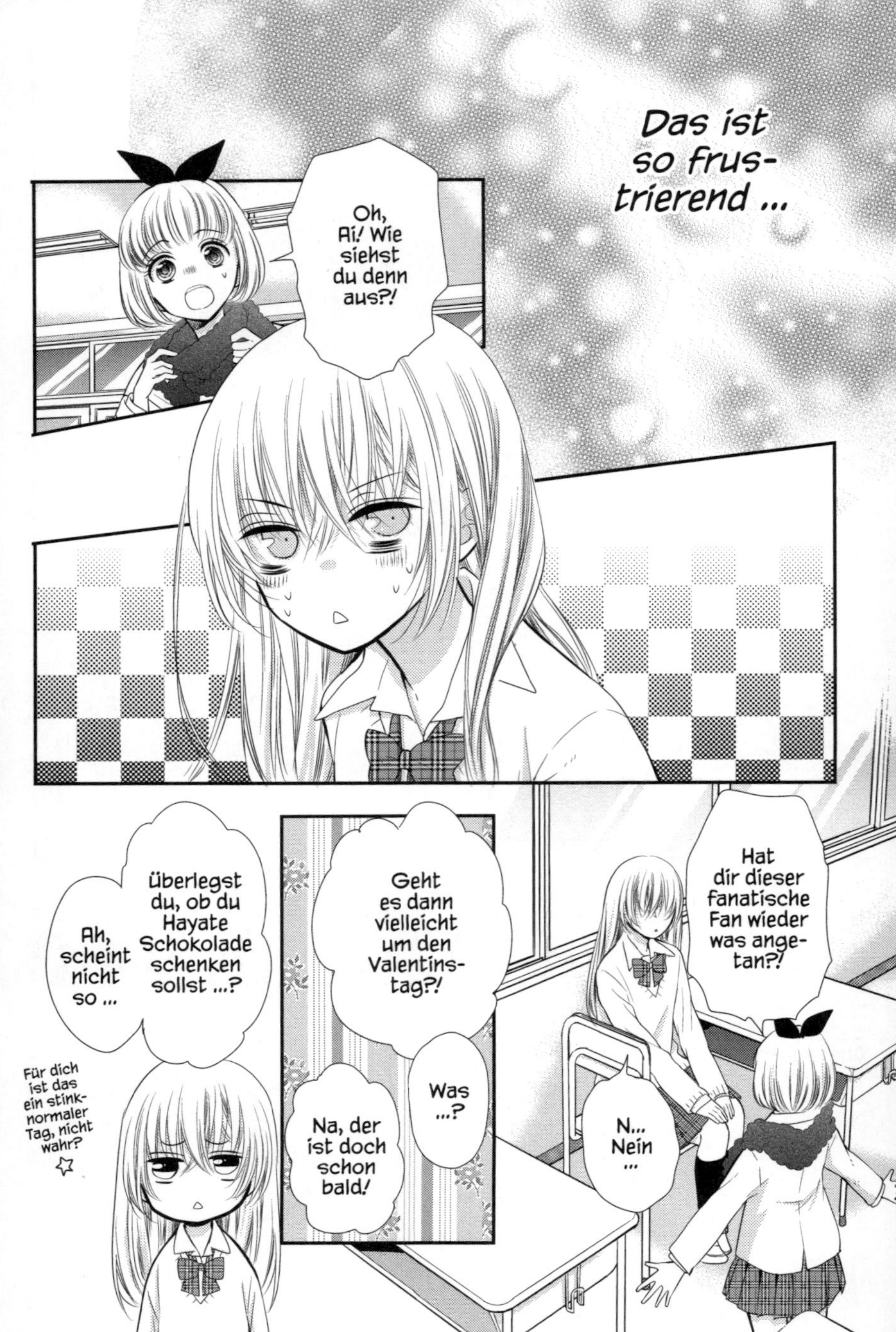
Das ist so frustrierend ...
Oh, Ai! Wie siehst du denn aus?!
Hat dir dieser fanatische Fan wieder was angetan?!
N... Nein ...
Geht es dann vielleicht um den Valentinstag?!
Was ...?
Na, der ist doch schon bald!
überlegst du, ob du Hayate Schokolade schenken sollst ...?
Ah, scheint nicht so ...
Für dich ist das ein stinknormaler Tag, nicht wahr? ☆

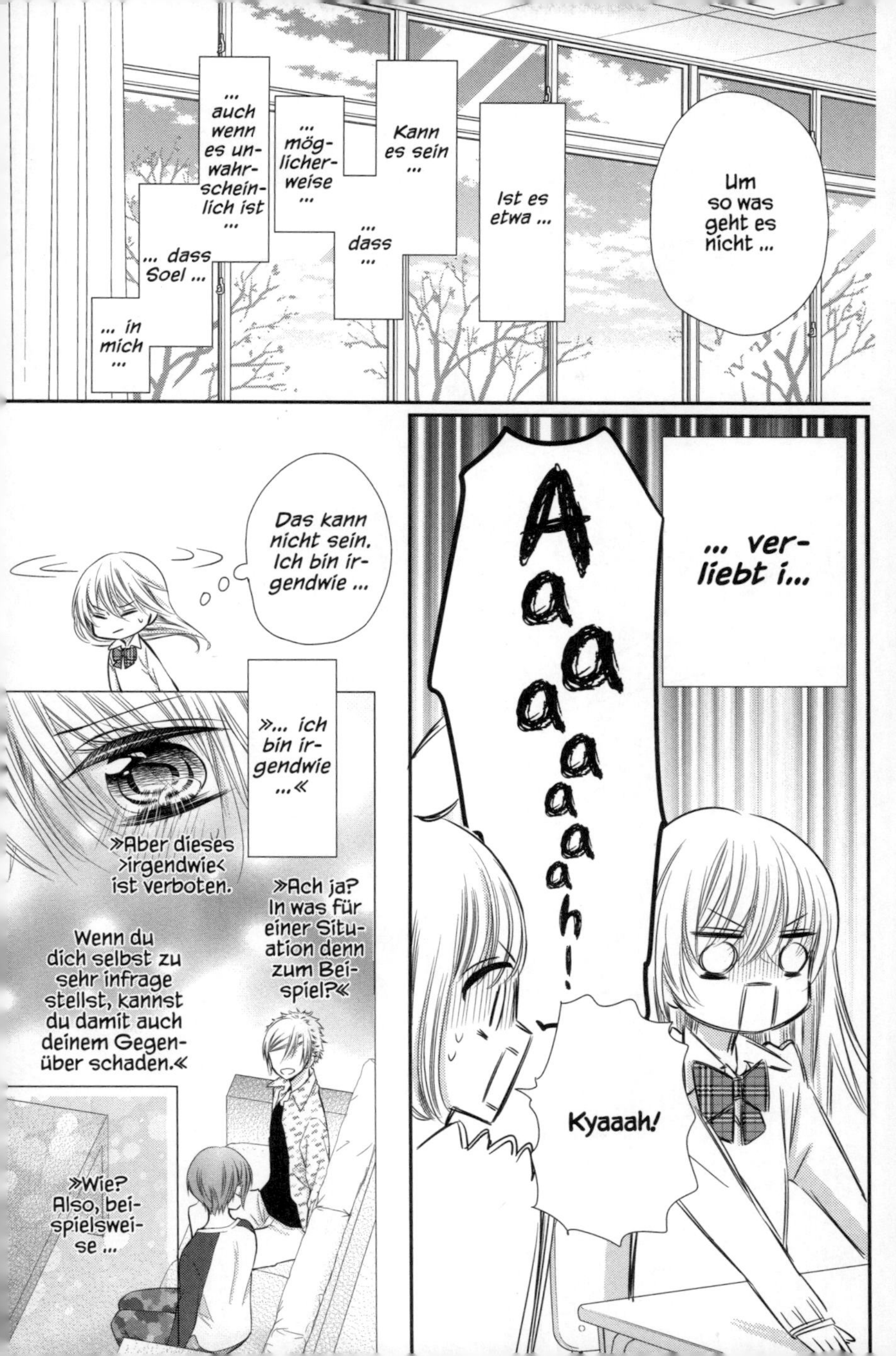
Um so was geht es nicht ...
Ist es etwa ...
Kann es sein ...
... dass ...
... möglicherweise ...
... auch wenn es unwahrscheinlich ist ...
... dass Soel ...
... in mich ...
... verliebt i...
Aaaaaaaah!
Kyaaah!
Das kann nicht sein. Ich bin irgendwie ...
»... ich bin irgendwie ...«
»Aber dieses ›irgendwie‹ ist verboten.
»Ach ja? In was für einer Situation denn zum Beispiel?«
Wenn du dich selbst zu sehr infrage stellst, kannst du damit auch deinem Gegenüber schaden.«
»Wie? Also, beispielsweise ...

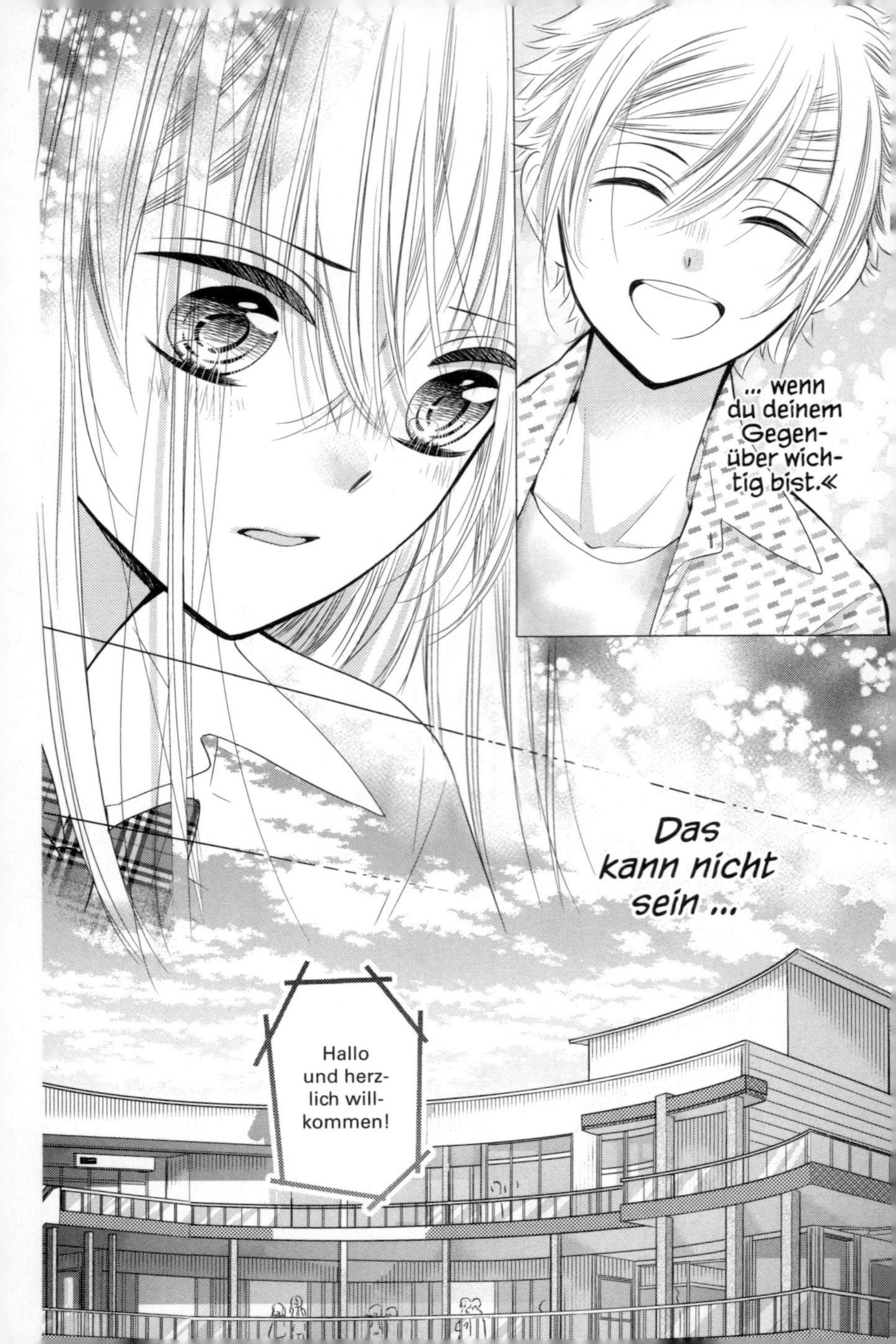
... wenn du deinem Gegen- über wich- tig bist.«
Das kann nicht sein ...
Hallo und herz- lich will- kommen!

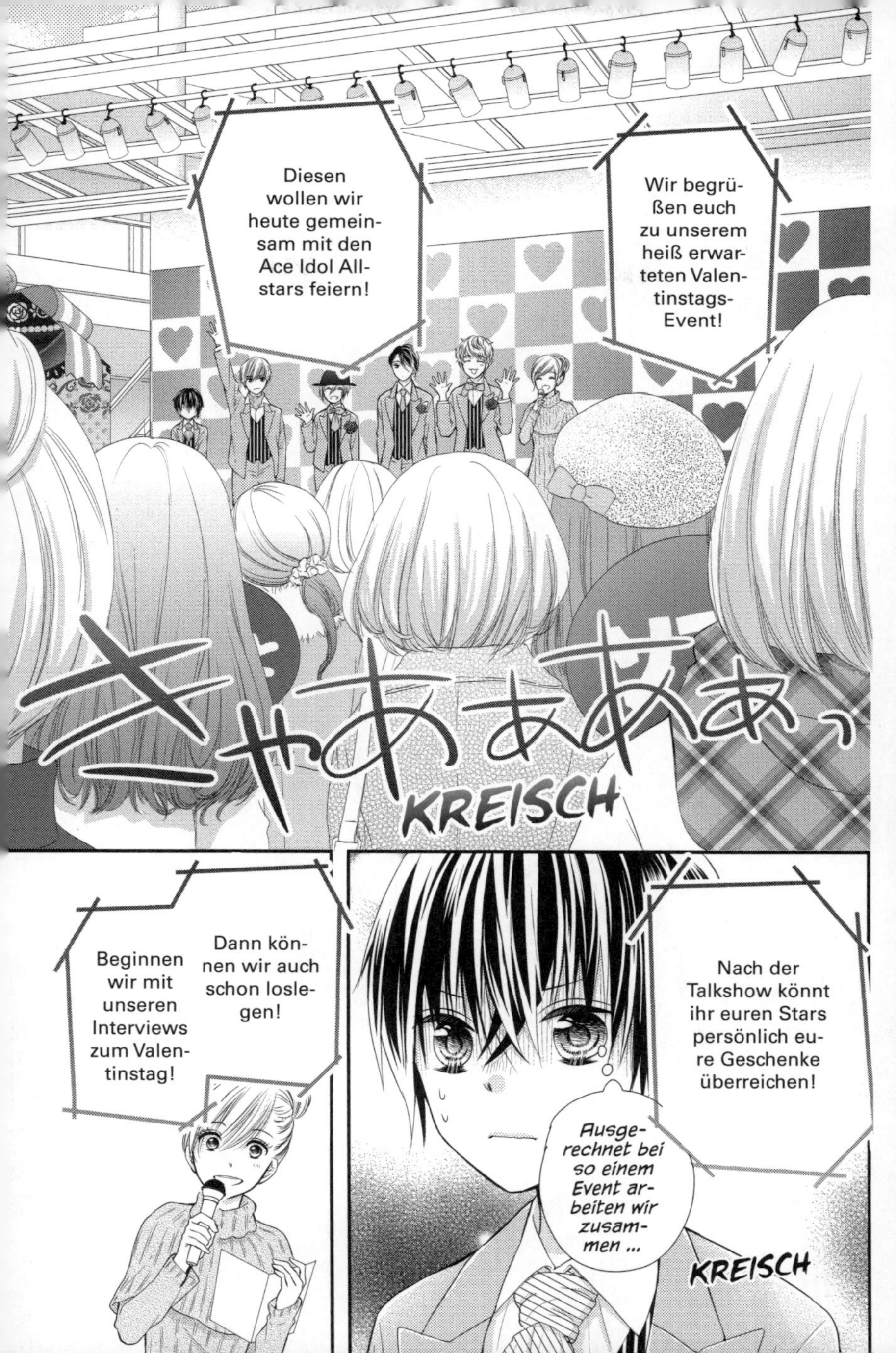
Wir begrüßen euch zu unserem heiß erwarteten Valentinstags-Event!
Diesen wollen wir heute gemeinsam mit den Ace Idol Allstars feiern!
きゃあああ
KREISCH
Nach der Talkshow könnt ihr euren Stars persönlich eure Geschenke überreichen!
Ausgerechnet bei so einem Event arbeiten wir zusammen ...
KREISCH
Dann können wir auch schon loslegen!
Beginnen wir mit unseren Interviews zum Valentinstag!

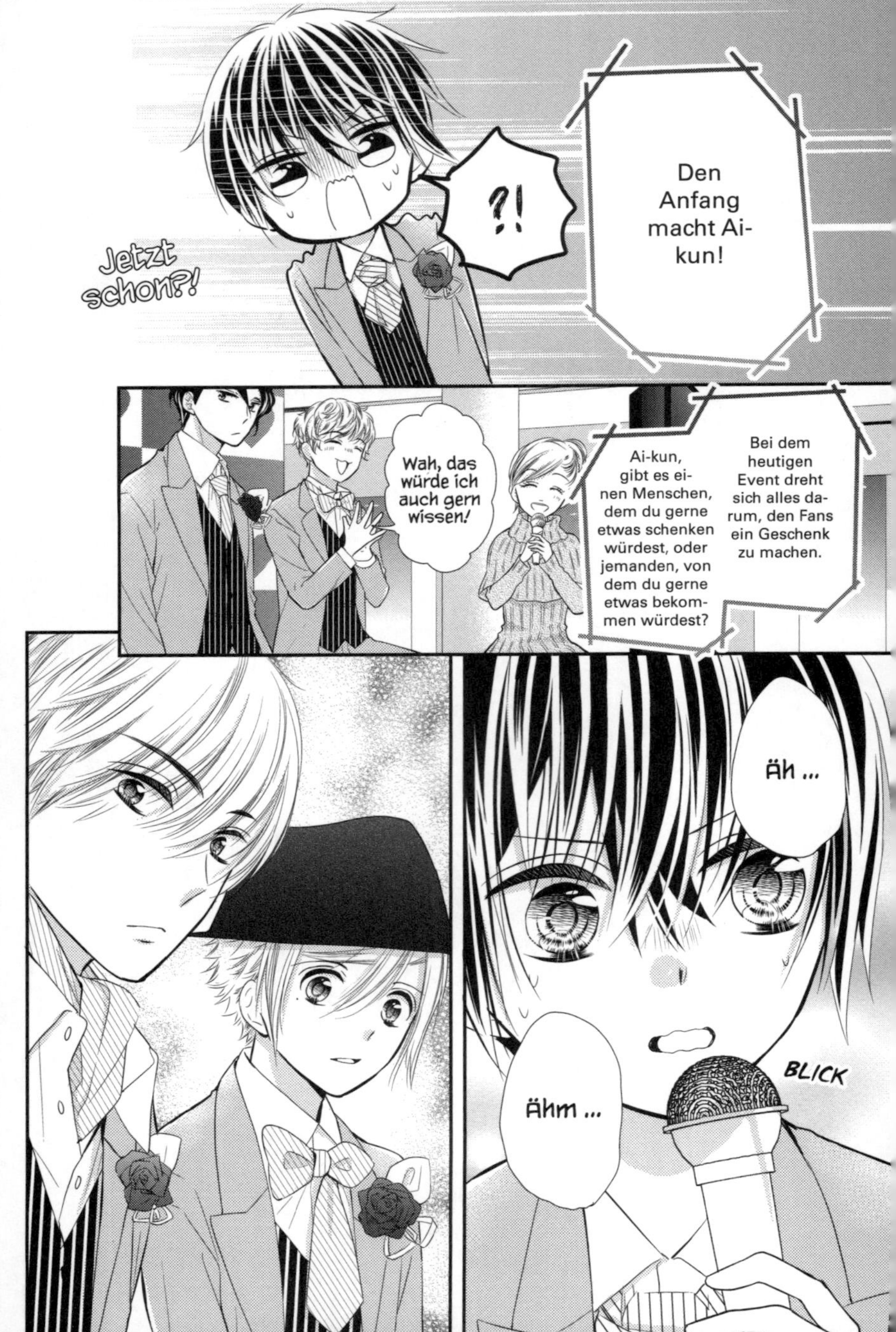
Den Anfang macht Ai-kun!
?!
Jetzt schon?!
Bei dem heutigen Event dreht sich alles darum, den Fans ein Geschenk zu machen.
Ai-kun, gibt es einen Menschen, dem du gerne etwas schenken würdest, oder jemanden, von dem du gerne etwas bekommen würdest?
Wah, das würde ich auch gern wissen!
Äh ...
BLICK
Ähm ...

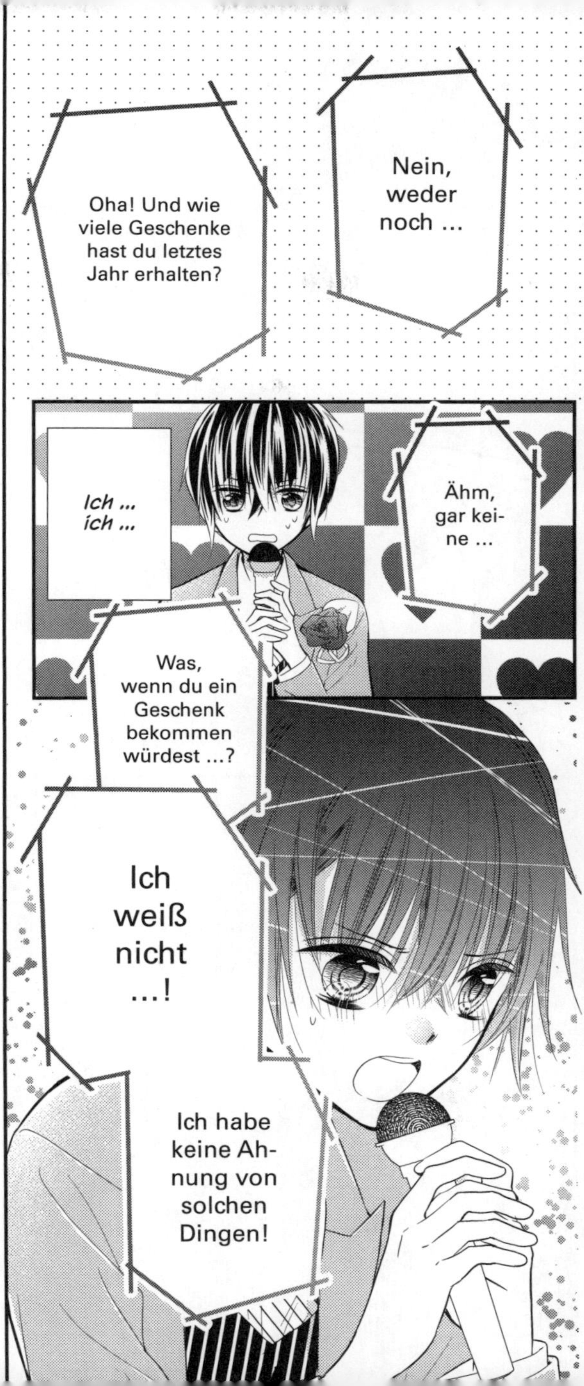

Nein, weder noch ...

Oha! Und wie viele Geschenke hast du letztes Jahr erhalten?

Ähm, gar keine ...

Ich ... ich ...

Was, wenn du ein Geschenk bekommen würdest ...?

Ich weiß nicht ...!

Ich habe keine Ahnung von solchen Dingen!

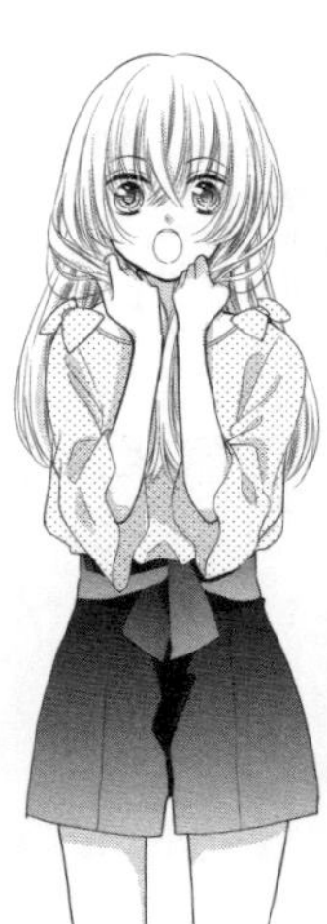

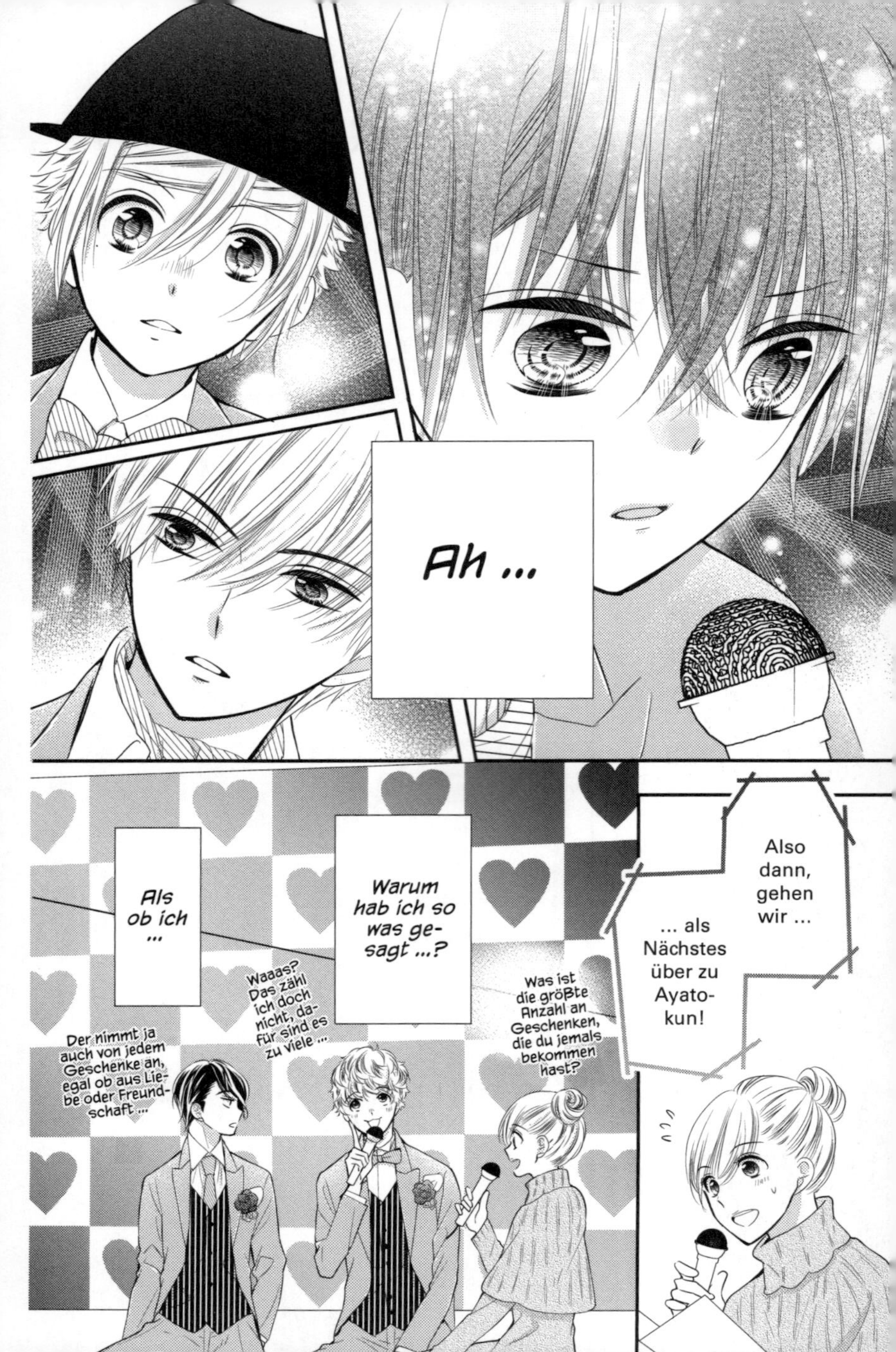
Ah …
Also dann, gehen wir …
… als Nächstes über zu Ayato-kun!
Was ist die größte Anzahl an Geschenken, die du jemals bekommen hast?
Warum hab ich so was gesagt …?
Als ob ich …
Waaas? Das zähl ich doch nicht, dafür sind es zu viele …
Der nimmt ja auch von jedem Geschenke an, egal ob aus Liebe oder Freundschaft …

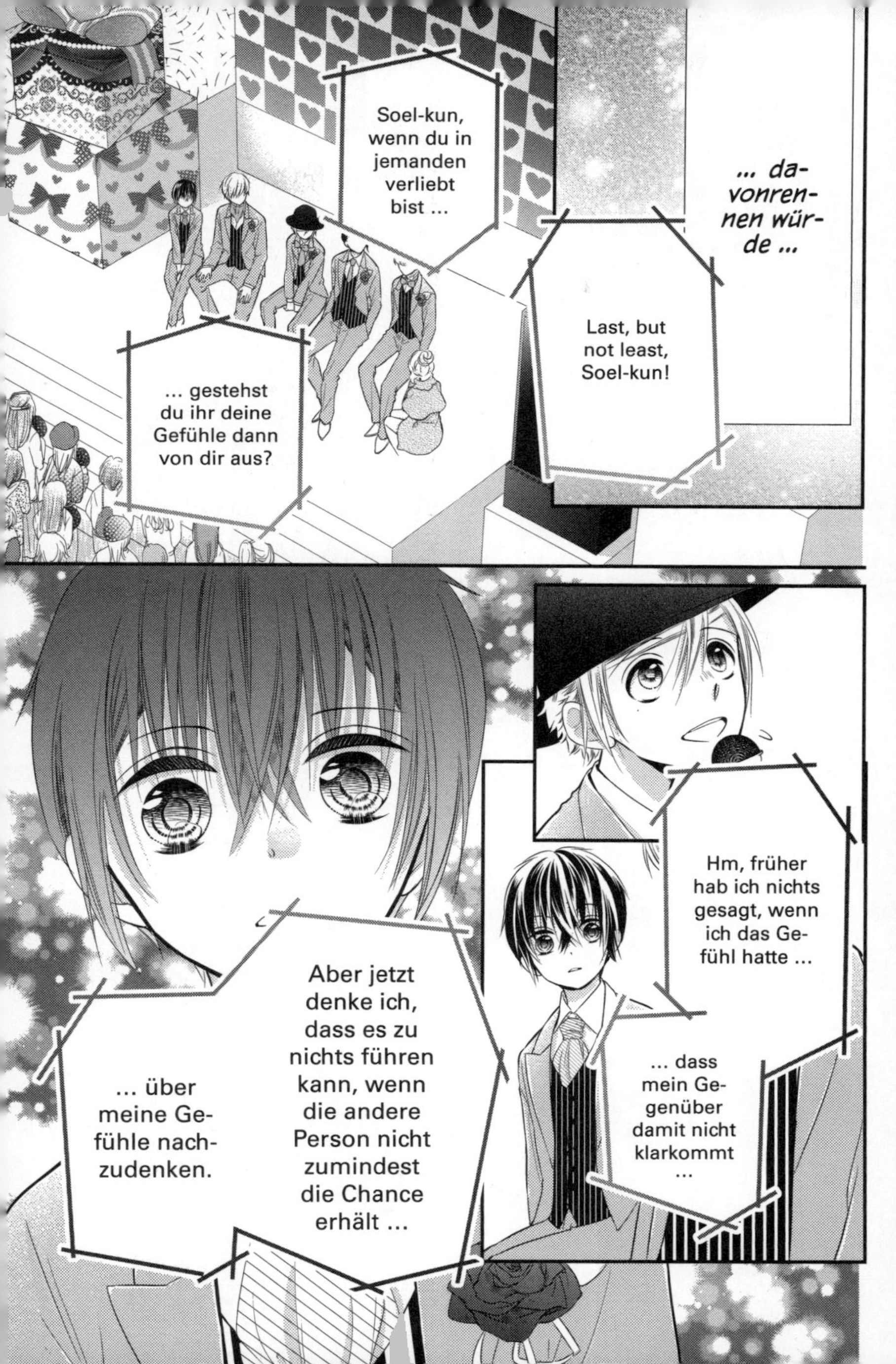
... davonrennen würde ...
Last, but not least, Soel-kun!
Soel-kun, wenn du in jemanden verliebt bist ...
... gestehst du ihr deine Gefühle dann von dir aus?
Hm, früher hab ich nichts gesagt, wenn ich das Gefühl hatte ...
... dass mein Gegenüber damit nicht klarkommt ...
Aber jetzt denke ich, dass es zu nichts führen kann, wenn die andere Person nicht zumindest die Chance erhält ...
... über meine Gefühle nachzudenken.

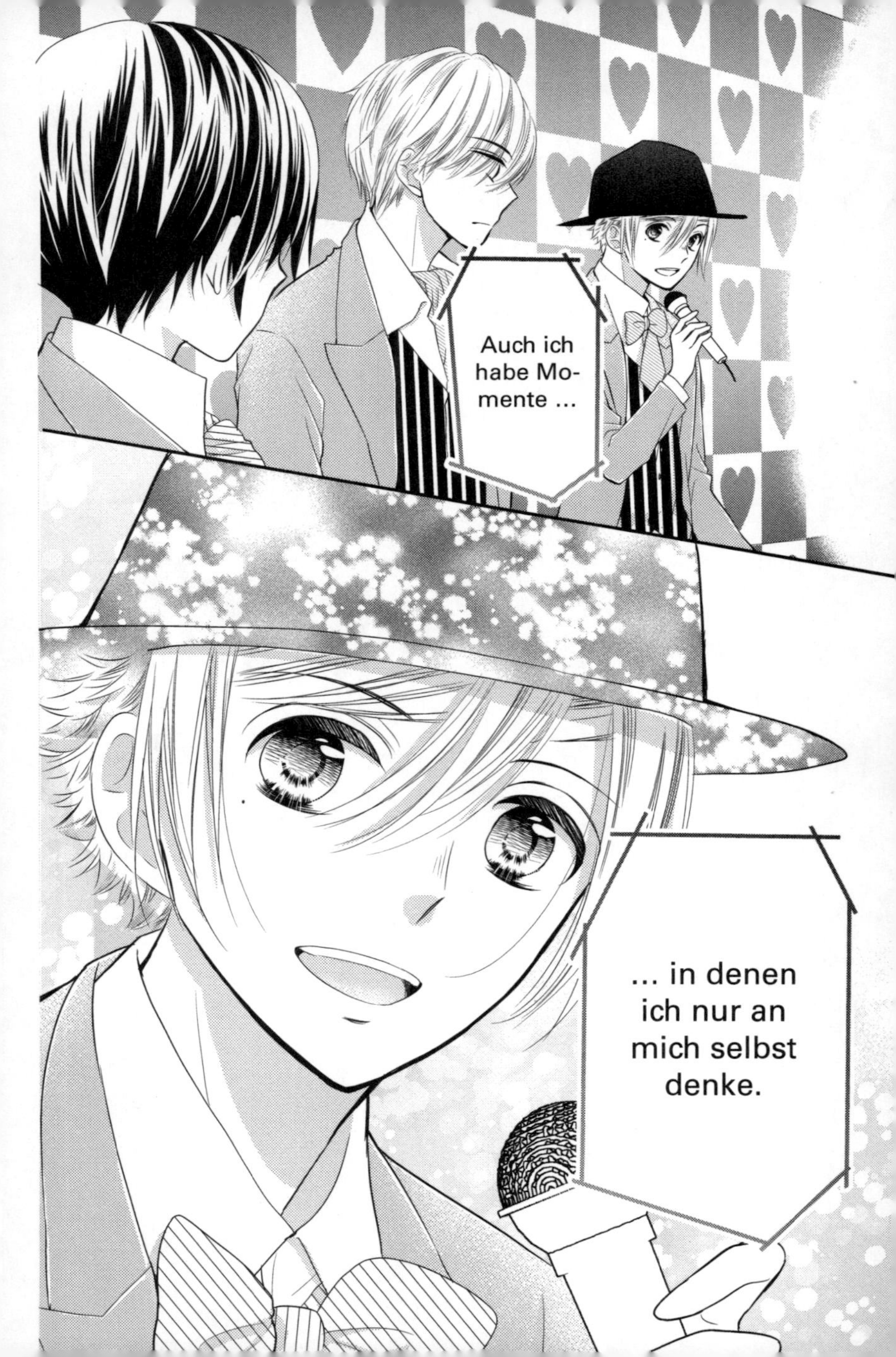
Auch ich habe Momente ...
... in denen ich nur an mich selbst denke.

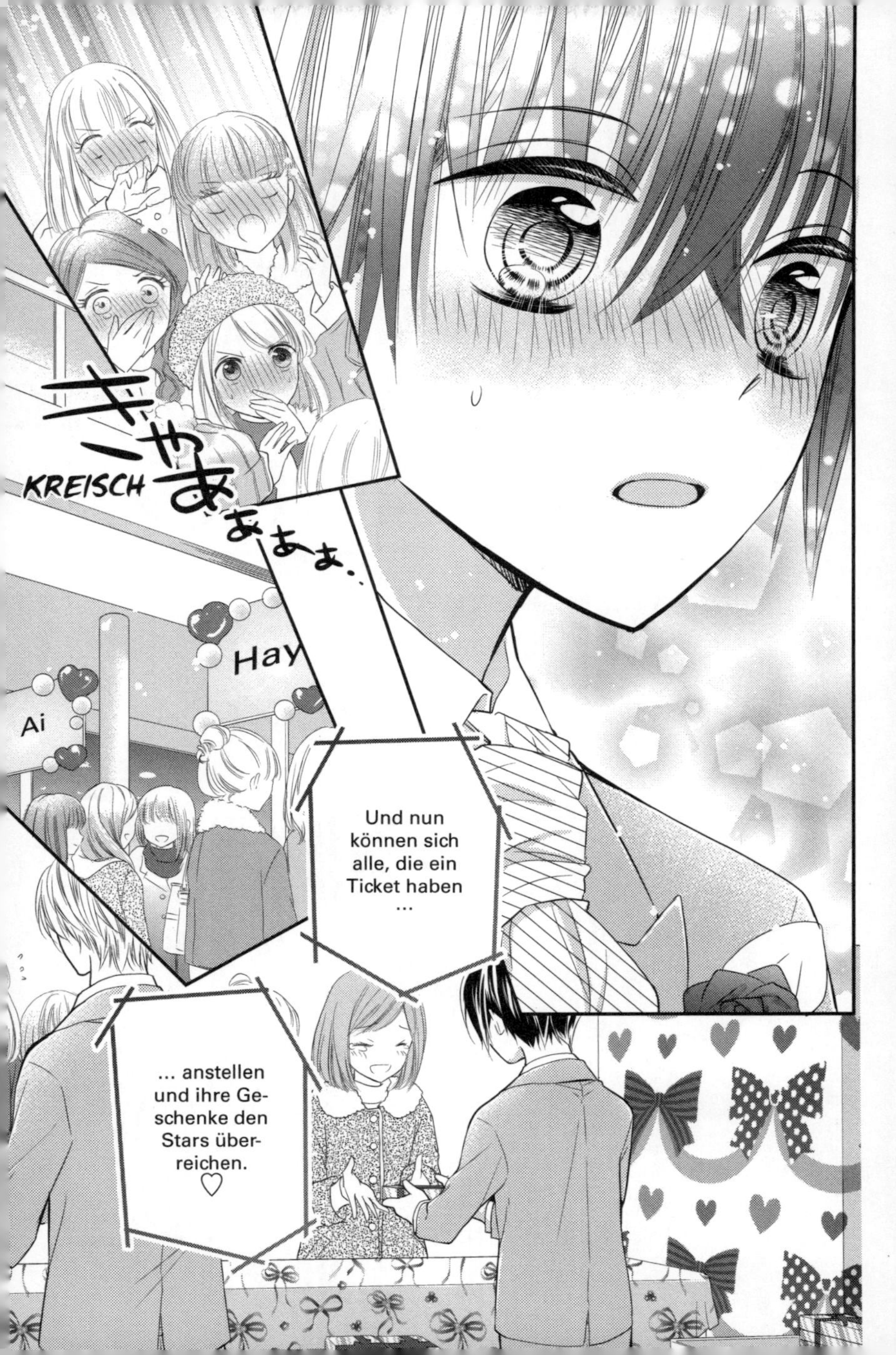

KREISCH
ぎゃあぁぁぁ…
Hay
Ai
Und nun können sich alle, die ein Ticket haben …
… anstellen und ihre Geschenke den Stars überreichen. ♡

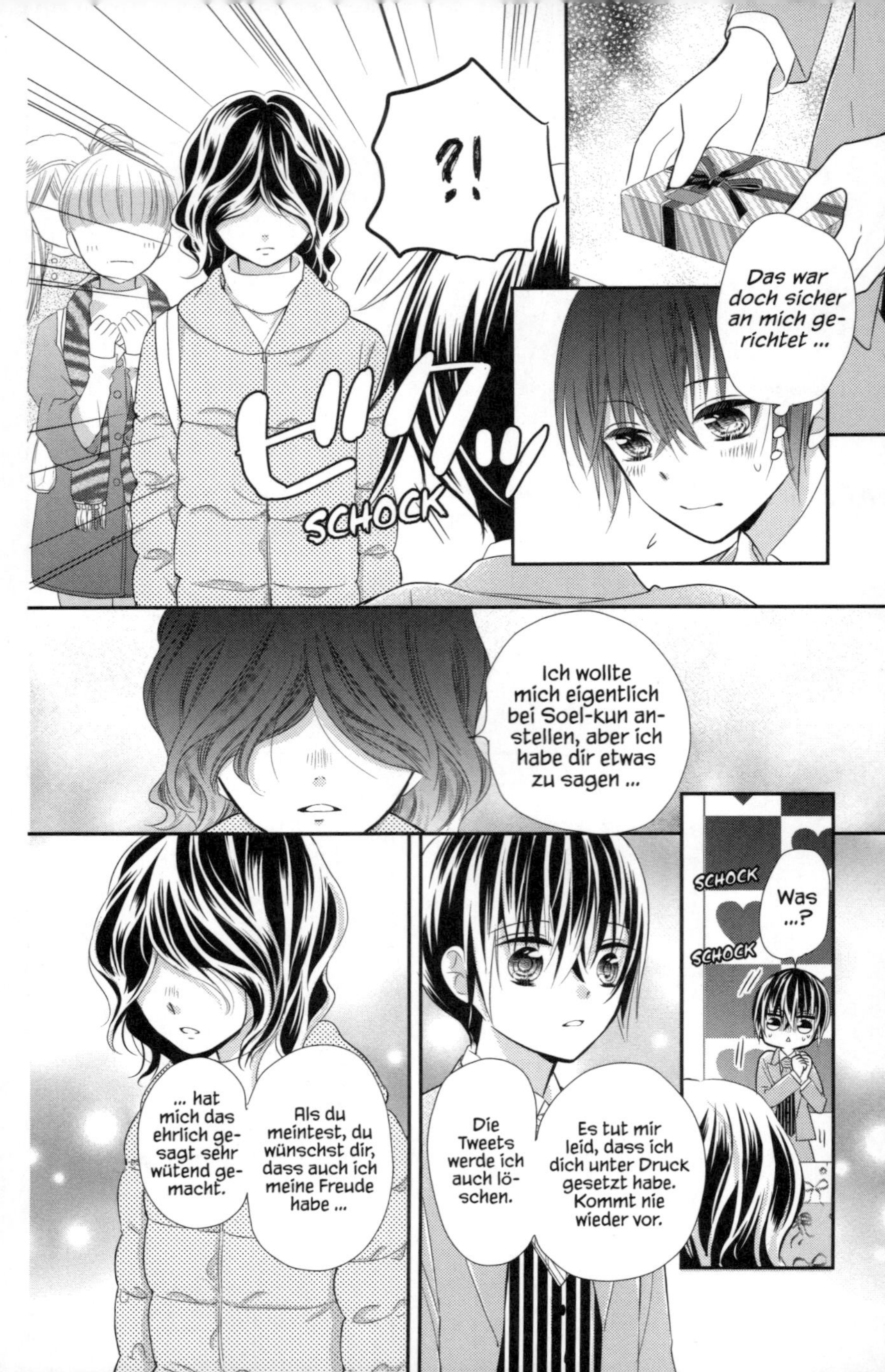
Das war doch sicher an mich gerichtet ...
?!
SCHOCK
Ich wollte mich eigentlich bei Soel-kun anstellen, aber ich habe dir etwas zu sagen ...
Was ...?
SCHOCK
SCHOCK
Es tut mir leid, dass ich dich unter Druck gesetzt habe. Kommt nie wieder vor.
Die Tweets werde ich auch löschen.
Als du meintest, du wünschst dir, dass auch ich meine Freude habe ...
... hat mich das ehrlich gesagt sehr wütend gemacht.

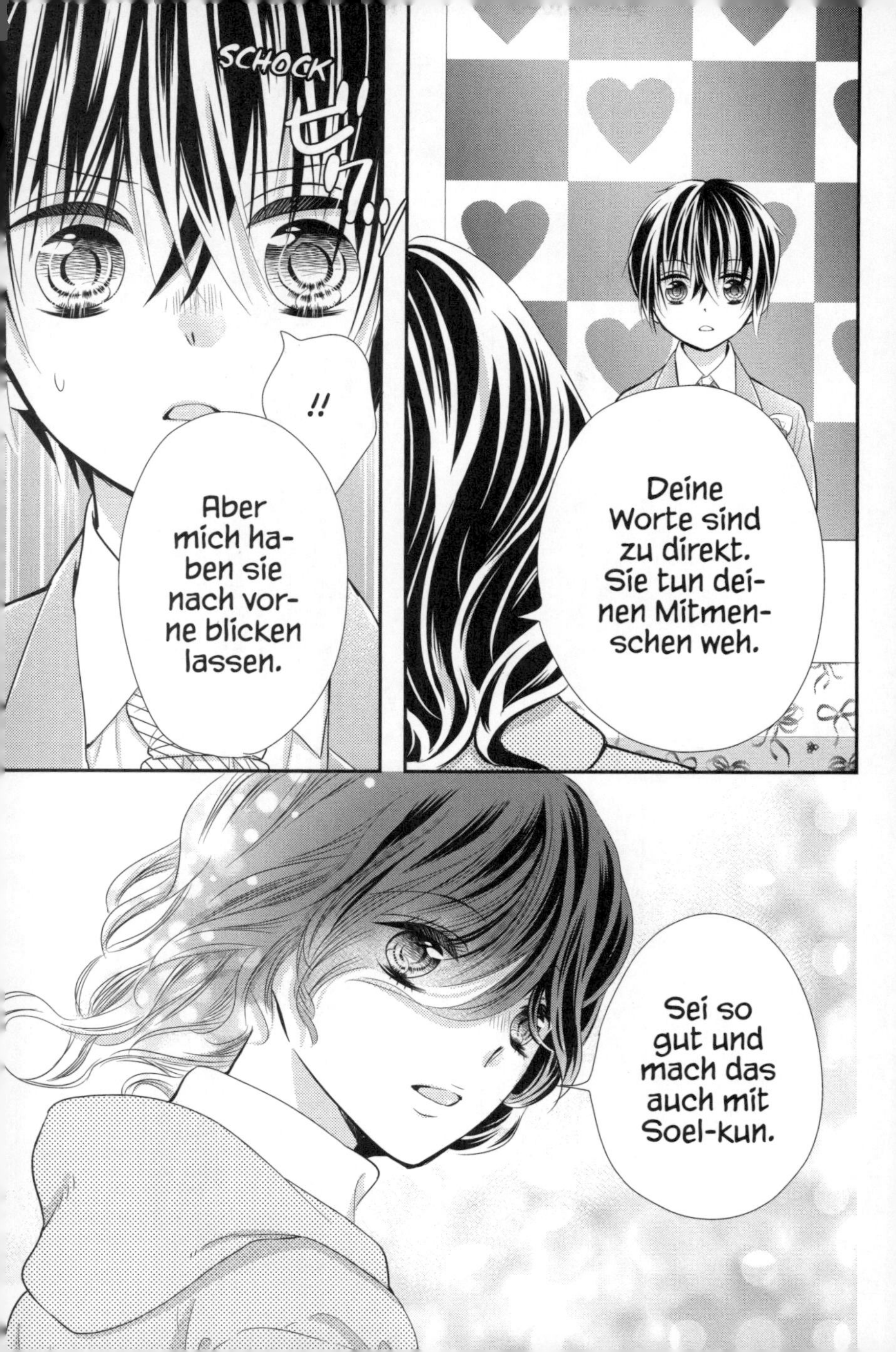

Deine Worte sind zu direkt. Sie tun deinen Mitmenschen weh.
SCHOCK
!!
Aber mich haben sie nach vorne blicken lassen.
Sei so gut und mach das auch mit Soel-kun.

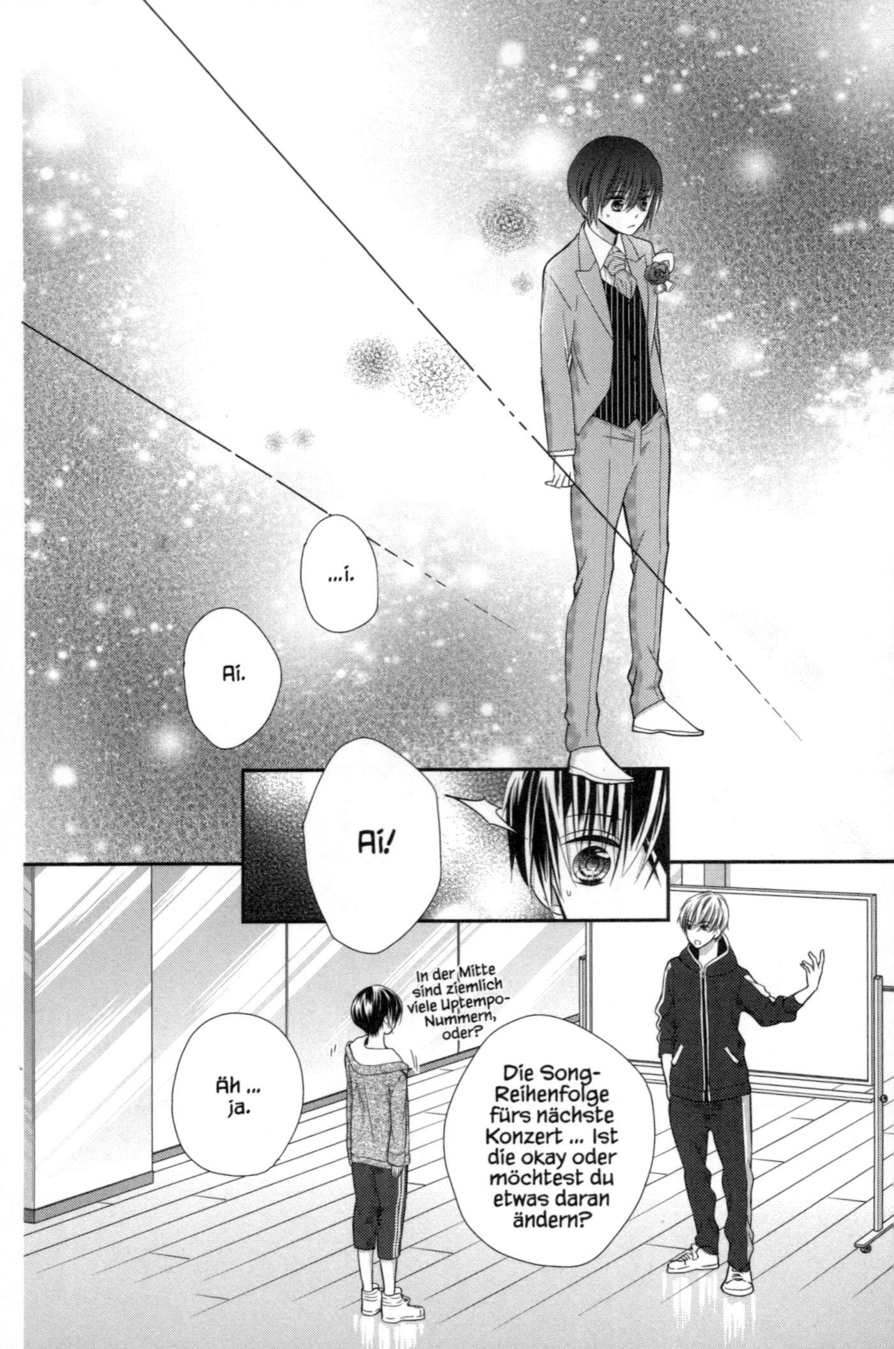
...i.
Ai.
Ai!
Die Song-Reihenfolge fürs nächste Konzert ... Ist die okay oder möchtest du etwas daran ändern?
In der Mitte sind ziemlich viele Uptempo-Nummern, oder?
Äh ... ja.

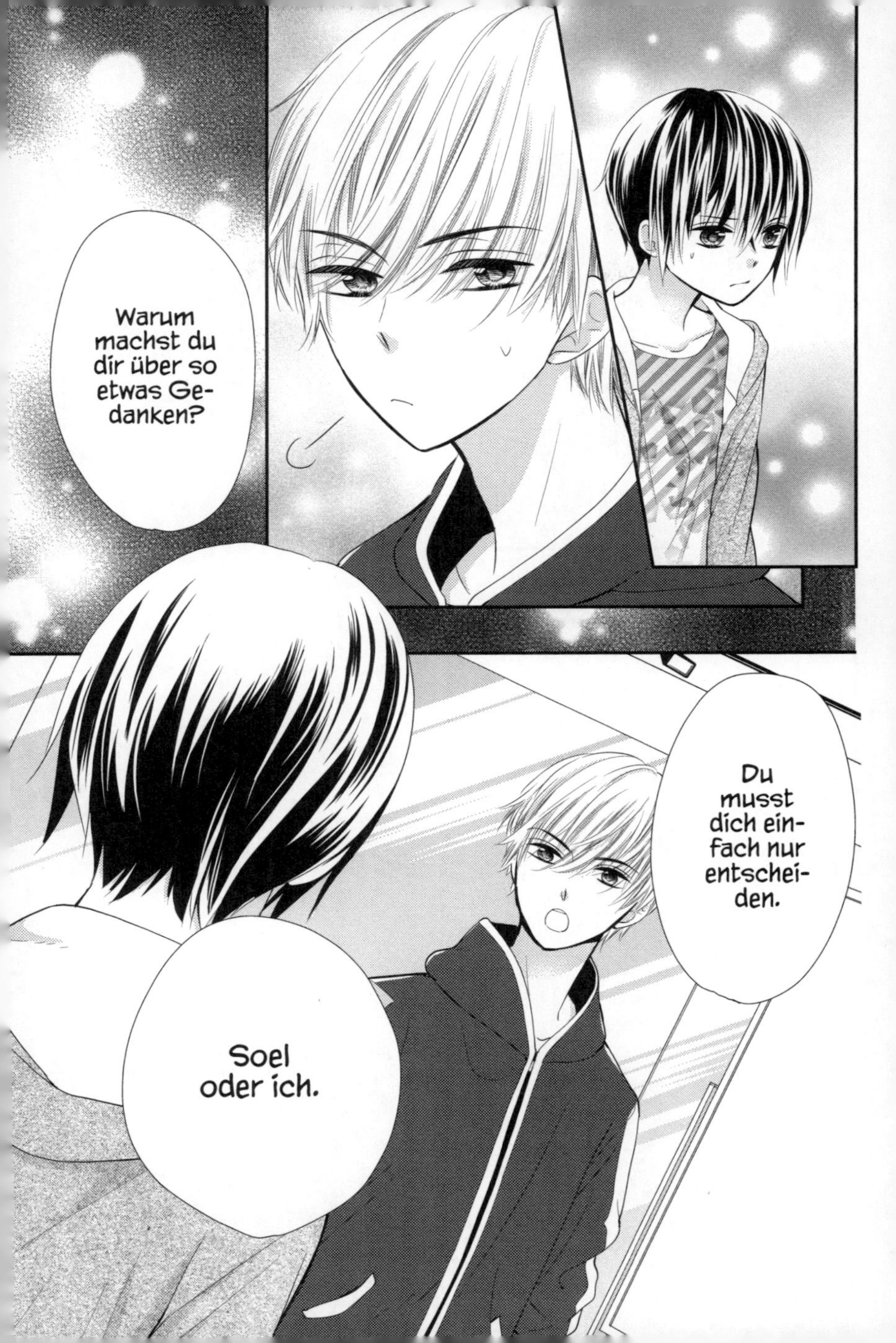
Warum machst du dir über so etwas Gedanken?
Du musst dich einfach nur entscheiden.
Soel oder ich.

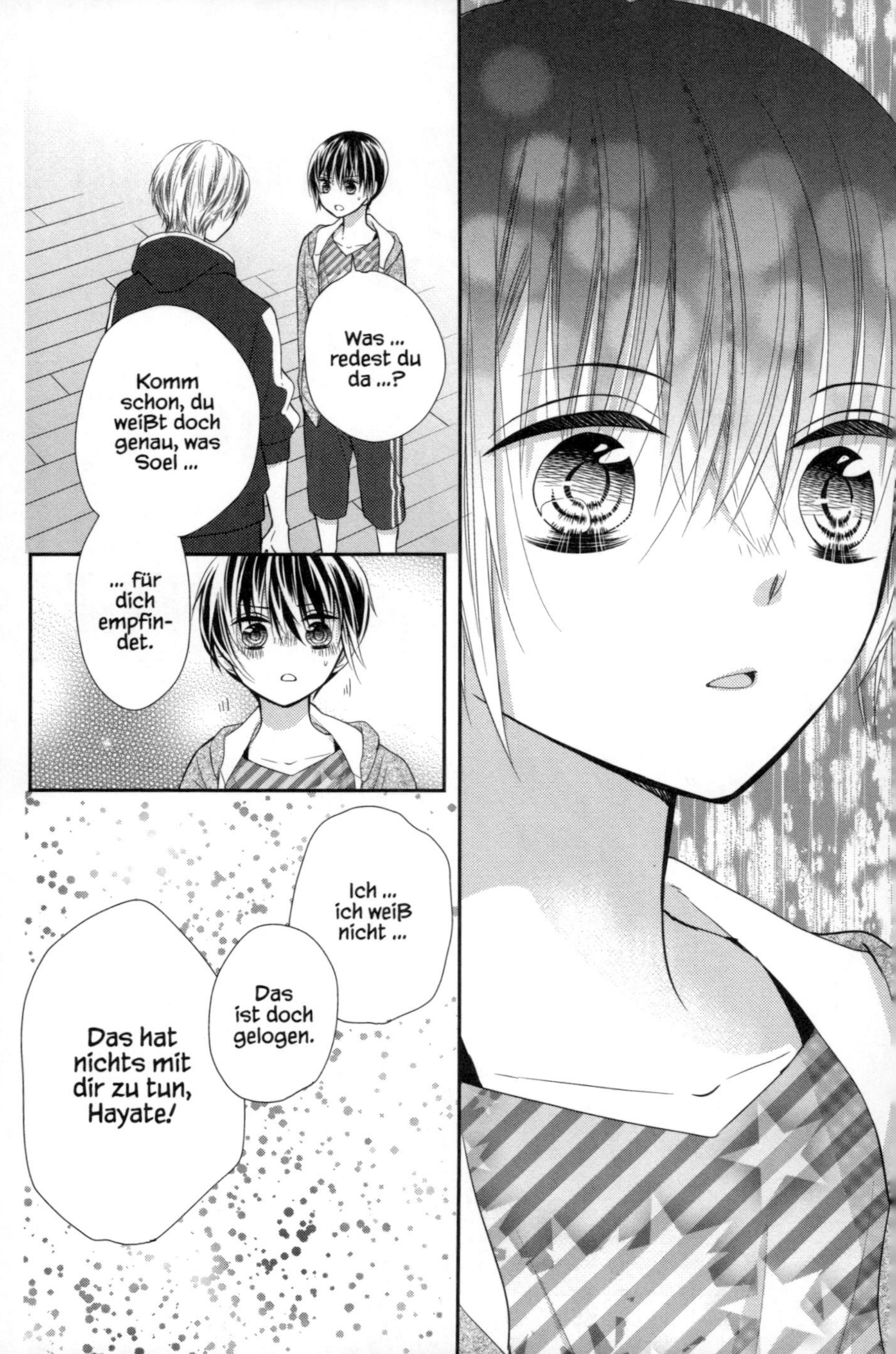
Was ... redest du da ...?
Komm schon, du weißt doch genau, was Soel ...
... für dich empfindet.
Ich ... ich weiß nicht ...
Das ist doch gelogen.
Das hat nichts mit dir zu tun, Hayate!

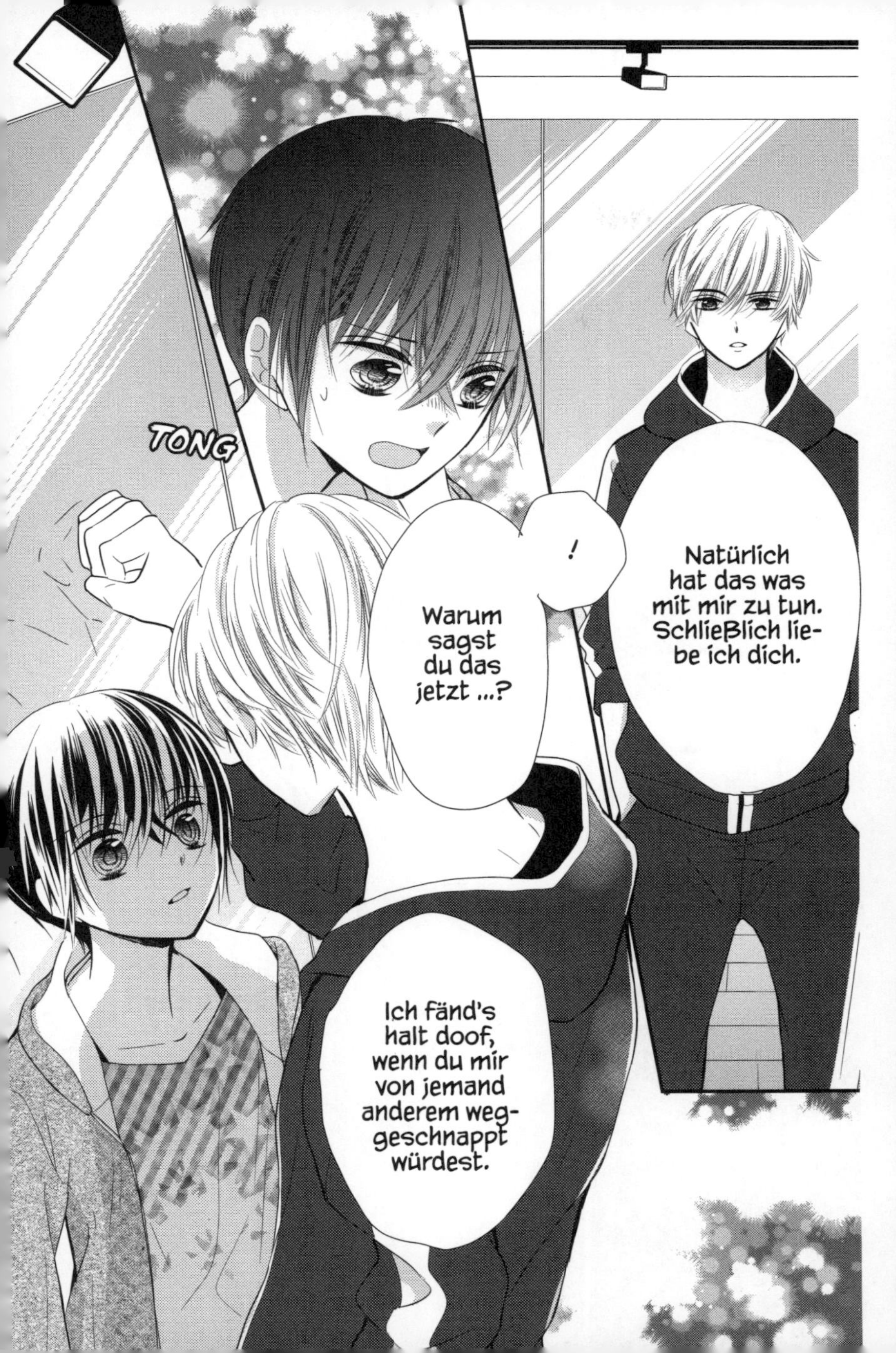
Natürlich hat das was mit mir zu tun. Schließlich liebe ich dich.
!
Warum sagst du das jetzt ...?
TONG
Ich fänd's halt doof, wenn du mir von jemand anderem weggeschnappt würdest.

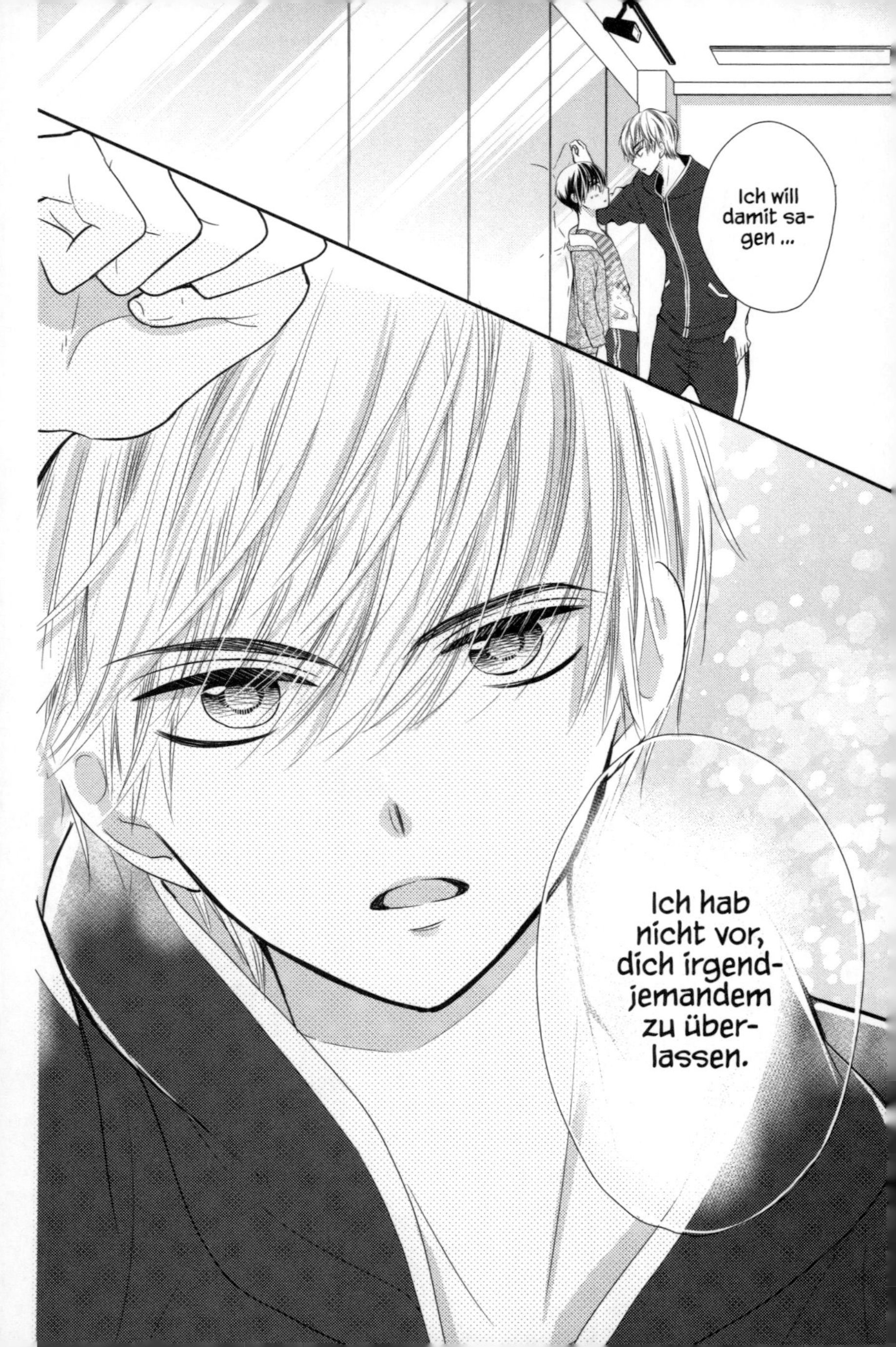
Ich will damit sagen ...
Ich hab nicht vor, dich irgendjemandem zu überlassen.

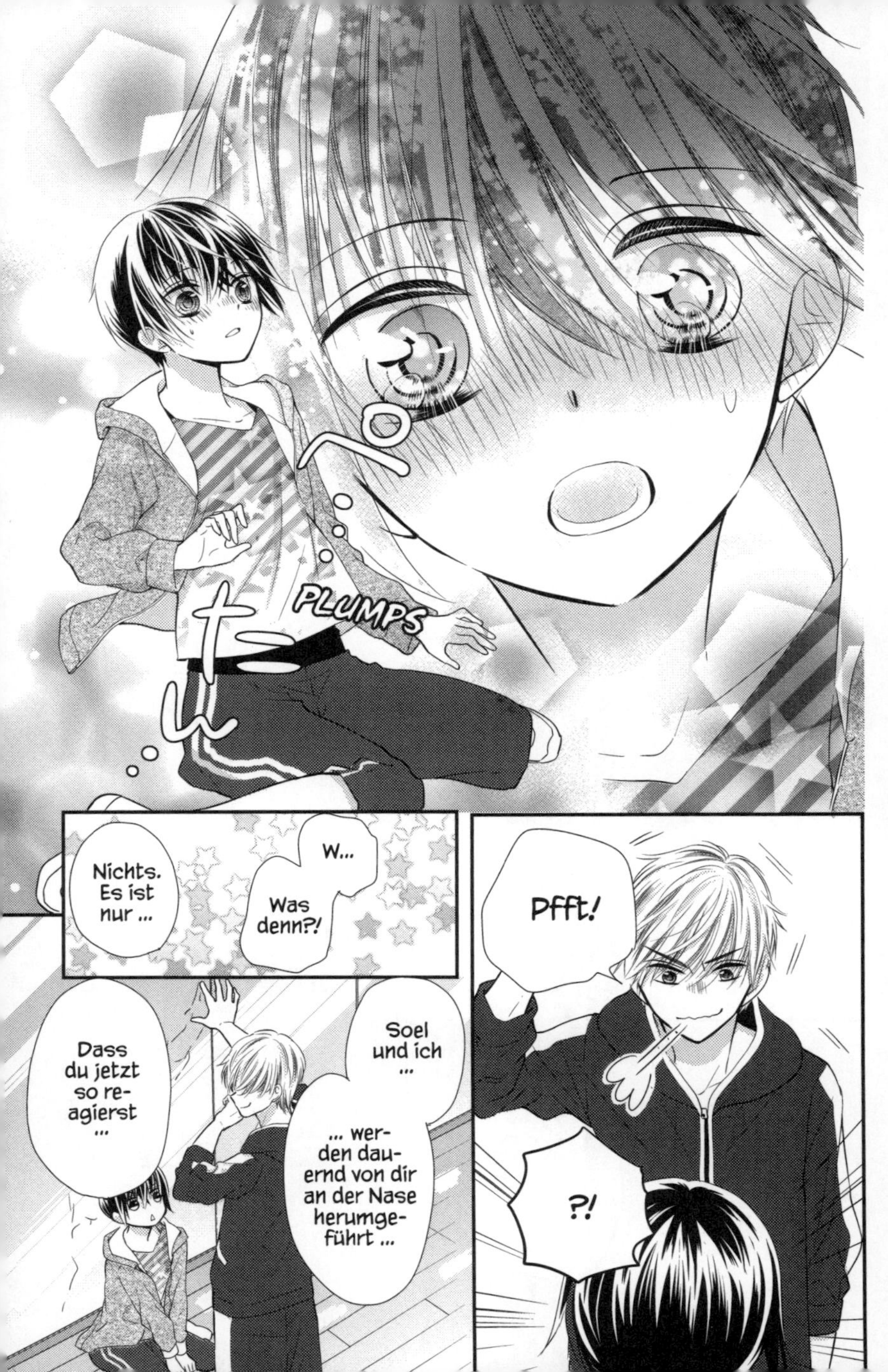
PLUMPS
W...
Was denn?!
Nichts. Es ist nur ...
Pfft!
?!
Soel und ich ...
... werden dauernd von dir an der Nase herumgeführt ...
Dass du jetzt so reagierst ...

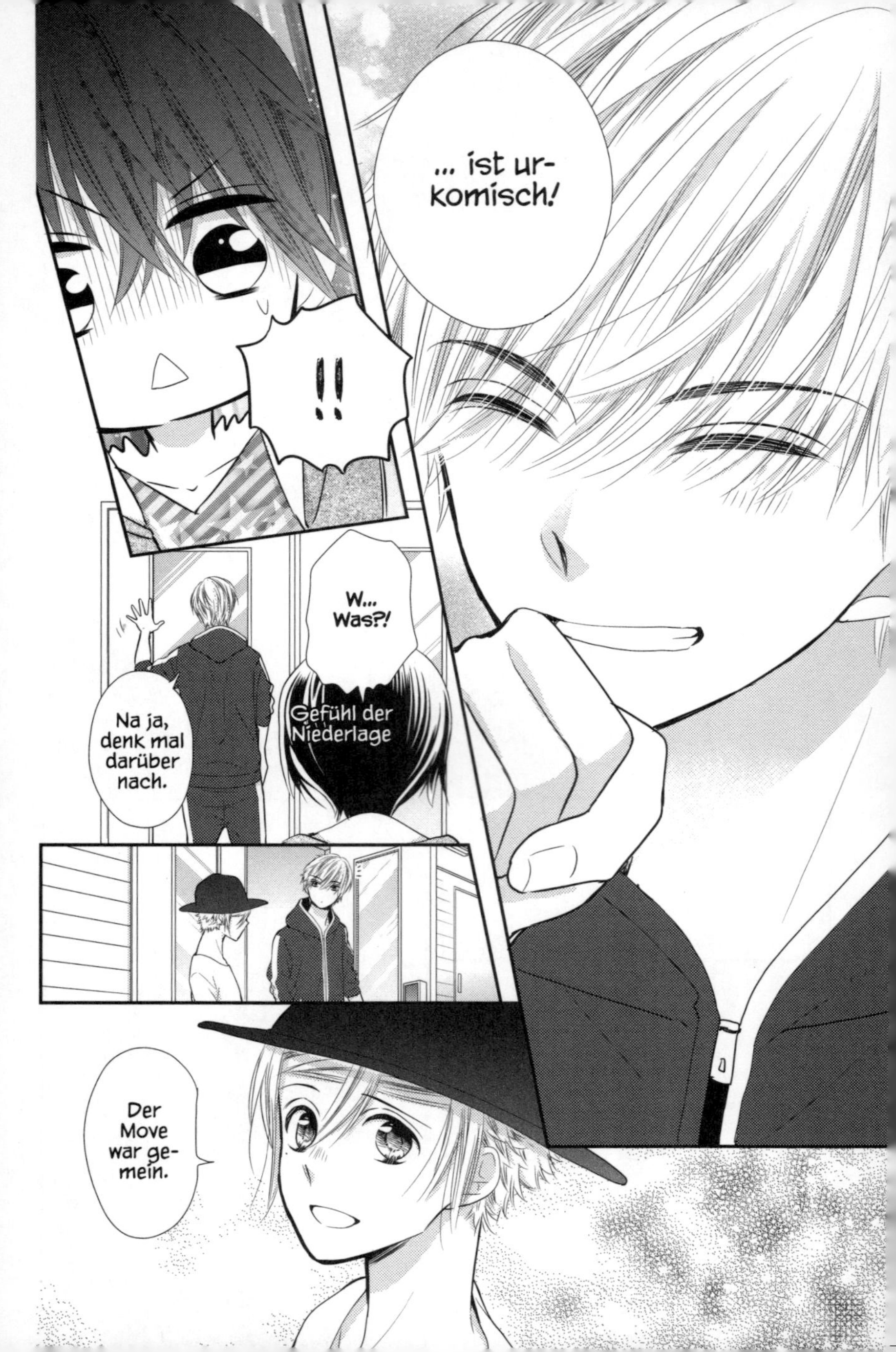
... ist ur-
komisch!
!!
W...
Was?!
Gefühl der
Niederlage
Na ja,
denk mal
darüber
nach.
Der
Move
war ge-
mein.

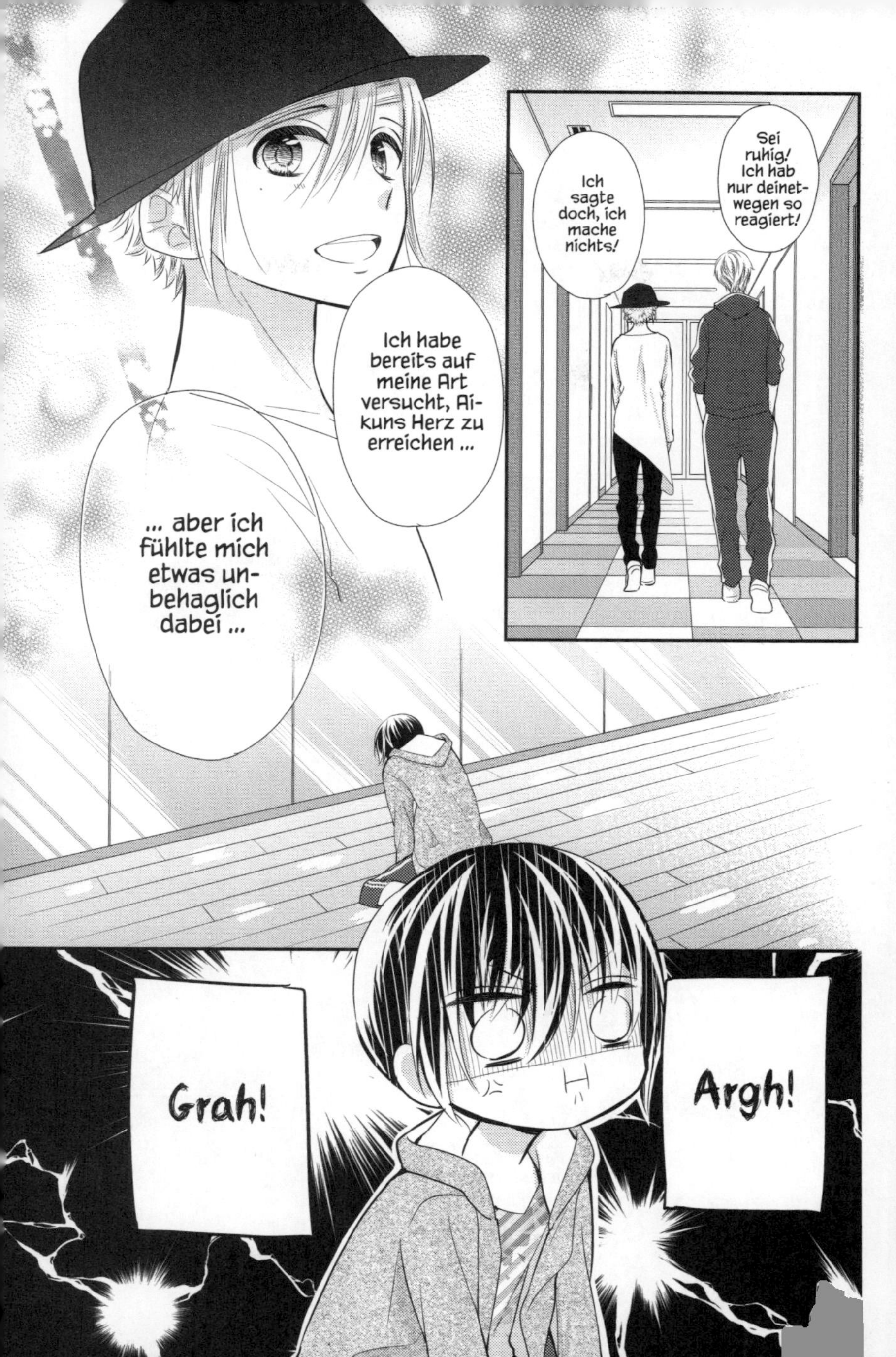
Sei ruhig! Ich hab nur deinetwegen so reagiert!
Ich sagte doch, ich mache nichts!
Ich habe bereits auf meine Art versucht, Ai-kuns Herz zu erreichen ...
... aber ich fühlte mich etwas unbehaglich dabei ...
Argh!
Grah!

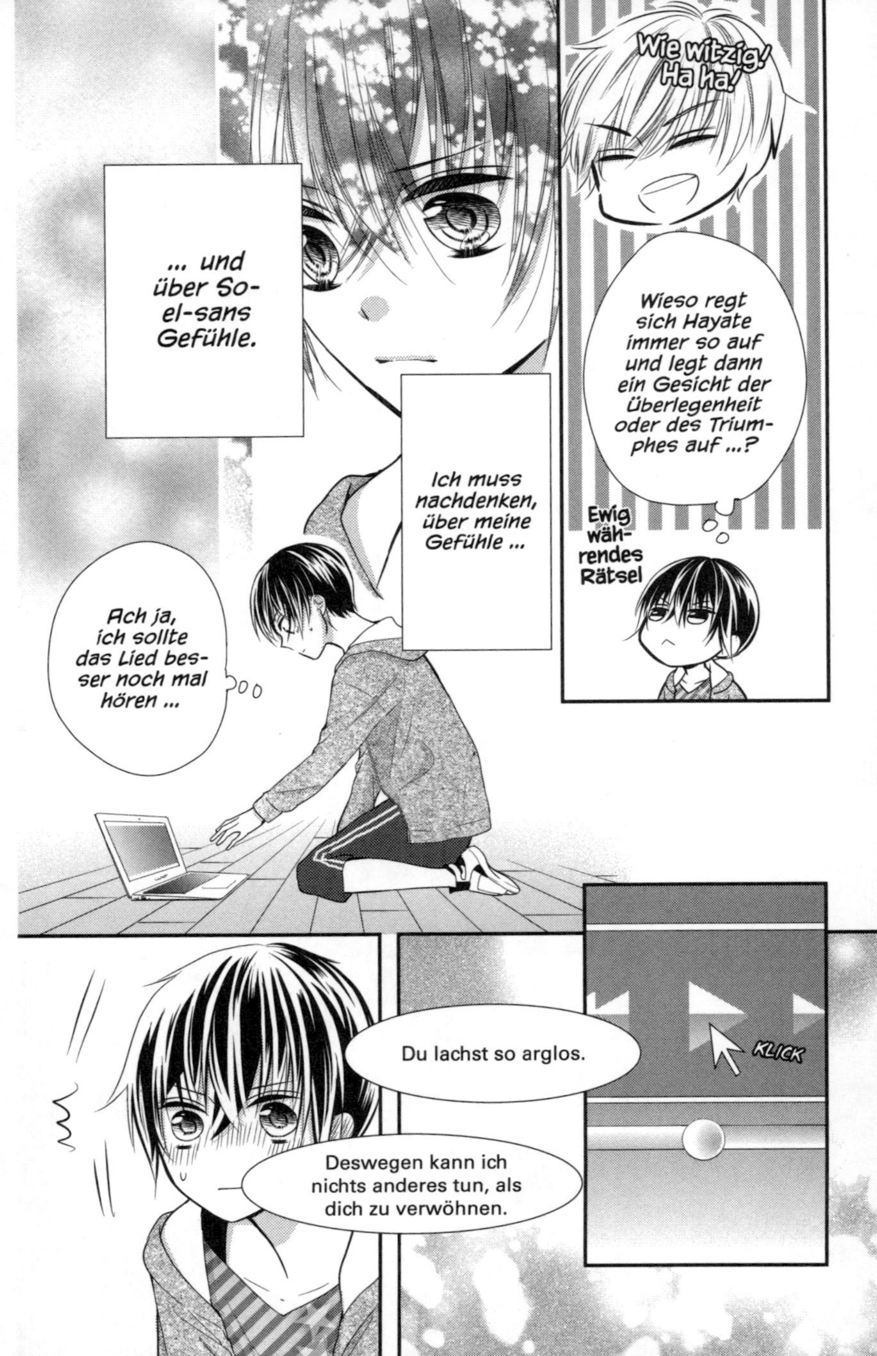
Wie witzig! Ha ha!
Wieso regt sich Hayate immer so auf und legt dann ein Gesicht der Überlegenheit oder des Triumphes auf ...?
Ewig währendes Rätsel
... und über So-el-sans Gefühle.
Ich muss nachdenken, über meine Gefühle ...
Ach ja, ich sollte das Lied besser noch mal hören ...
KLICK
Du lachst so arglos.
Deswegen kann ich nichts anderes tun, als dich zu verwöhnen.

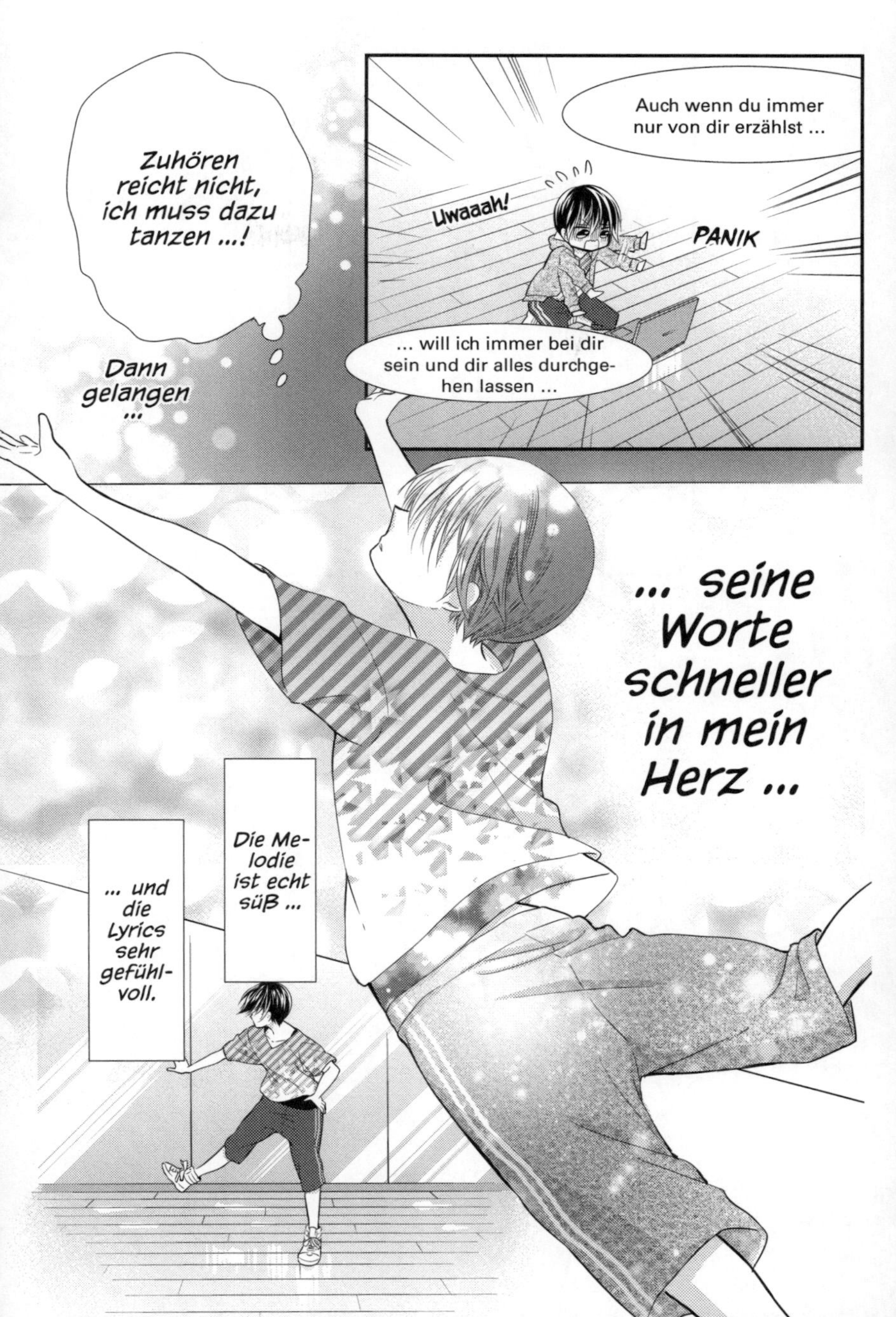
Auch wenn du immer nur von dir erzählst ...
Uwaaah!
PANIK
... will ich immer bei dir sein und dir alles durchgehen lassen ...
Zuhören reicht nicht, ich muss dazu tanzen ...!
Dann gelangen ...
... seine Worte schneller in mein Herz ...
Die Melodie ist echt süß ...
... und die Lyrics sehr gefühlvoll.

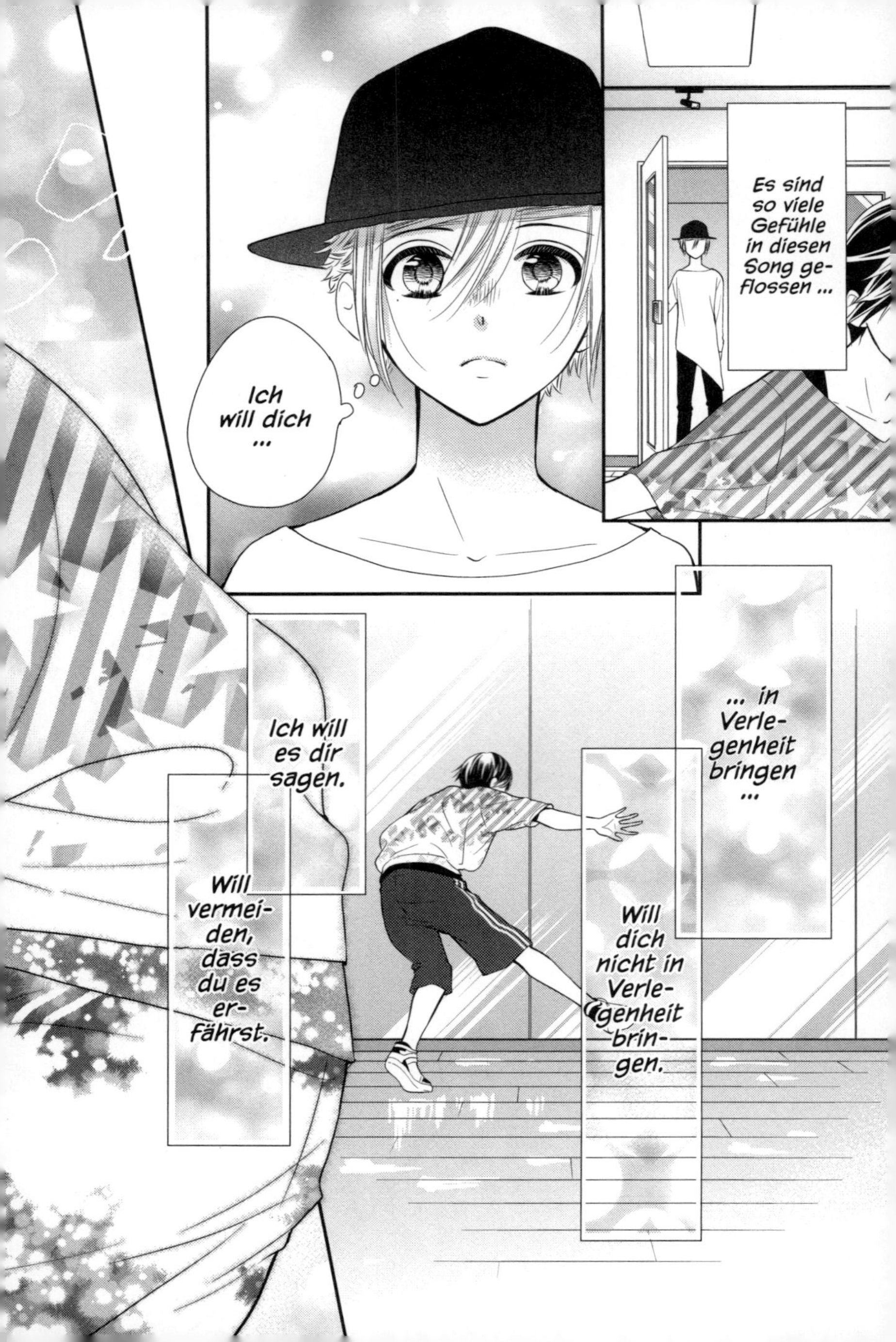
Es sind so viele Gefühle in diesen Song geflossen ...
Ich will dich ...
... in Verlegenheit bringen ...
Will dich nicht in Verlegenheit bringen.
Ich will es dir sagen.
Will vermeiden, dass du es erfährst.

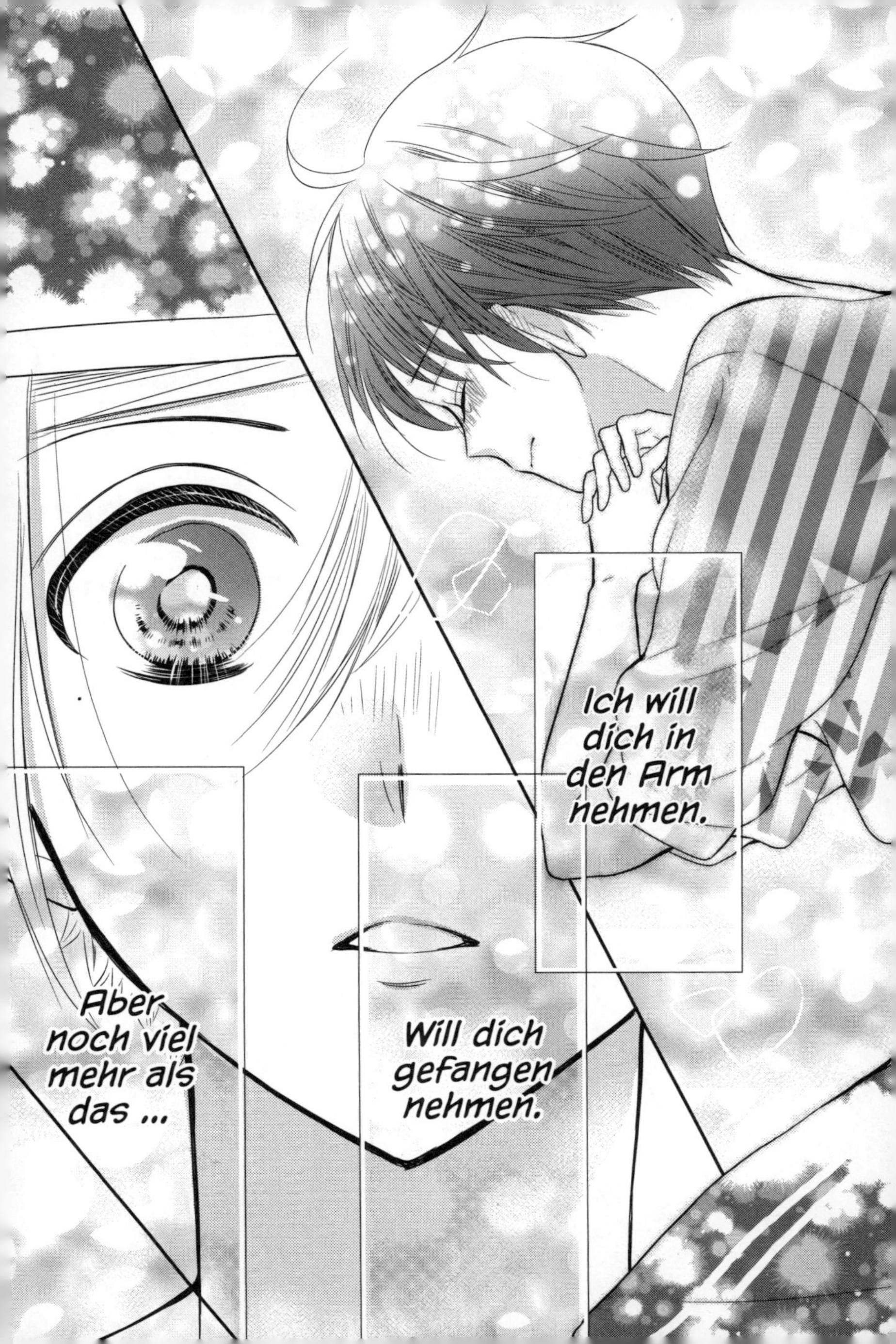
Ich will dich in den Arm nehmen.
Will dich gefangen nehmen.
Aber noch viel mehr als das ...

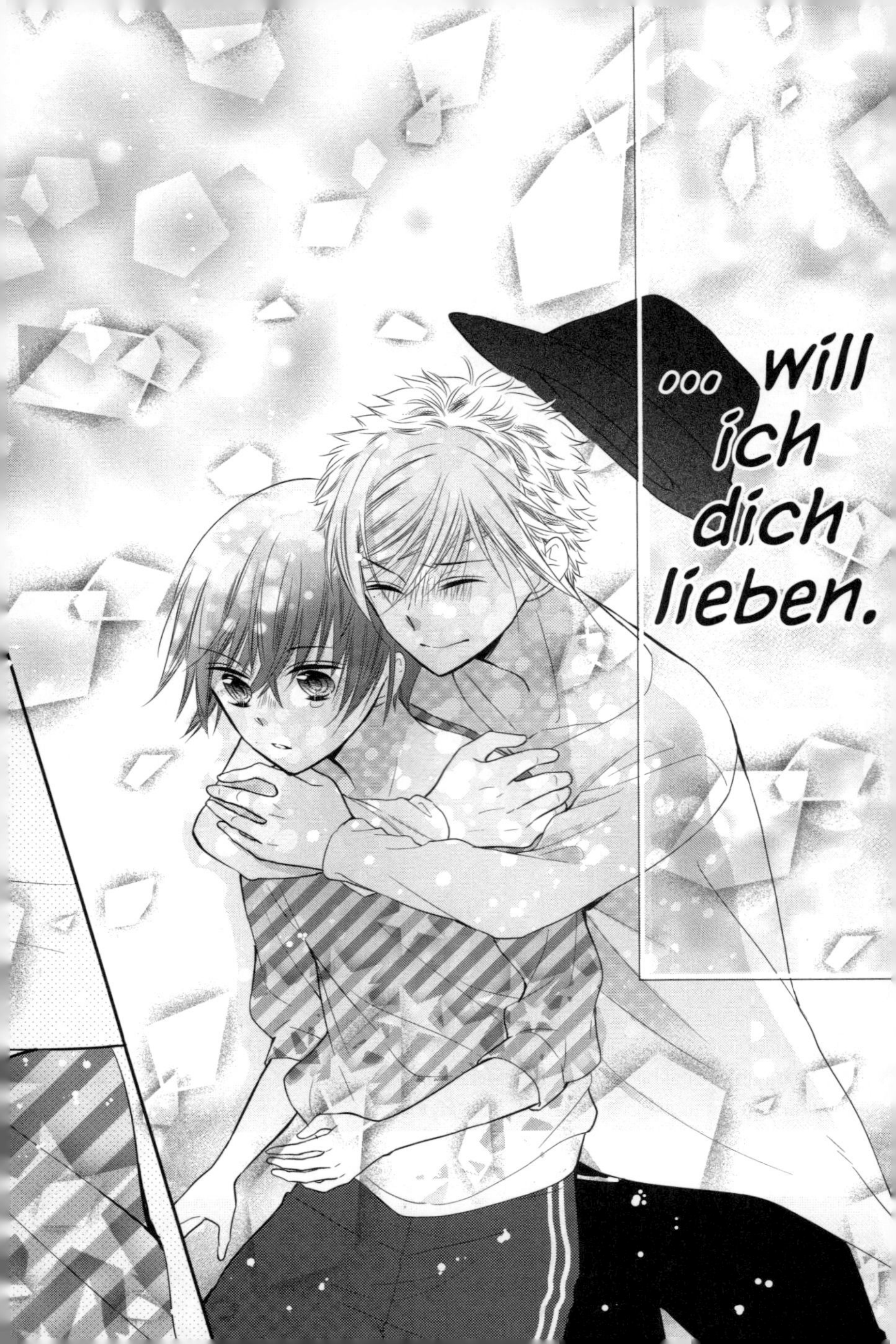
...will ich dich lieben.

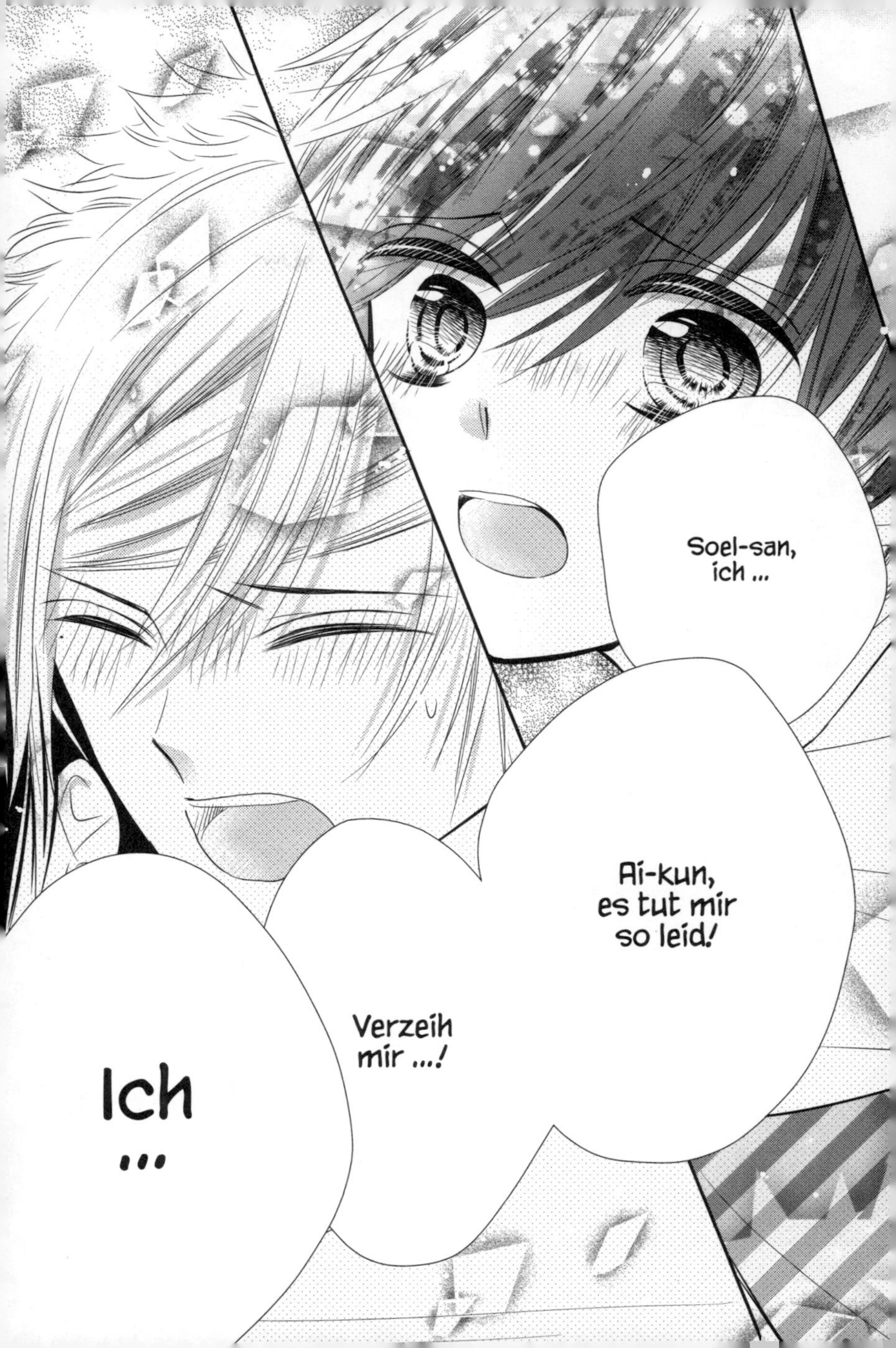
Soel-san, ich ...
Ai-kun, es tut mir so leid!
Verzeih mir ...!
Ich ...

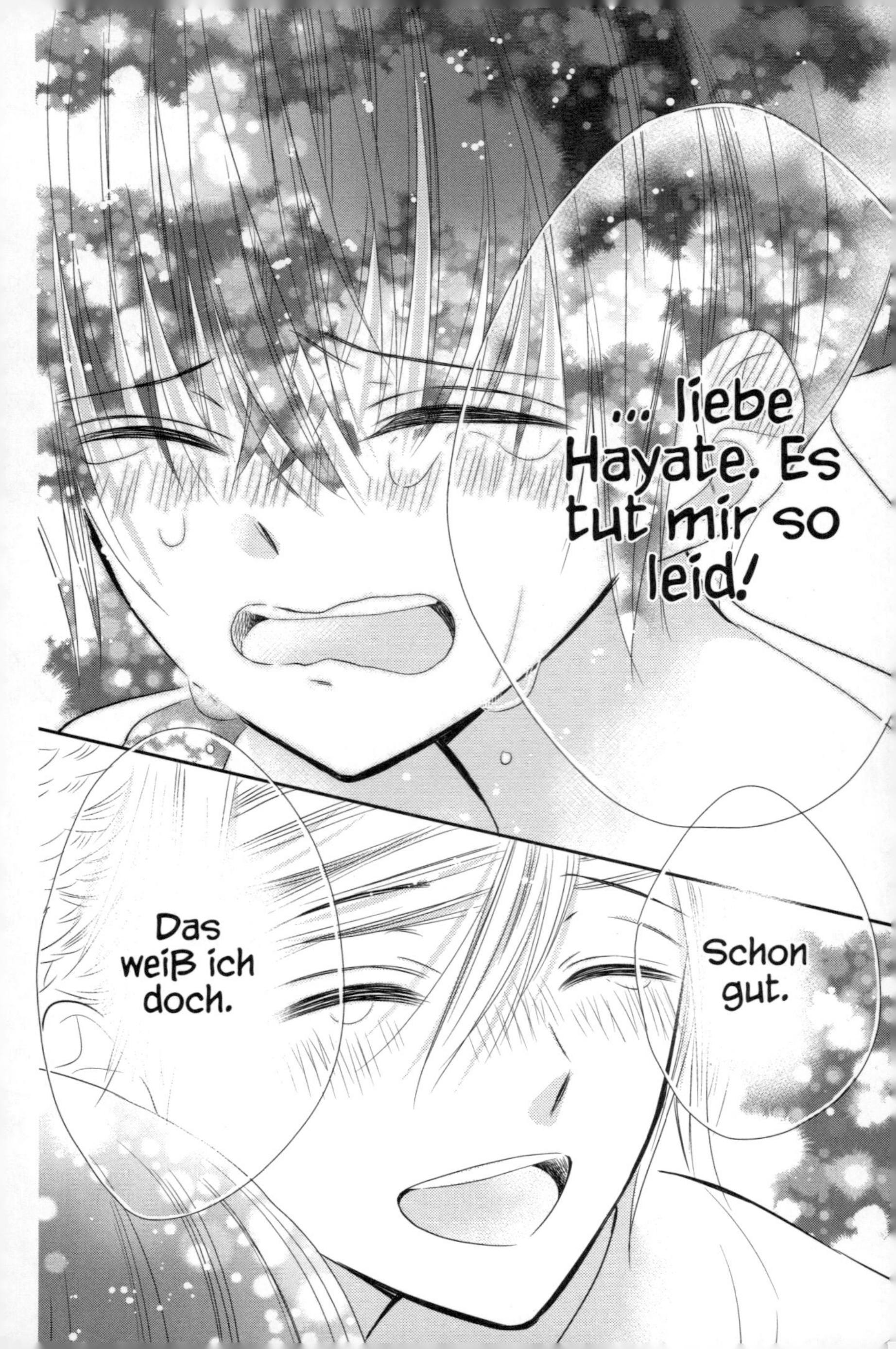
... liebe Hayate. Es tut mir so leid!
Schon gut.
Das weiß ich doch.

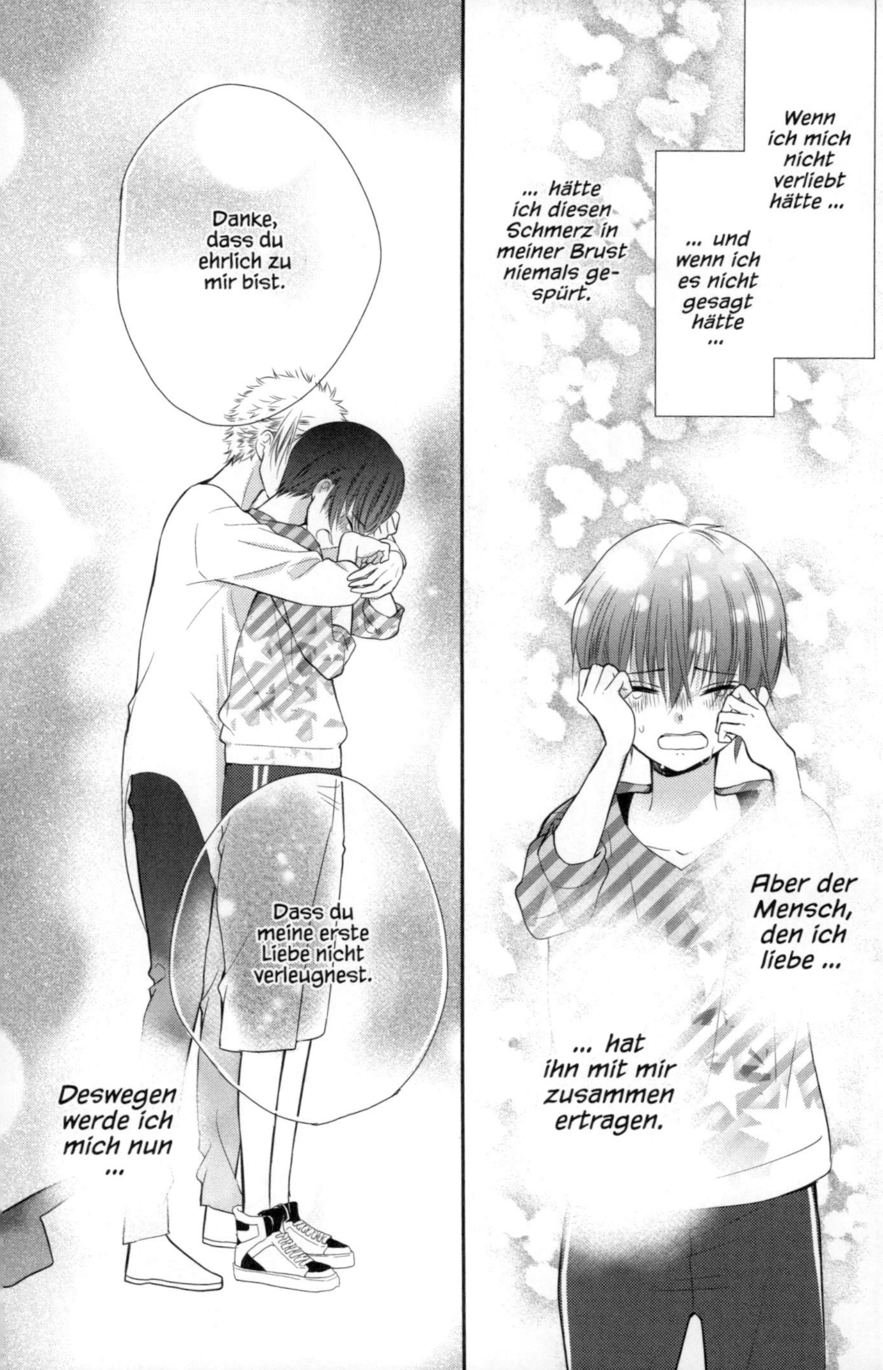
Wenn ich mich nicht verliebt hätte ...
... und wenn ich es nicht gesagt hätte ...
... hätte ich diesen Schmerz in meiner Brust niemals gespürt.
Aber der Mensch, den ich liebe ...
... hat ihn mit mir zusammen ertragen.
Danke, dass du ehrlich zu mir bist.
Dass du meine erste Liebe nicht verleugnest.
Deswegen werde ich mich nun ...

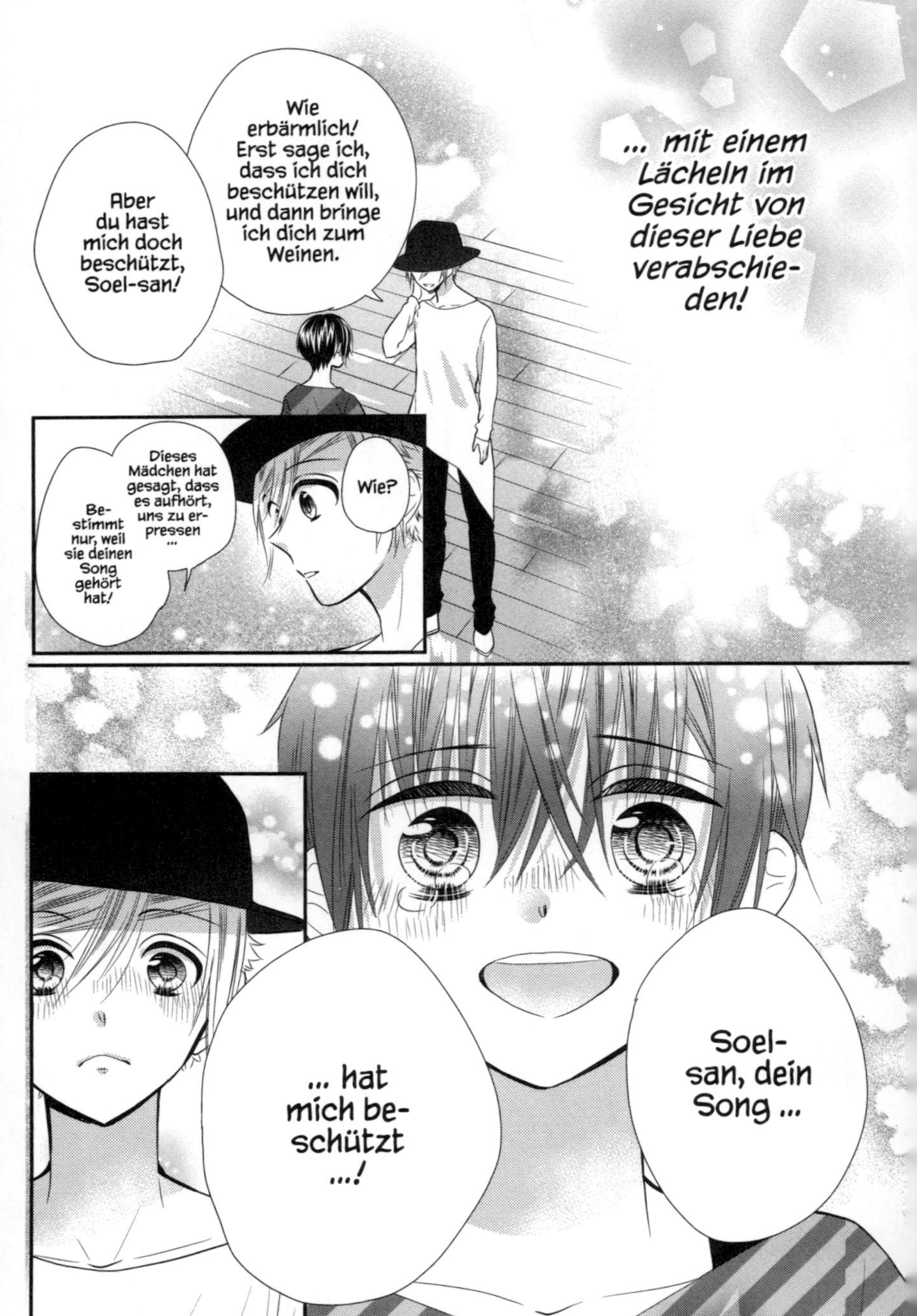
... mit einem Lächeln im Gesicht von dieser Liebe verabschieden!
Wie erbärmlich! Erst sage ich, dass ich dich beschützen will, und dann bringe ich dich zum Weinen.
Aber du hast mich doch beschützt, Soel-san!
Wie?
Dieses Mädchen hat gesagt, dass es aufhört, uns zu erpressen ...
Bestimmt nur, weil sie deinen Song gehört hat!
Soel-san, dein Song ...
... hat mich beschützt ...!

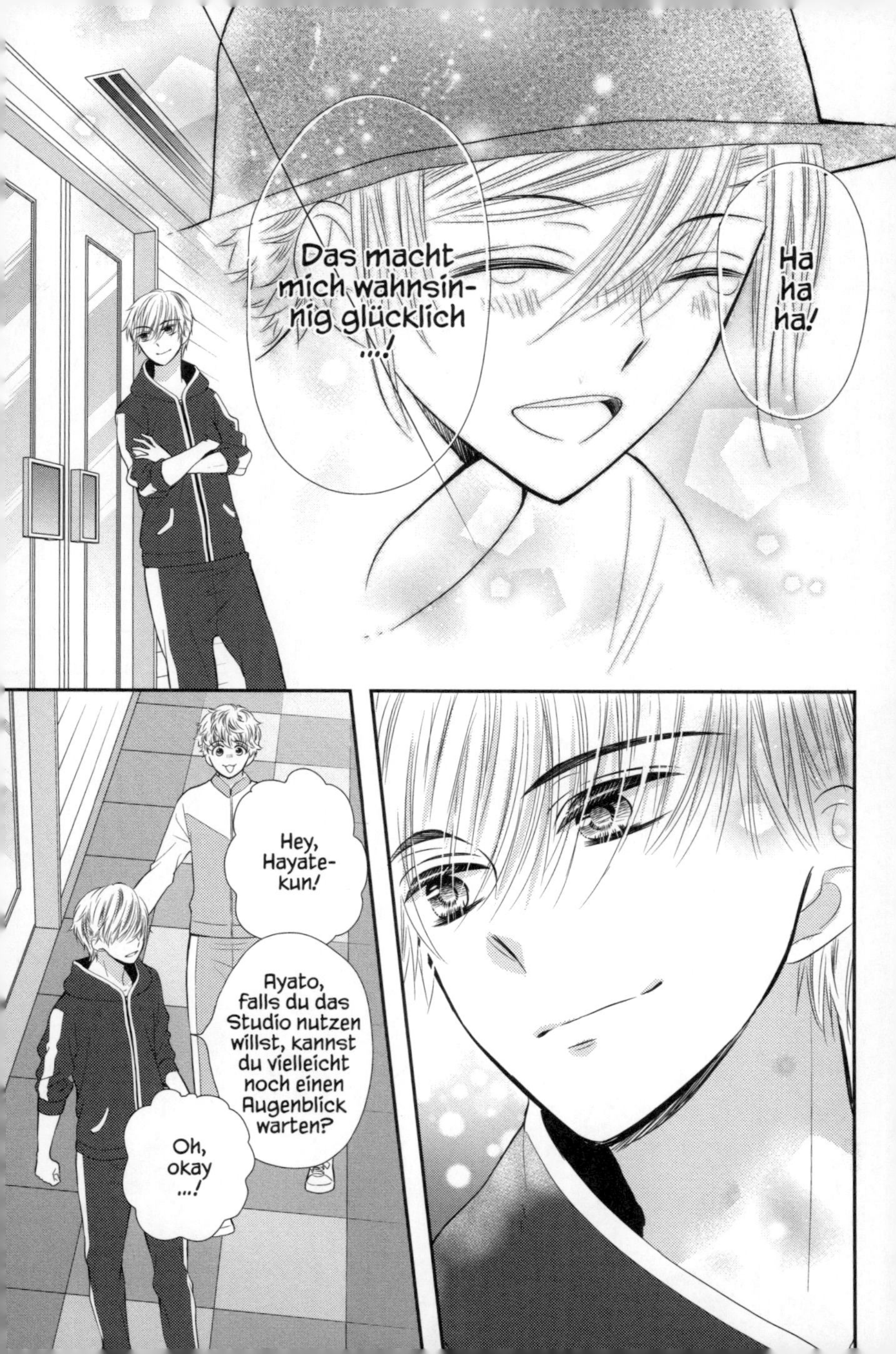
Ha ha ha!
Das macht mich wahnsinnig glücklich ...!
Hey, Hayate-kun!
Ayato, falls du das Studio nutzen willst, kannst du vielleicht noch einen Augenblick warten?
Oh, okay ...!

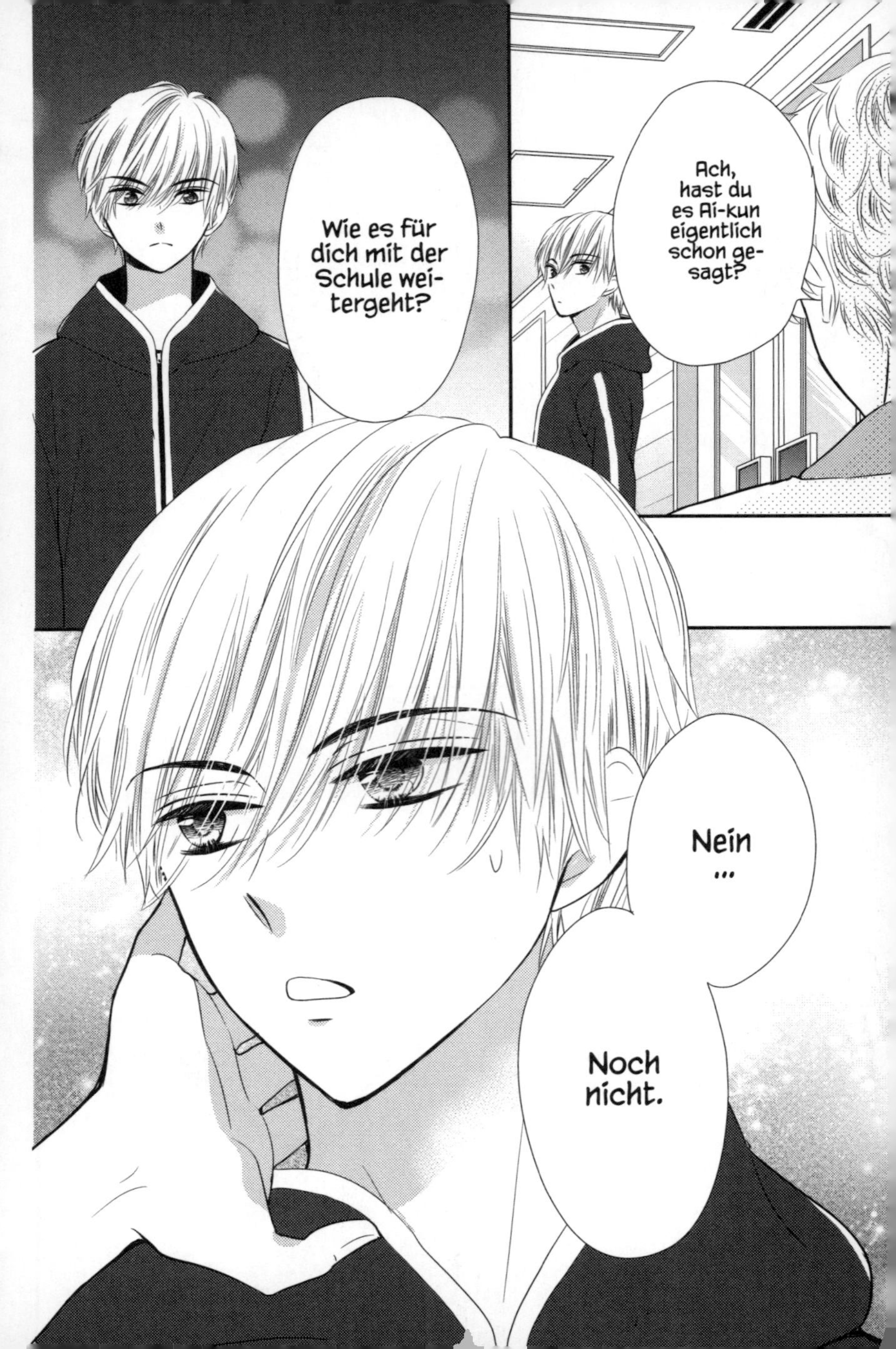
Ach, hast du es Ai-kun eigentlich schon gesagt?
Wie es für dich mit der Schule weitergeht?
Nein ...
Noch nicht.

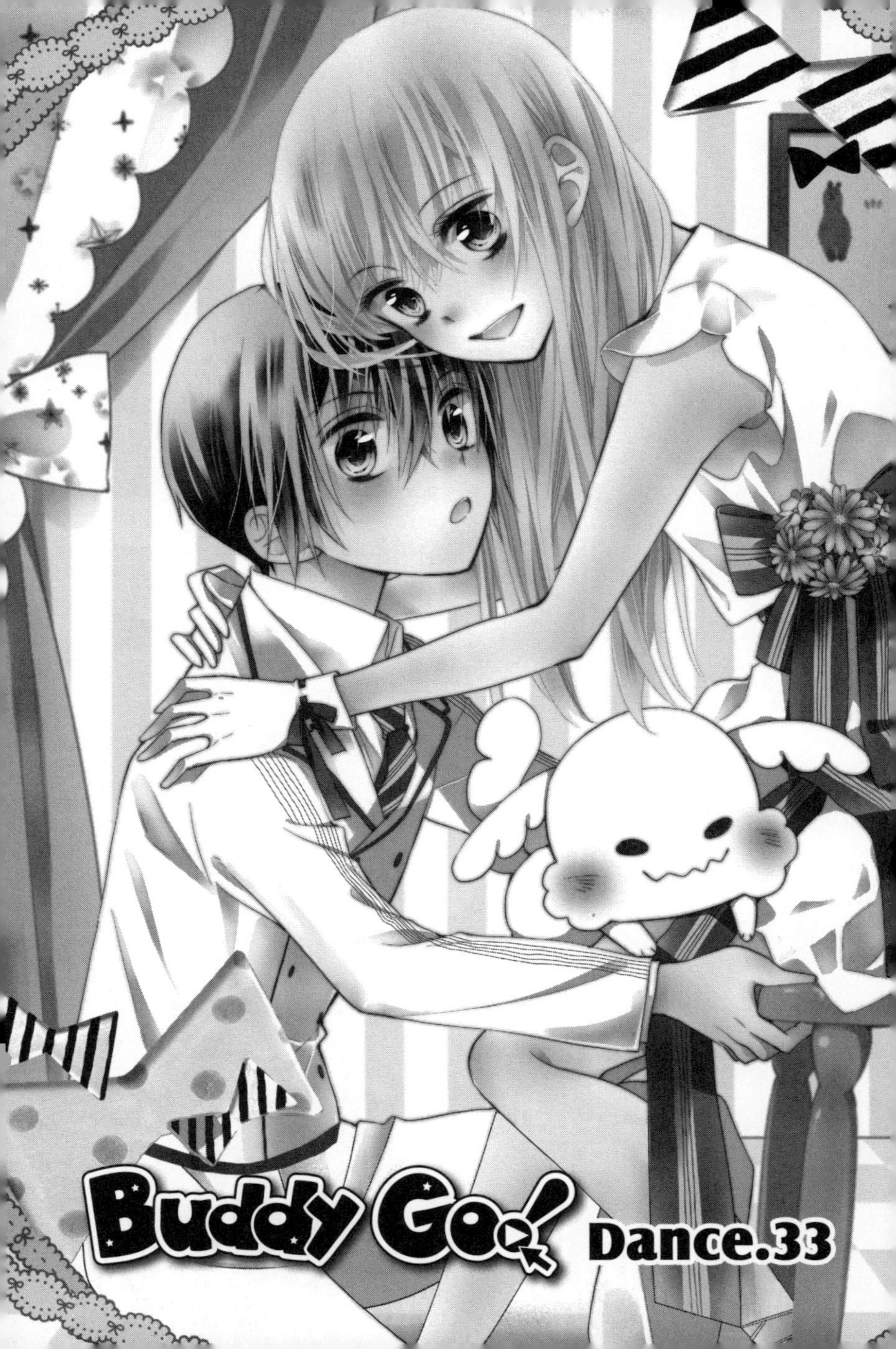
Buddy Go!
Dance.33

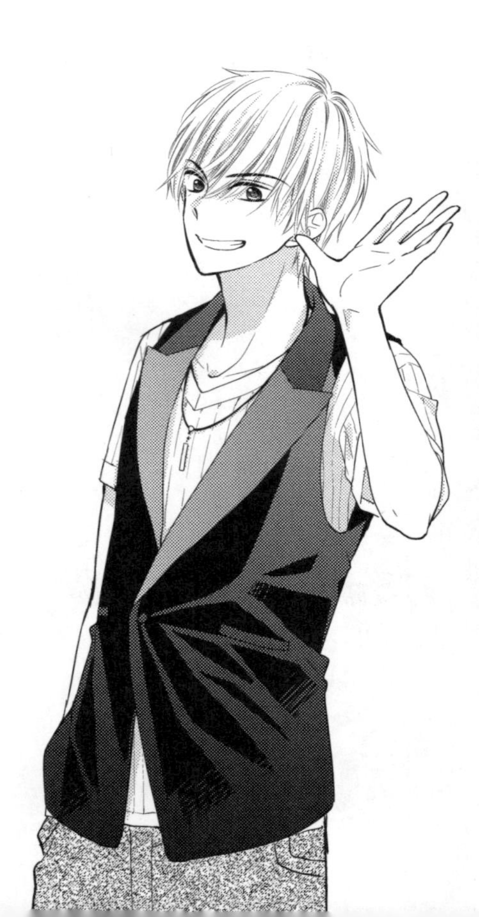

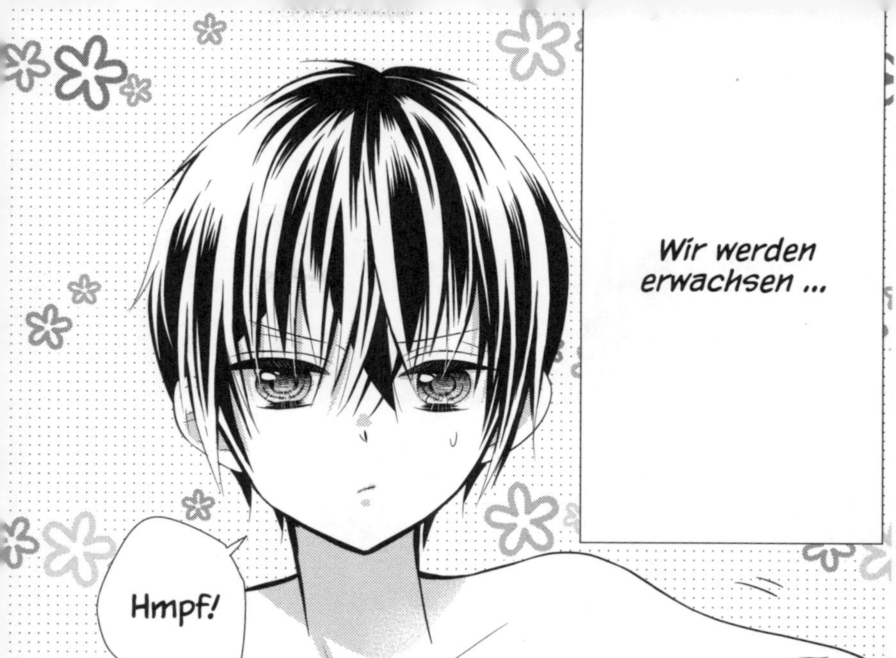

Wir werden erwachsen ...

Hmpf!

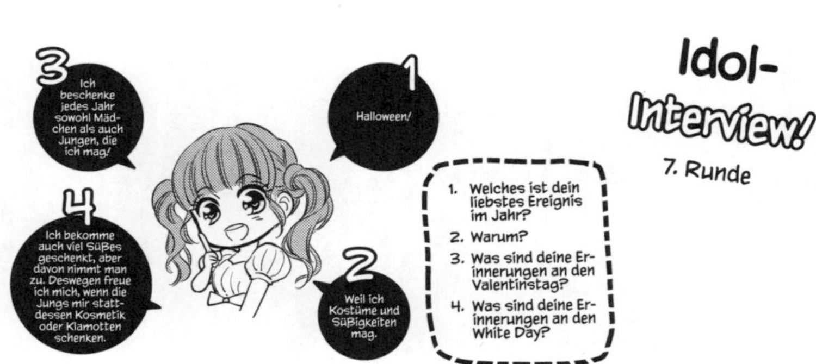

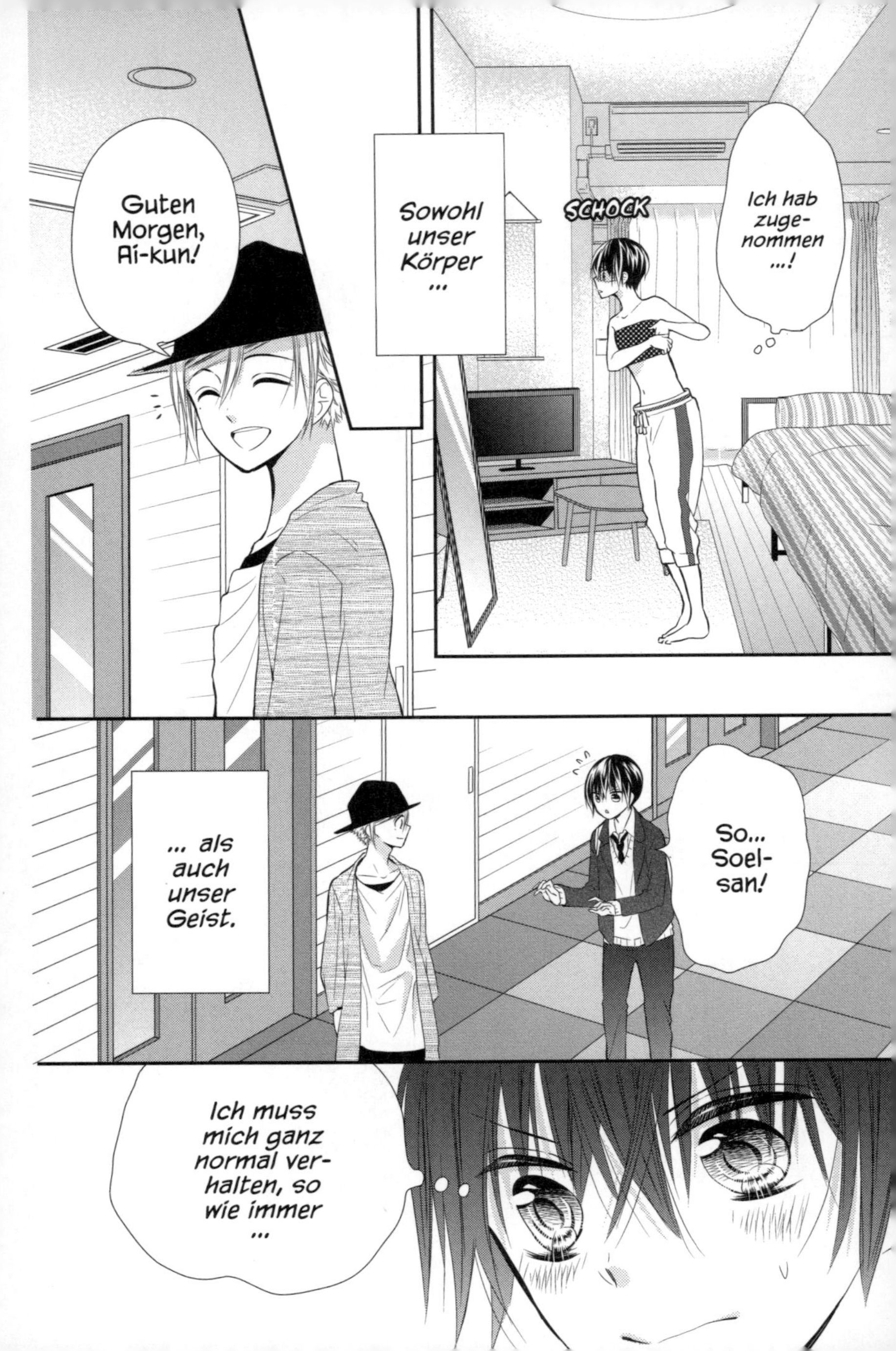
Ich hab zuge-nommen ...!
SCHOCK
Sowohl unser Körper ...
Guten Morgen, Ai-kun!
So... Soel-san!
... als auch unser Geist.
Ich muss mich ganz normal ver-halten, so wie immer ...

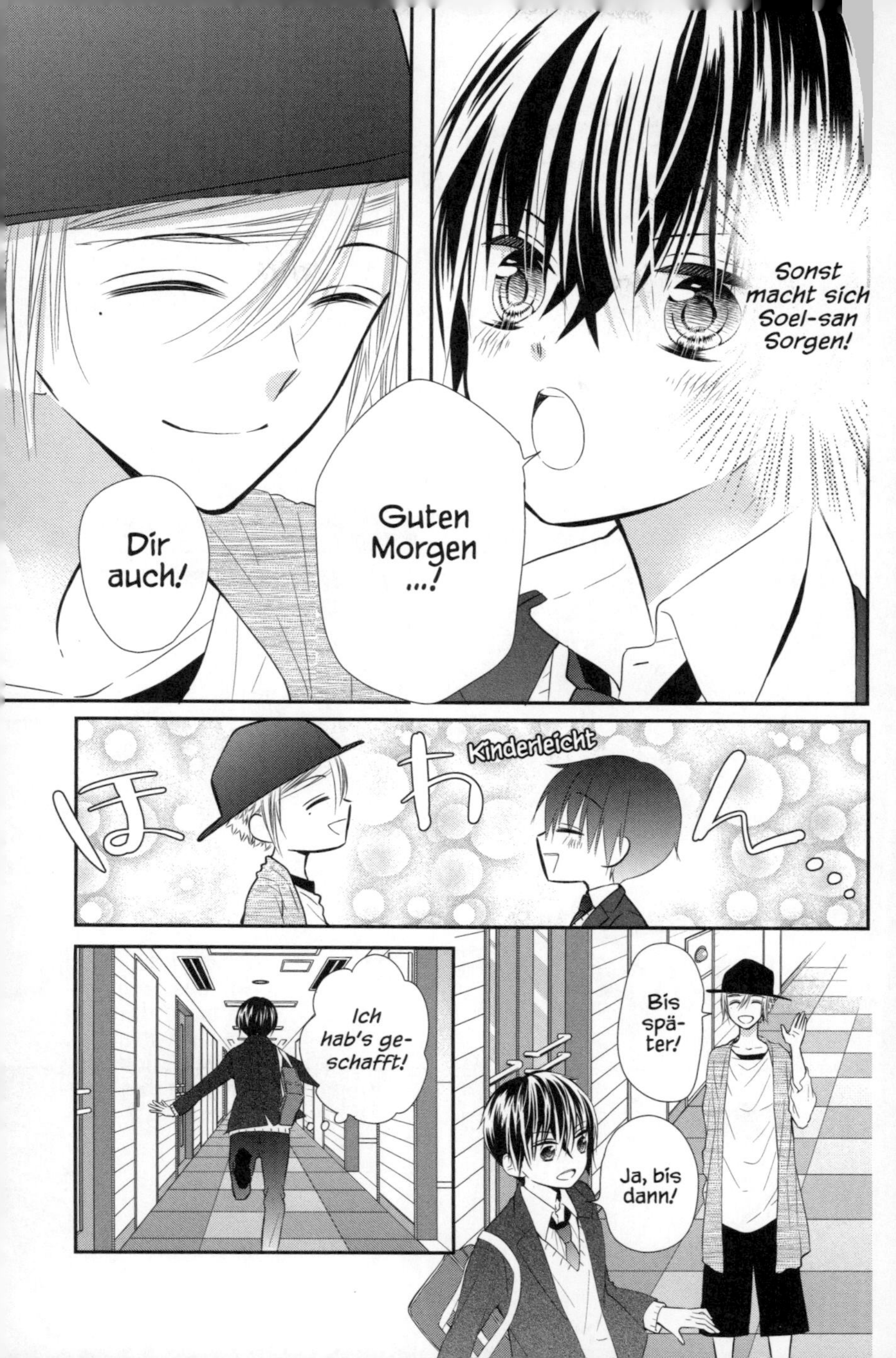
Sonst macht sich Soel-san Sorgen!
Guten Morgen ...!
Dir auch!
Kinderleicht
ほわん...
Bis später!
Ich hab's geschafft!
Ja, bis dann!

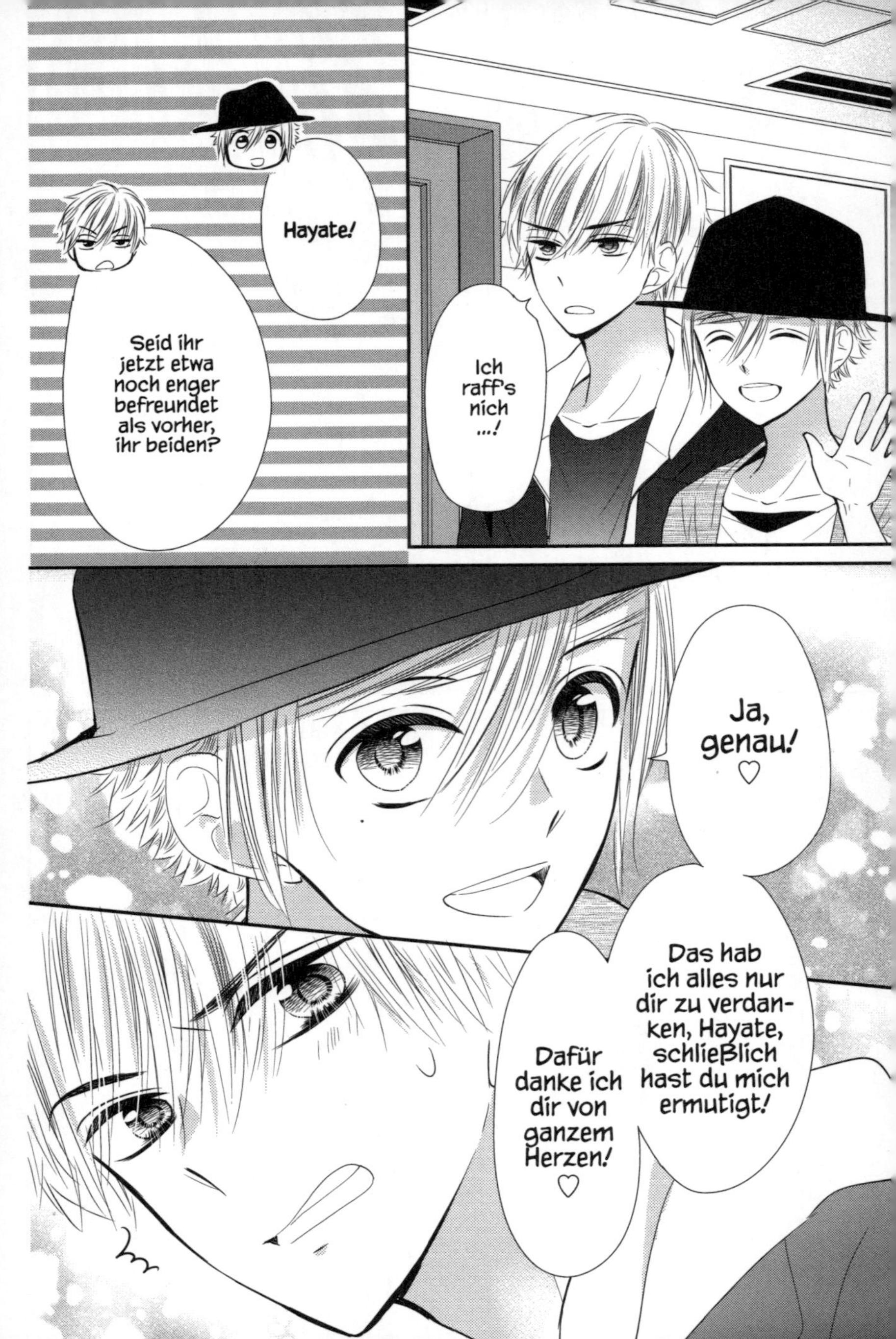

Ich raff's nich ...!
Hayate!
Seid ihr jetzt etwa noch enger befreundet als vorher, ihr beiden?
Ja, genau! ♡
Das hab ich alles nur dir zu verdanken, Hayate, schließlich hast du mich ermutigt!
Dafür danke ich dir von ganzem Herzen! ♡

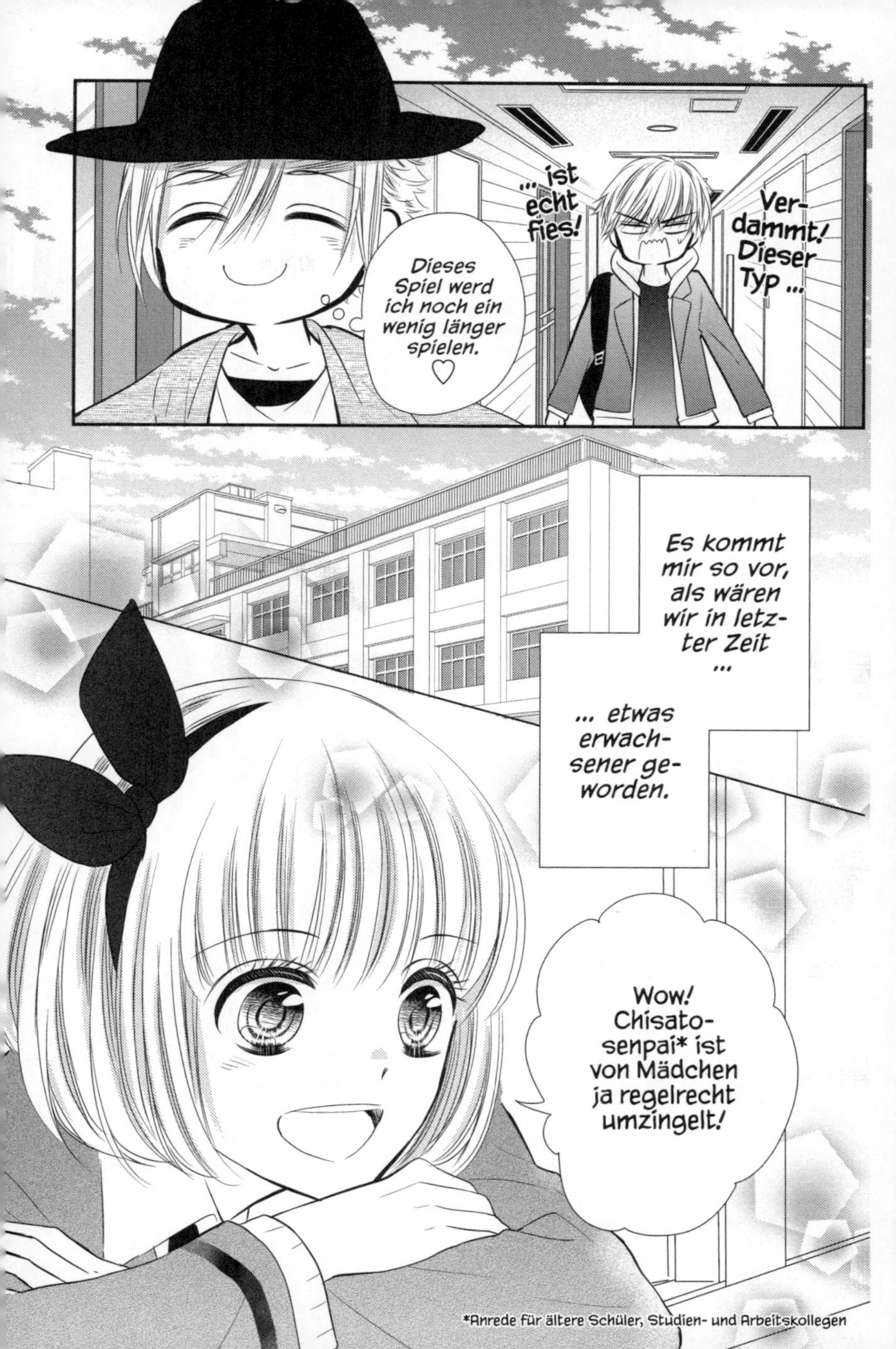

*Anrede für ältere Schüler, Studien- und Arbeitskollegen

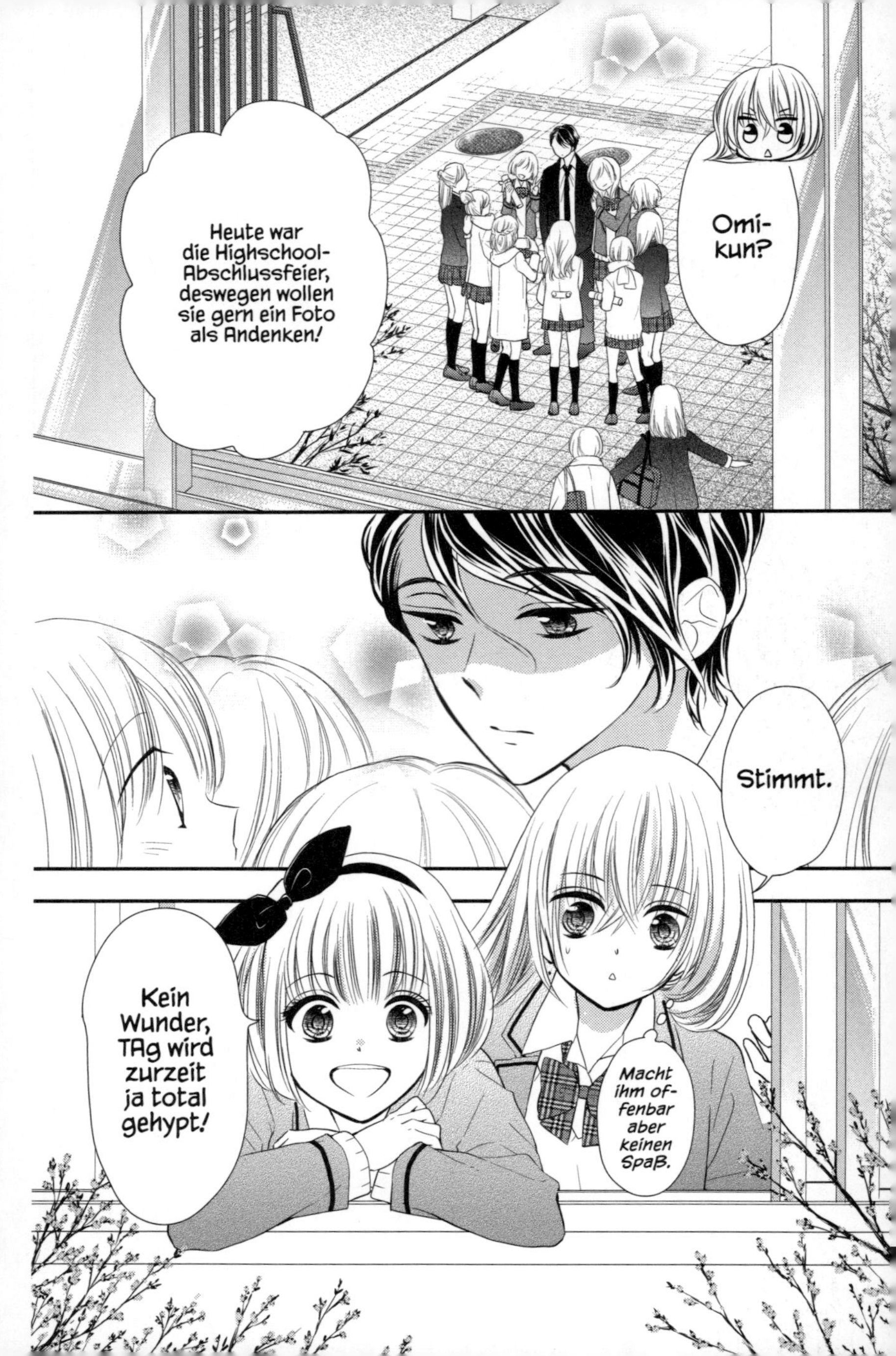
Omi-kun?
Heute war die Highschool-Abschlussfeier, deswegen wollen sie gern ein Foto als Andenken!
Stimmt.
Macht ihm offenbar aber keinen Spaß.
Kein Wunder, TAg wird zurzeit ja total gehypt!

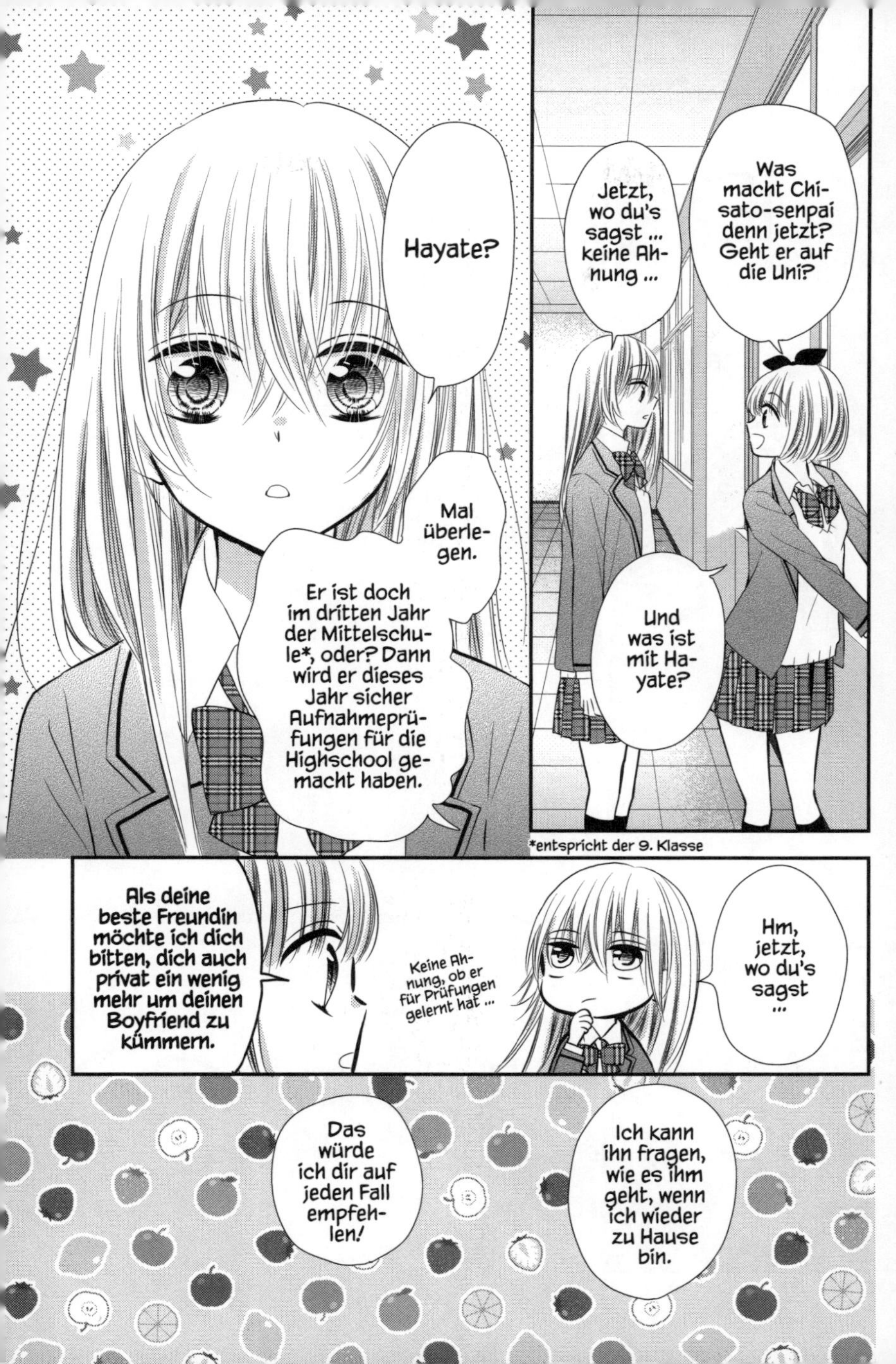

*entspricht der 9. Klasse

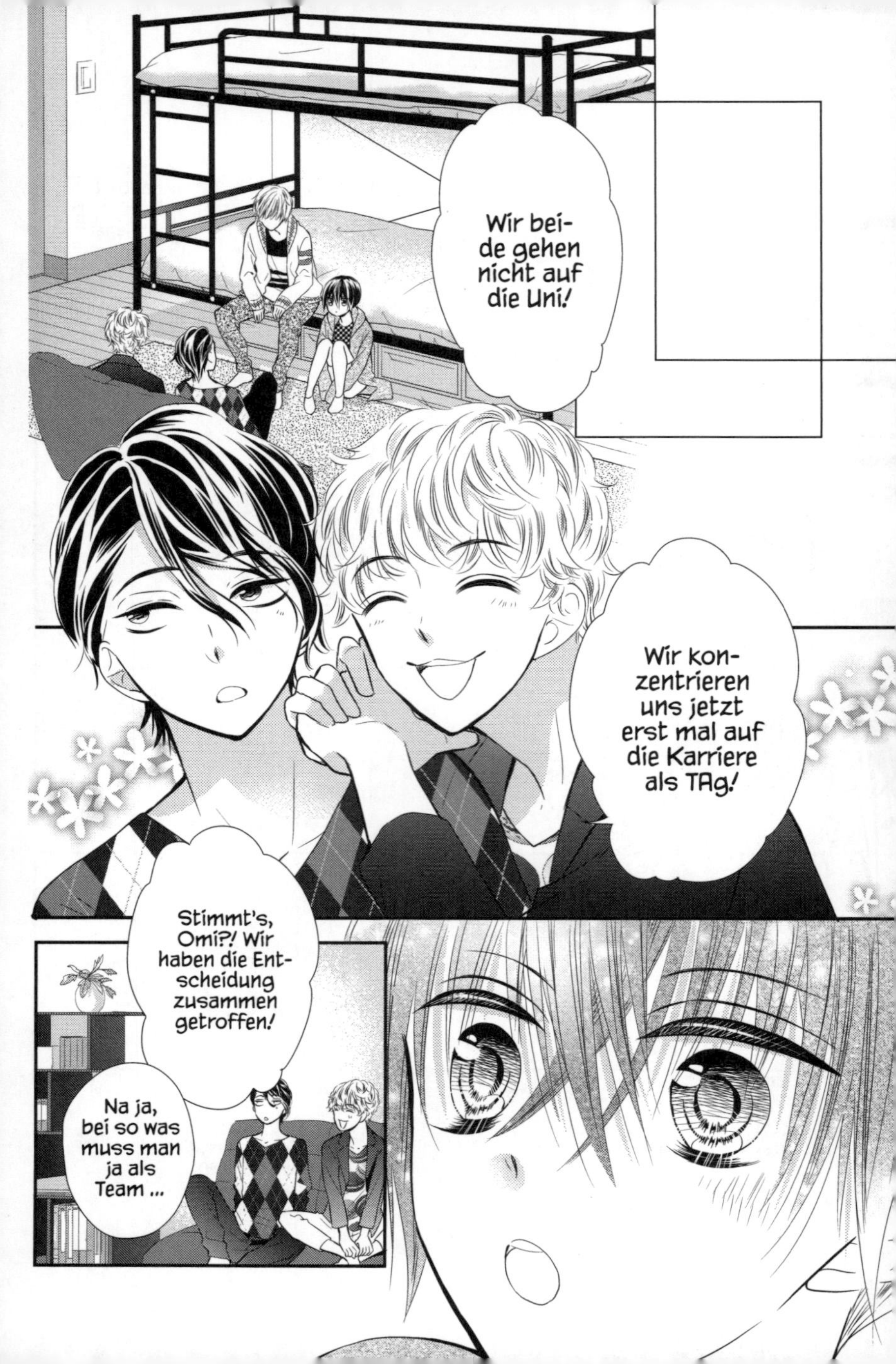
Wir beide gehen nicht auf die Uni!
Wir konzentrieren uns jetzt erst mal auf die Karriere als TAg!
Stimmt's, Omi?! Wir haben die Entscheidung zusammen getroffen!
Na ja, bei so was muss man ja als Team ...

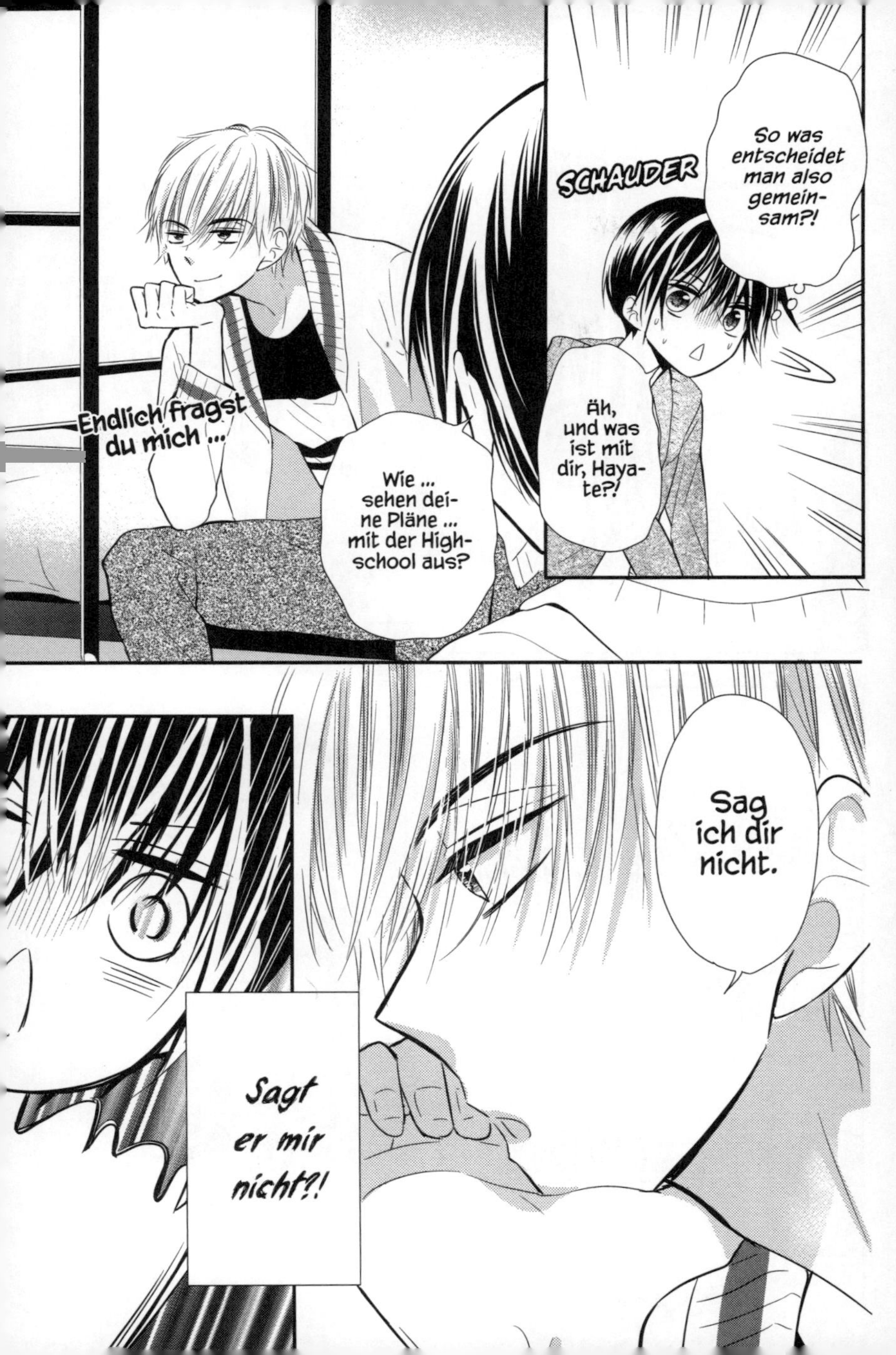
So was entscheidet man also gemeinsam?!
SCHAUDER
Äh, und was ist mit dir, Hayate?!
Wie ... sehen deine Pläne ... mit der Highschool aus?
Endlich fragst du mich ...
Sag ich dir nicht.
Sagt er mir nicht?!

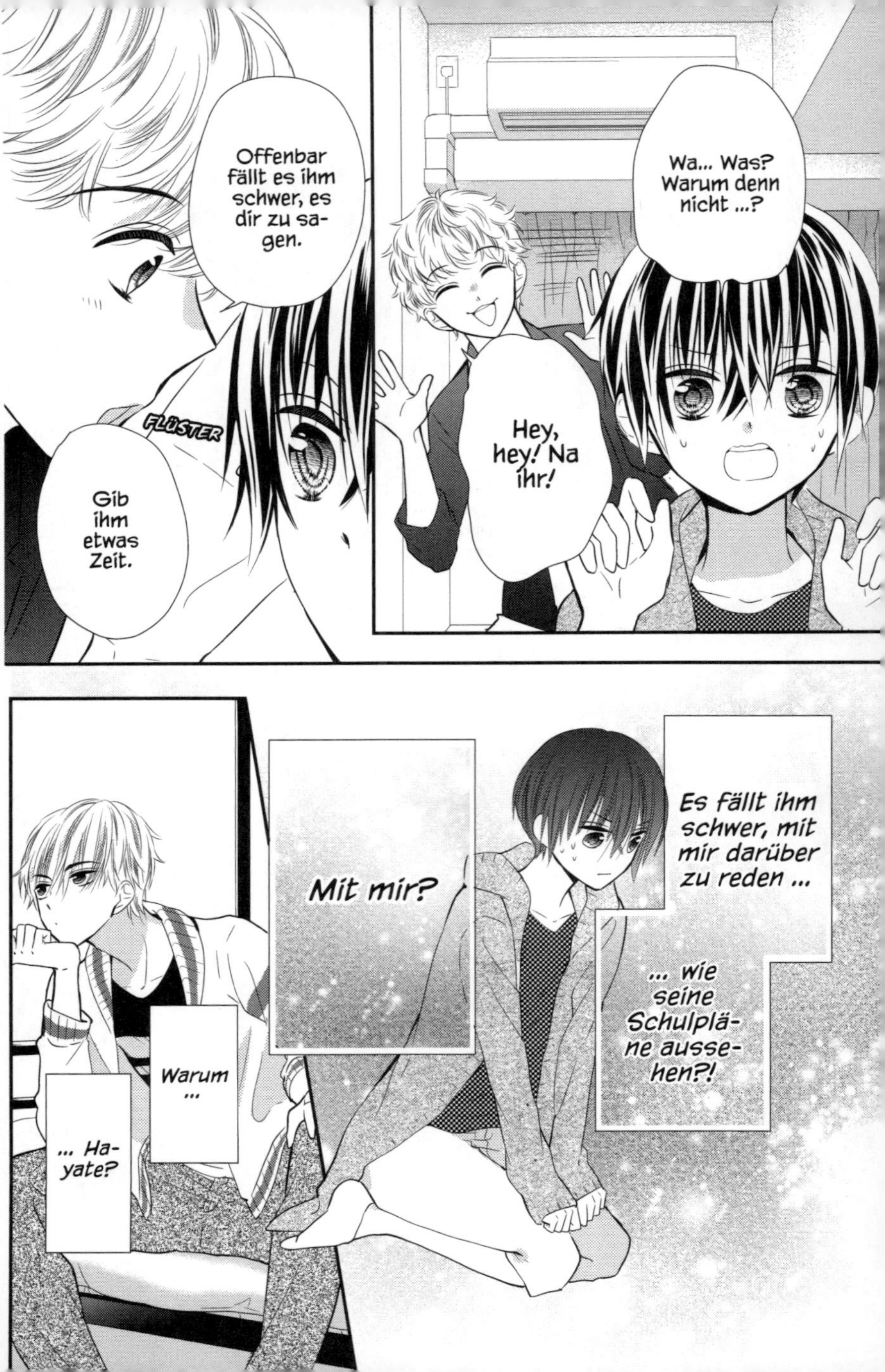

Wa... Was? Warum denn nicht ...?

Hey, hey! Na ihr!

Offenbar fällt es ihm schwer, es dir zu sagen.

FLÜSTER

Gib ihm etwas Zeit.

Es fällt ihm schwer, mit mir darüber zu reden ...

... wie seine Schulpläne aussehen?!

Mit mir?

Warum ...

... Hayate?

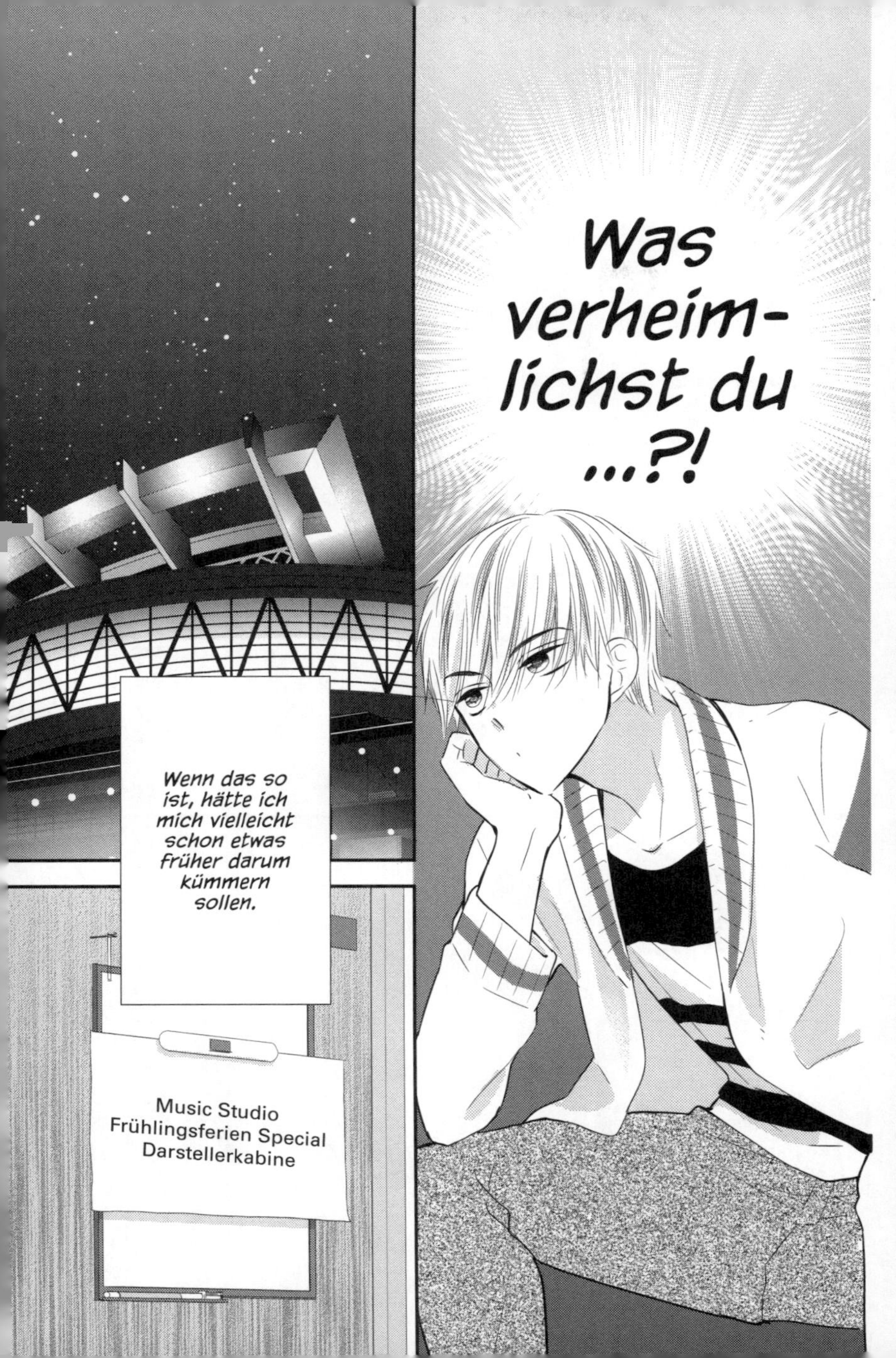
Was verheimlichst du ...?!
Wenn das so ist, hätte ich mich vielleicht schon etwas früher darum kümmern sollen.
Music Studio Frühlingsferien Special Darstellerkabine

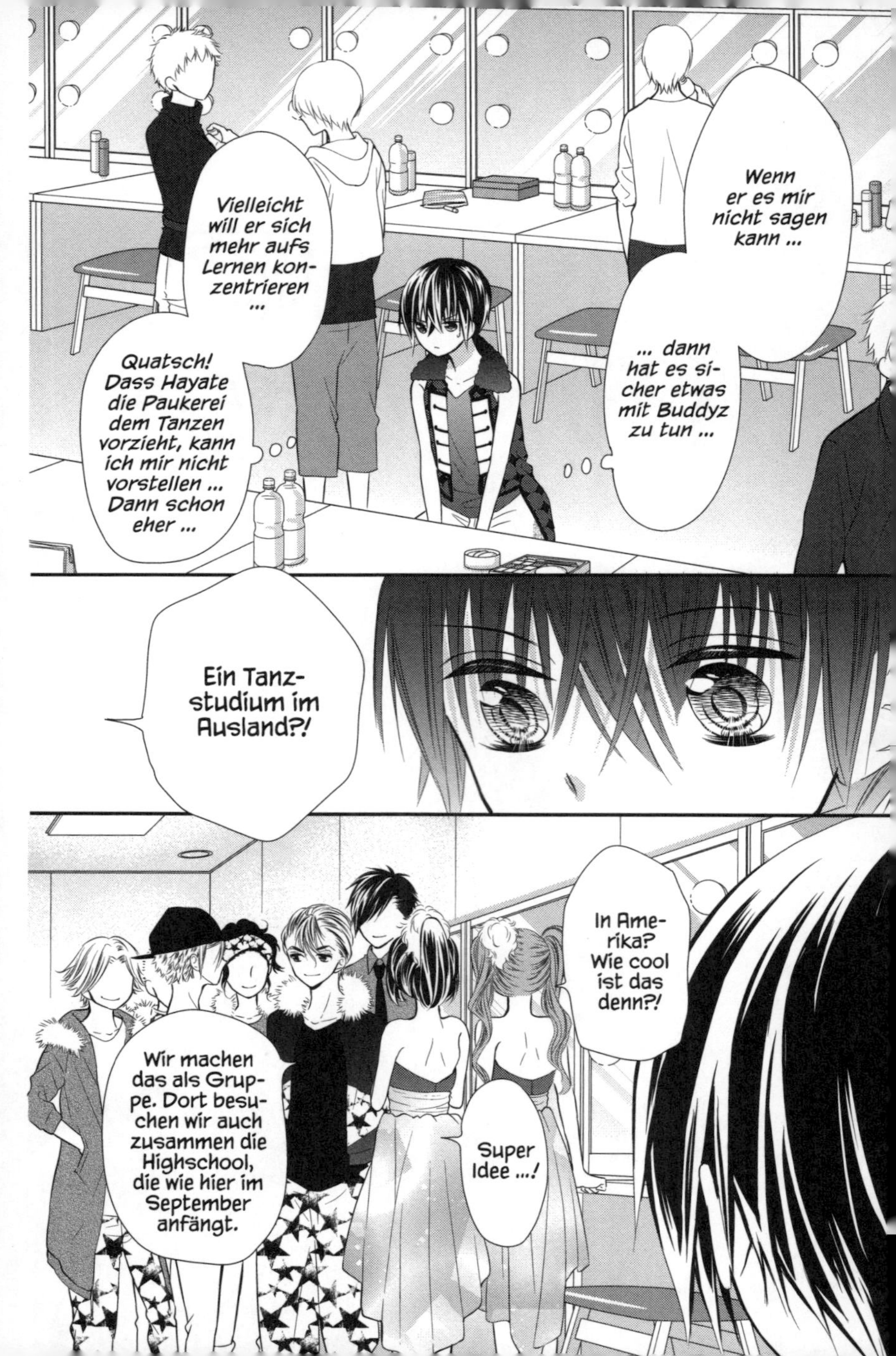
Wenn er es mir nicht sagen kann ...
Vielleicht will er sich mehr aufs Lernen konzentrieren ...
... dann hat es sicher etwas mit Buddyz zu tun ...
Quatsch! Dass Hayate die Paukerei dem Tanzen vorzieht, kann ich mir nicht vorstellen ... Dann schon eher ...
Ein Tanzstudium im Ausland?!
In Amerika? Wie cool ist das denn?!
Super Idee ...!
Wir machen das als Gruppe. Dort besuchen wir auch zusammen die Highschool, die wie hier im September anfängt.

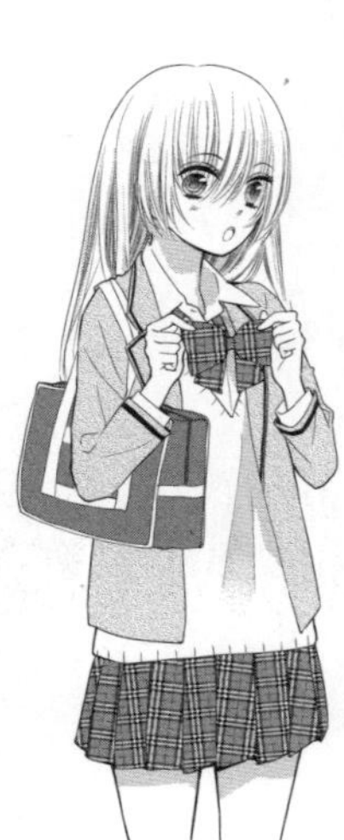

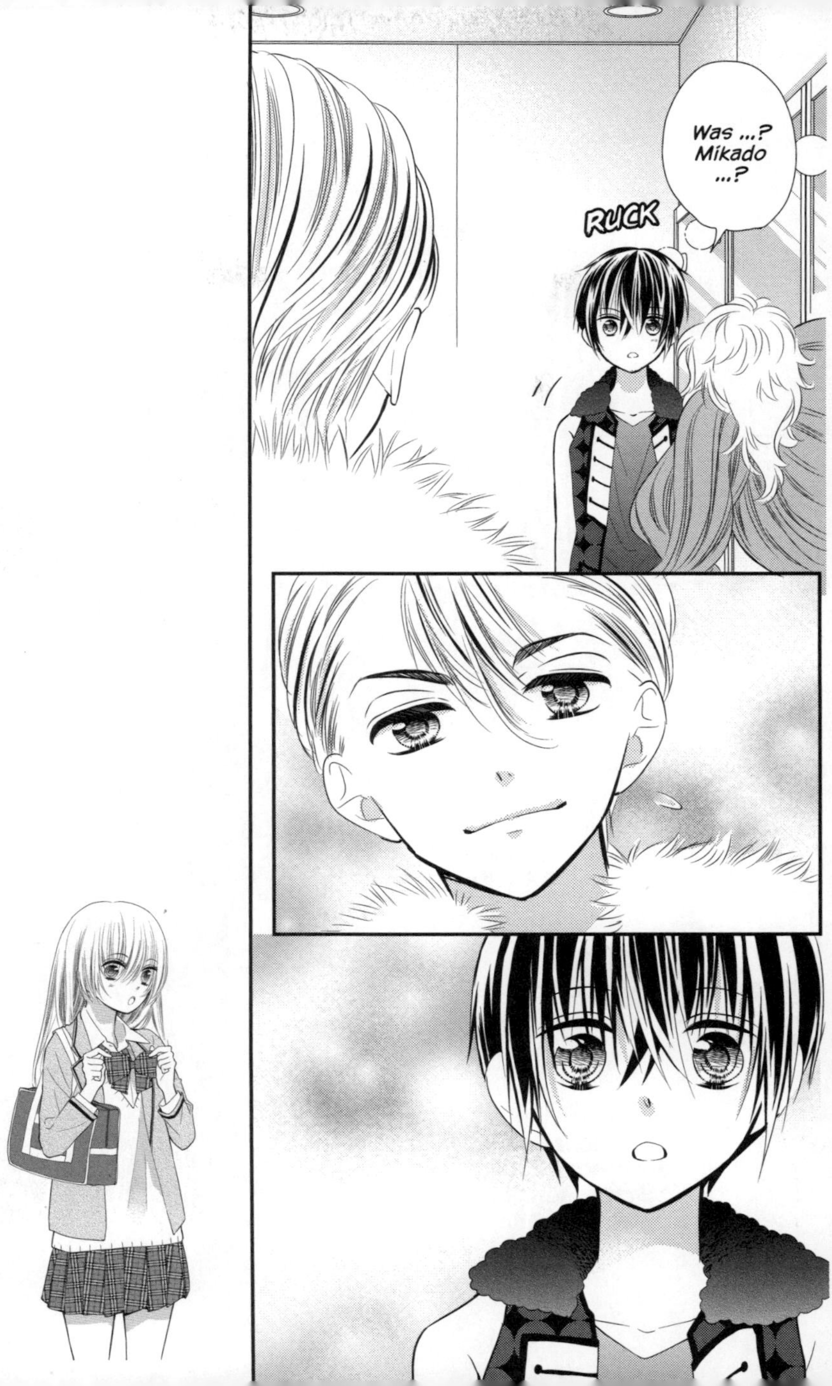

Was ...?
Mikado
...?
RUCK

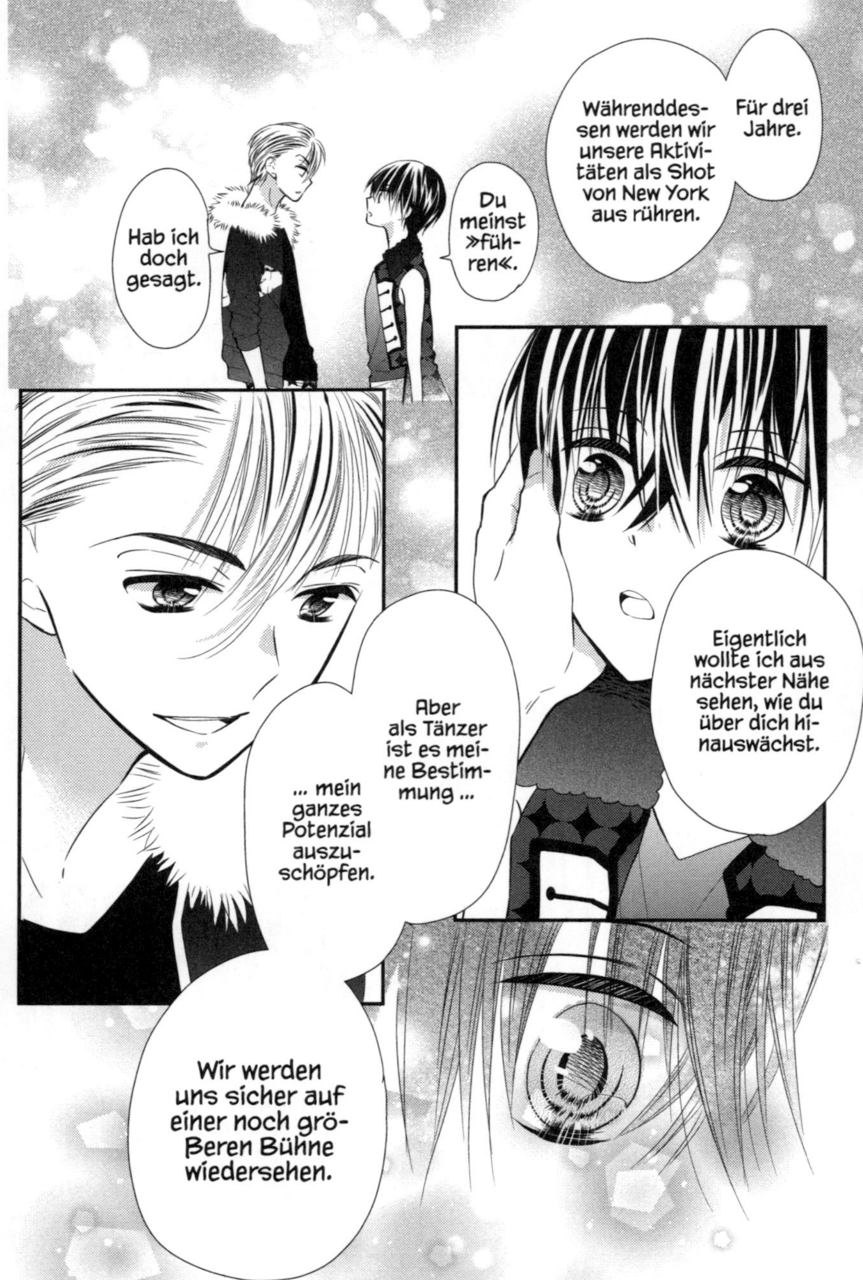
Für drei Jahre.
Währenddessen werden wir unsere Aktivitäten als Shot von New York aus rühren.
Du meinst »führen«.
Hab ich doch gesagt.
Eigentlich wollte ich aus nächster Nähe sehen, wie du über dich hinauswächst.
Aber als Tänzer ist es meine Bestimmung ...
... mein ganzes Potenzial auszuschöpfen.
Wir werden uns sicher auf einer noch größeren Bühne wiedersehen.

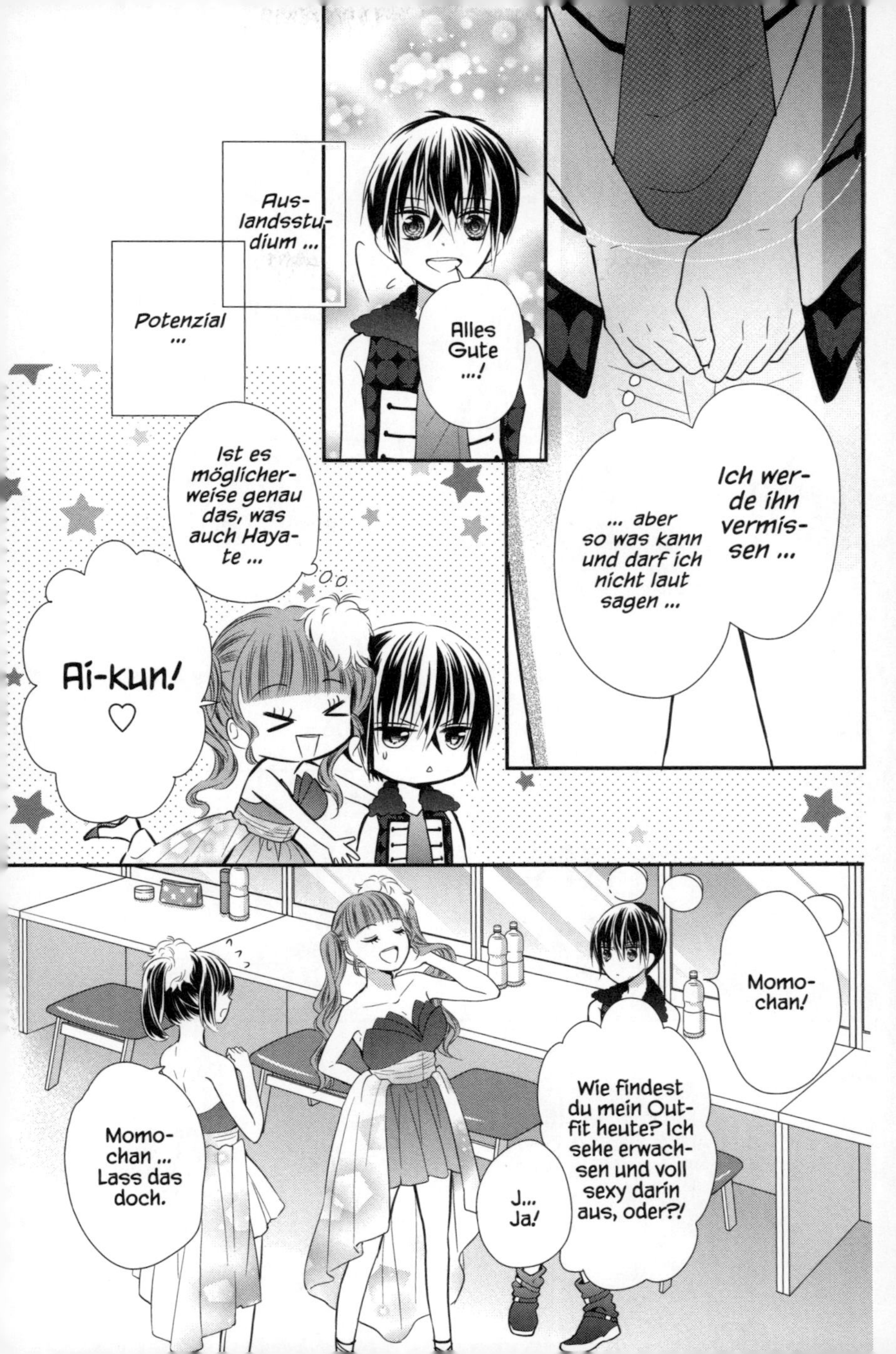
Ich werde ihn vermissen ...
... aber so was kann und darf ich nicht laut sagen ...
Alles Gute ...!
Auslandsstudium ...
Potenzial ...
Ist es möglicherweise genau das, was auch Hayate ...
Ai-kun! ♡
Momo-chan!
Wie findest du mein Outfit heute? Ich sehe erwachsen und voll sexy darin aus, oder?!
J... Ja!
Momo-chan ... Lass das doch.

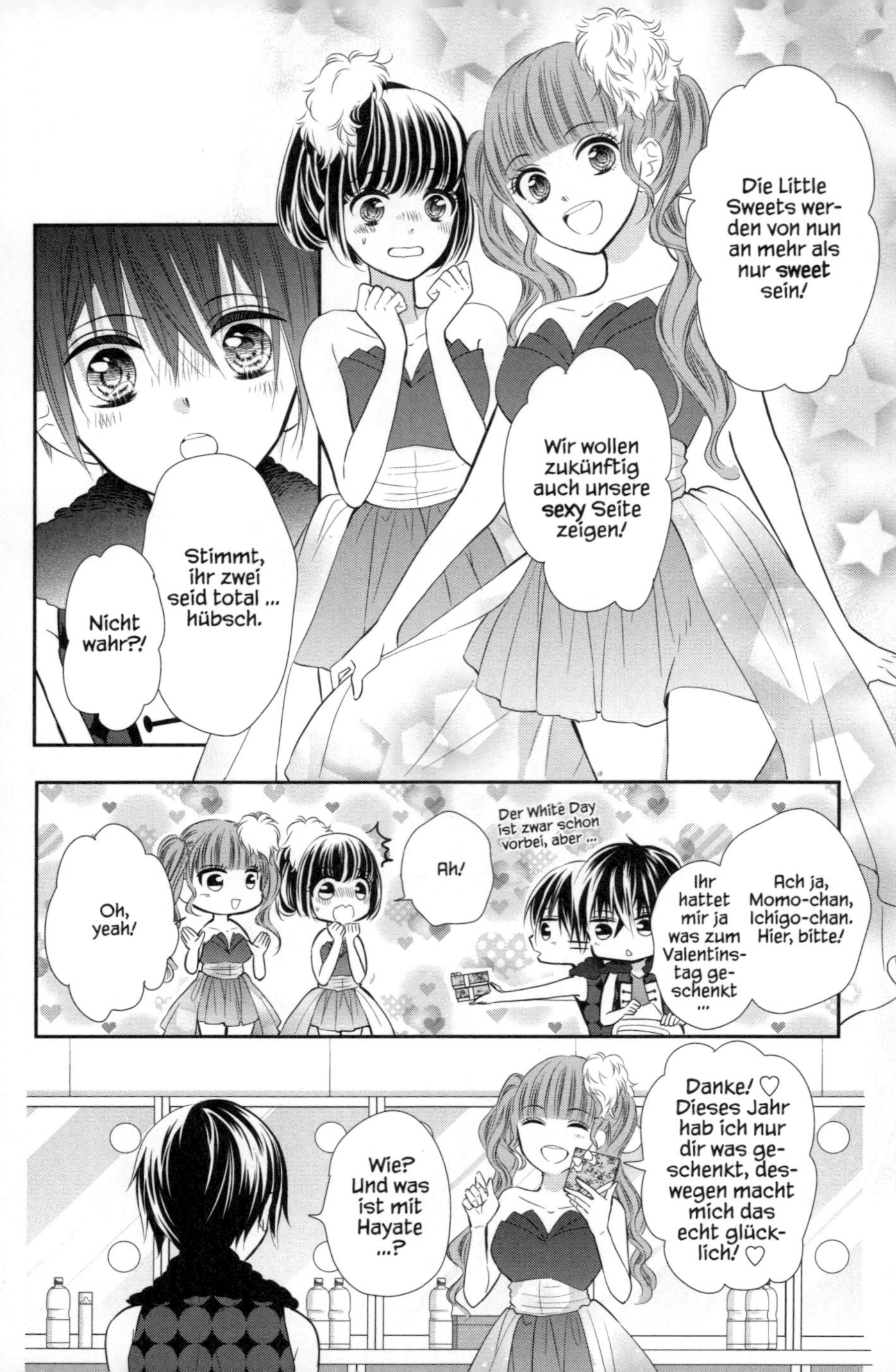
Die Little Sweets werden von nun an mehr als nur sweet sein!
Wir wollen zukünftig auch unsere sexy Seite zeigen!
Stimmt, ihr zwei seid total ... hübsch.
Nicht wahr?!
Ach ja, Momo-chan, Ichigo-chan. Hier, bitte!
Ihr hattet mir ja was zum Valentinstag geschenkt ...
Der White Day ist zwar schon vorbei, aber ...
Ah!
Oh, yeah!
Danke! ♡ Dieses Jahr hab ich nur dir was geschenkt, deswegen macht mich das echt glücklich! ♡
Wie? Und was ist mit Hayate ...?

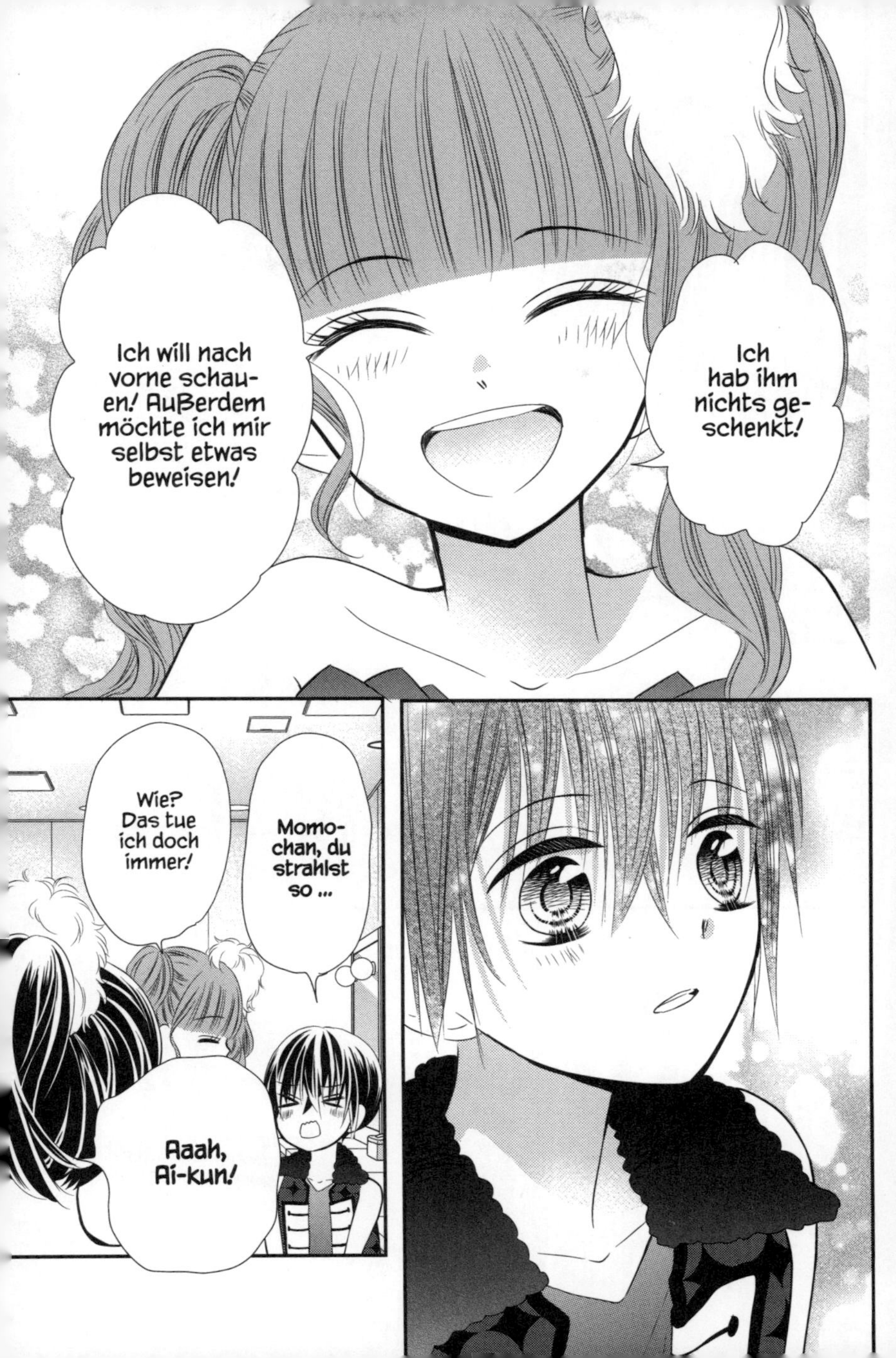
Ich hab ihm nichts geschenkt!
Ich will nach vorne schauen! Außerdem möchte ich mir selbst etwas beweisen!
Momo-chan, du strahlst so ...
Wie? Das tue ich doch immer!
Aaah, Ai-kun!

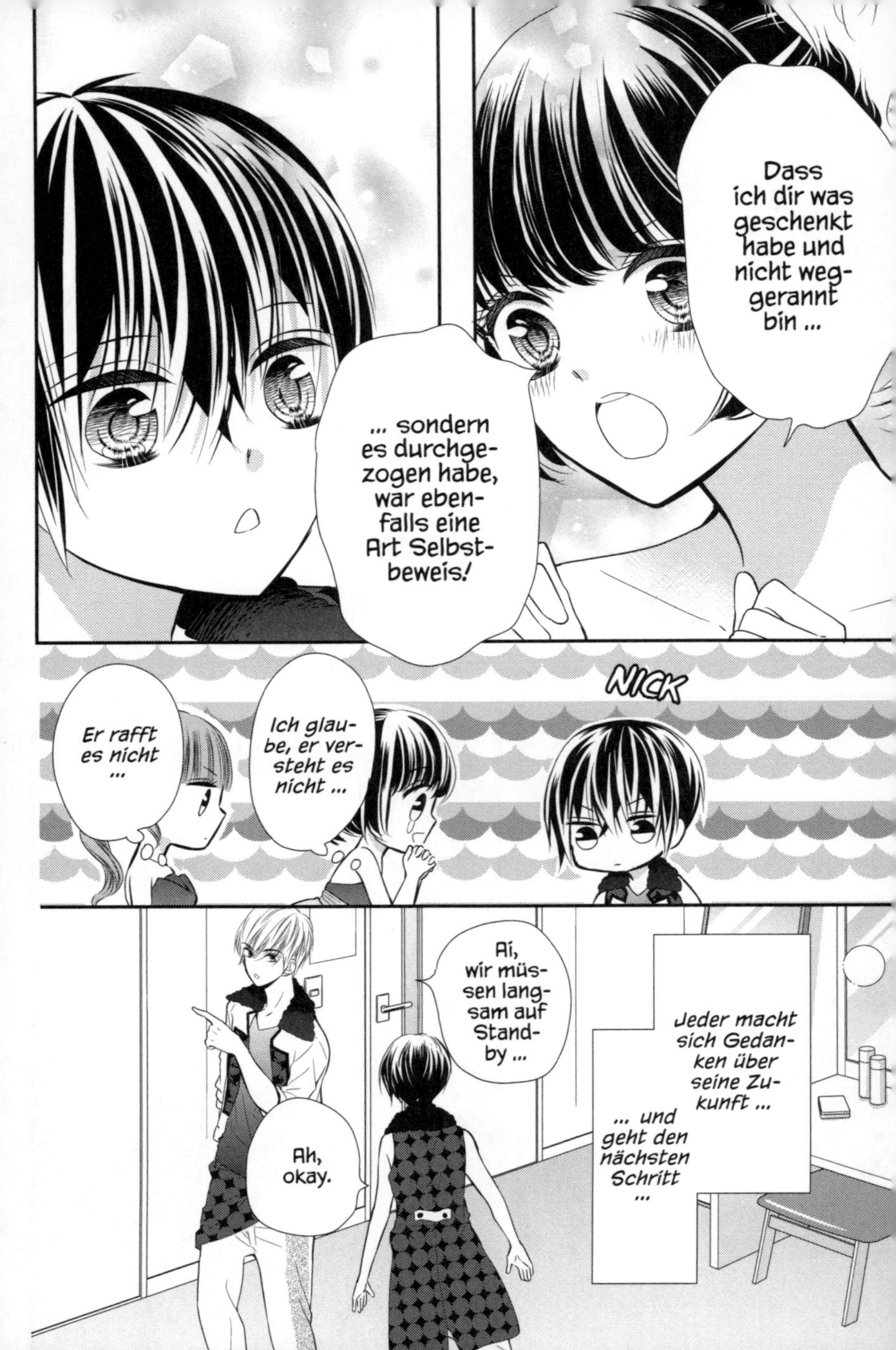
Dass ich dir was geschenkt habe und nicht weggerannt bin ...
... sondern es durchgezogen habe, war ebenfalls eine Art Selbstbeweis!
NICK
Ich glaube, er versteht es nicht ...
Er rafft es nicht ...
Jeder macht sich Gedanken über seine Zukunft ...
... und geht den nächsten Schritt ...
Ai, wir müssen langsam auf Standby ...
Ah, okay.

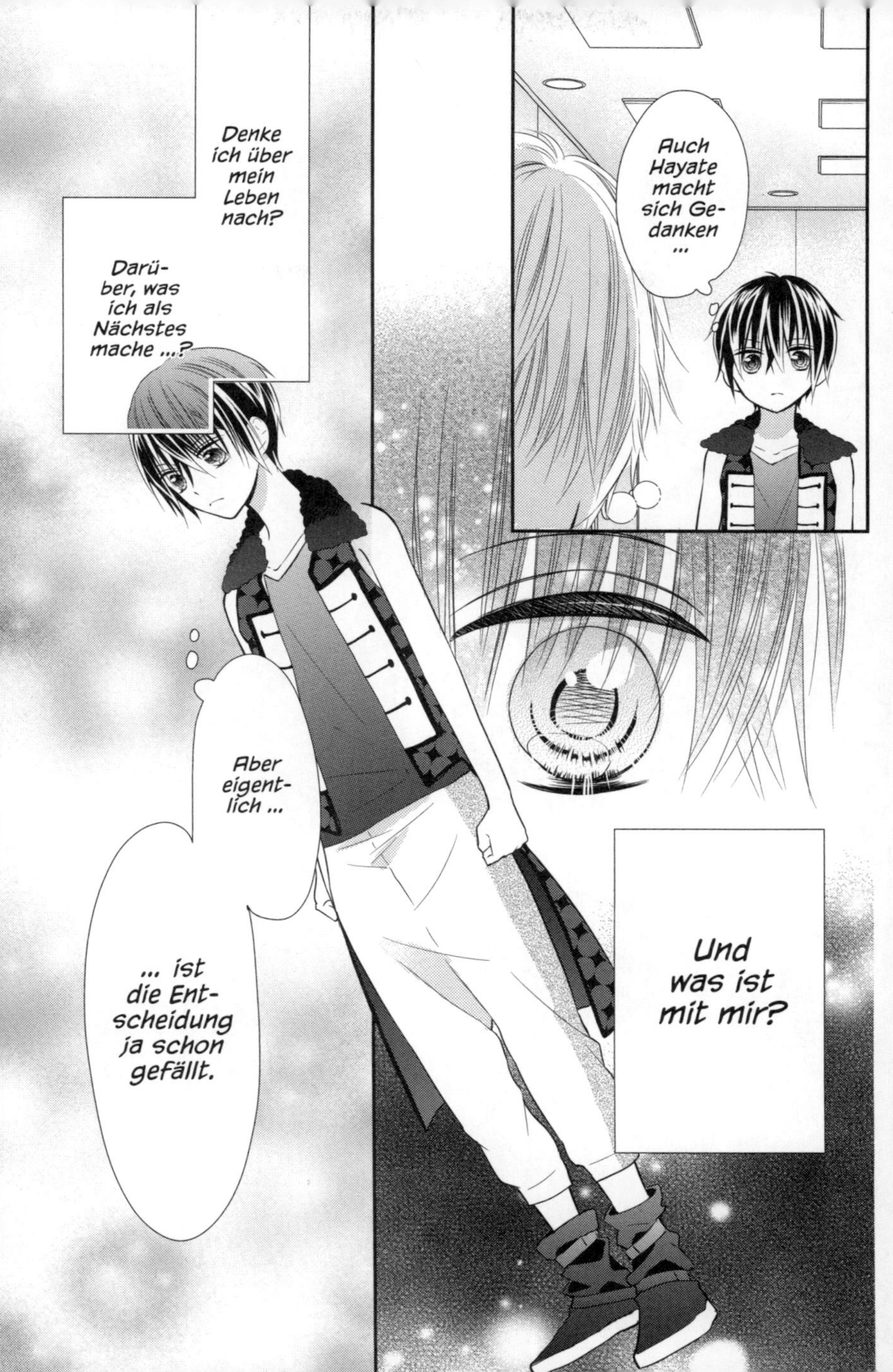
Auch Hayate macht sich Gedanken ...
Denke ich über mein Leben nach?
Darüber, was ich als Nächstes mache ...?
Und was ist mit mir?
Aber eigentlich ...
... ist die Entscheidung ja schon gefällt.

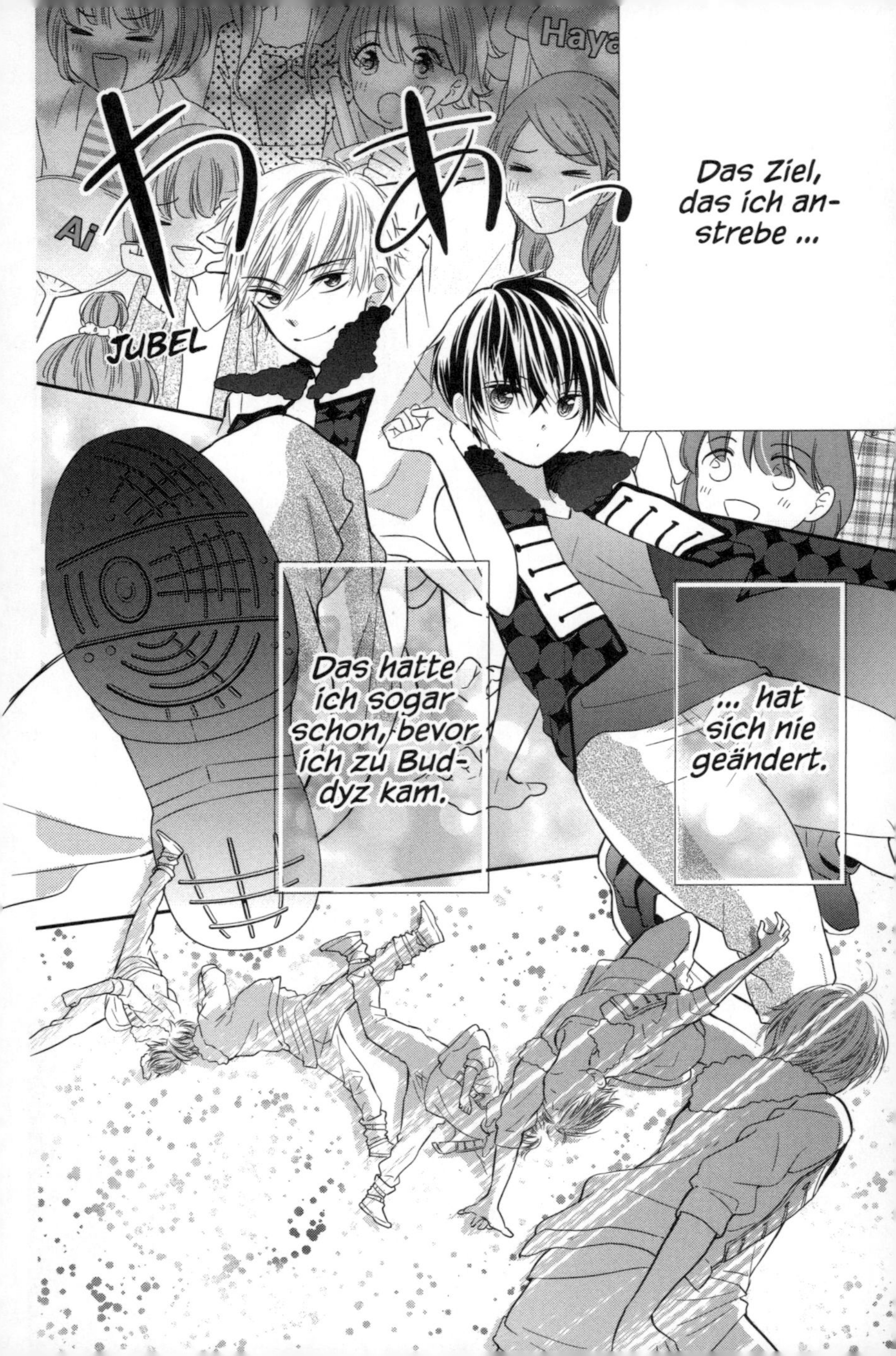
Das Ziel, das ich an-strebe ...
Haya
わあ~
JUBEL
Ai
... hat sich nie geändert.
Das hatte ich sogar schon, bevor ich zu Bud-dyz kam.

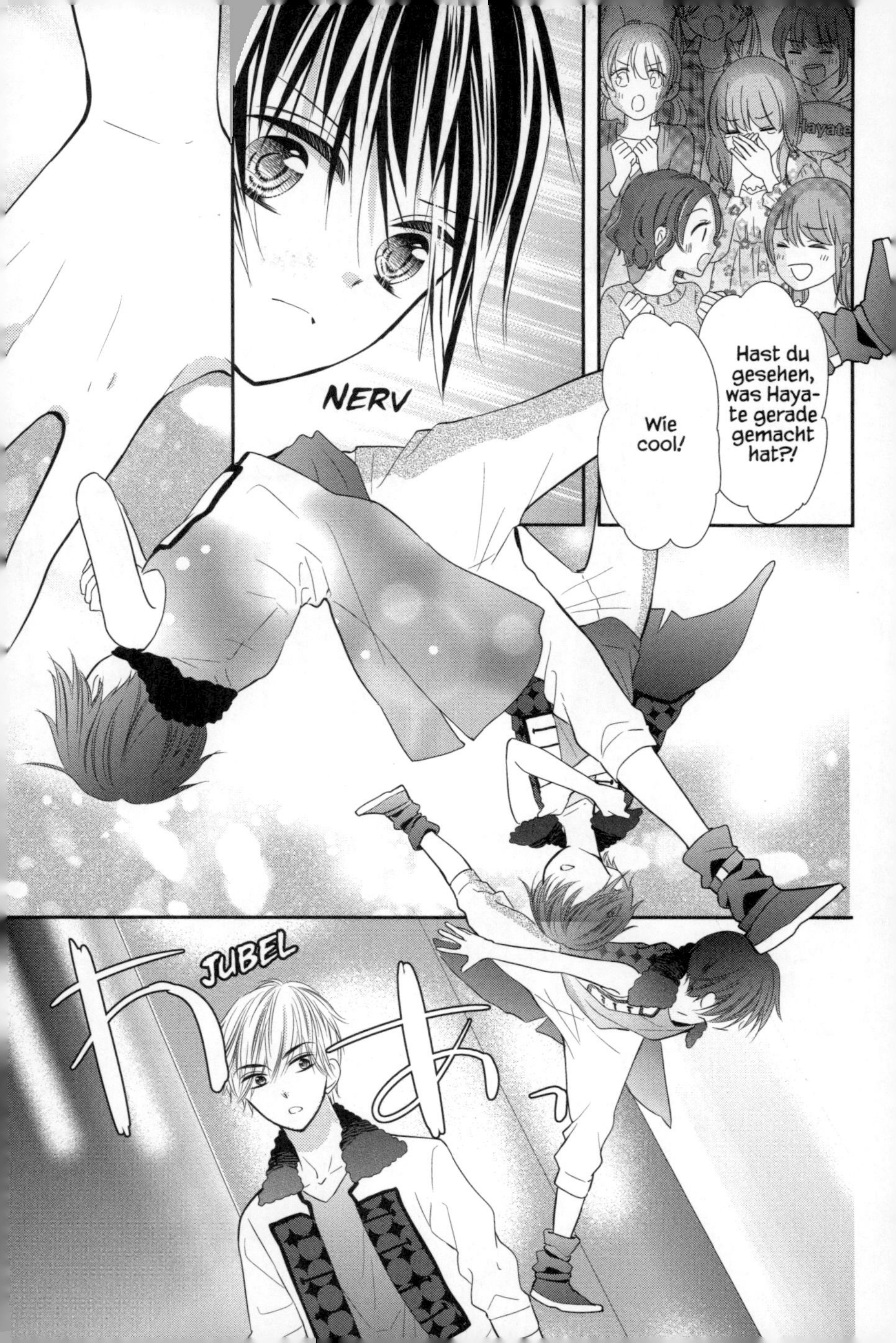
Hayate
Hast du gesehen, was Hayate gerade gemacht hat?!
Wie cool!
NERV
JUBEL

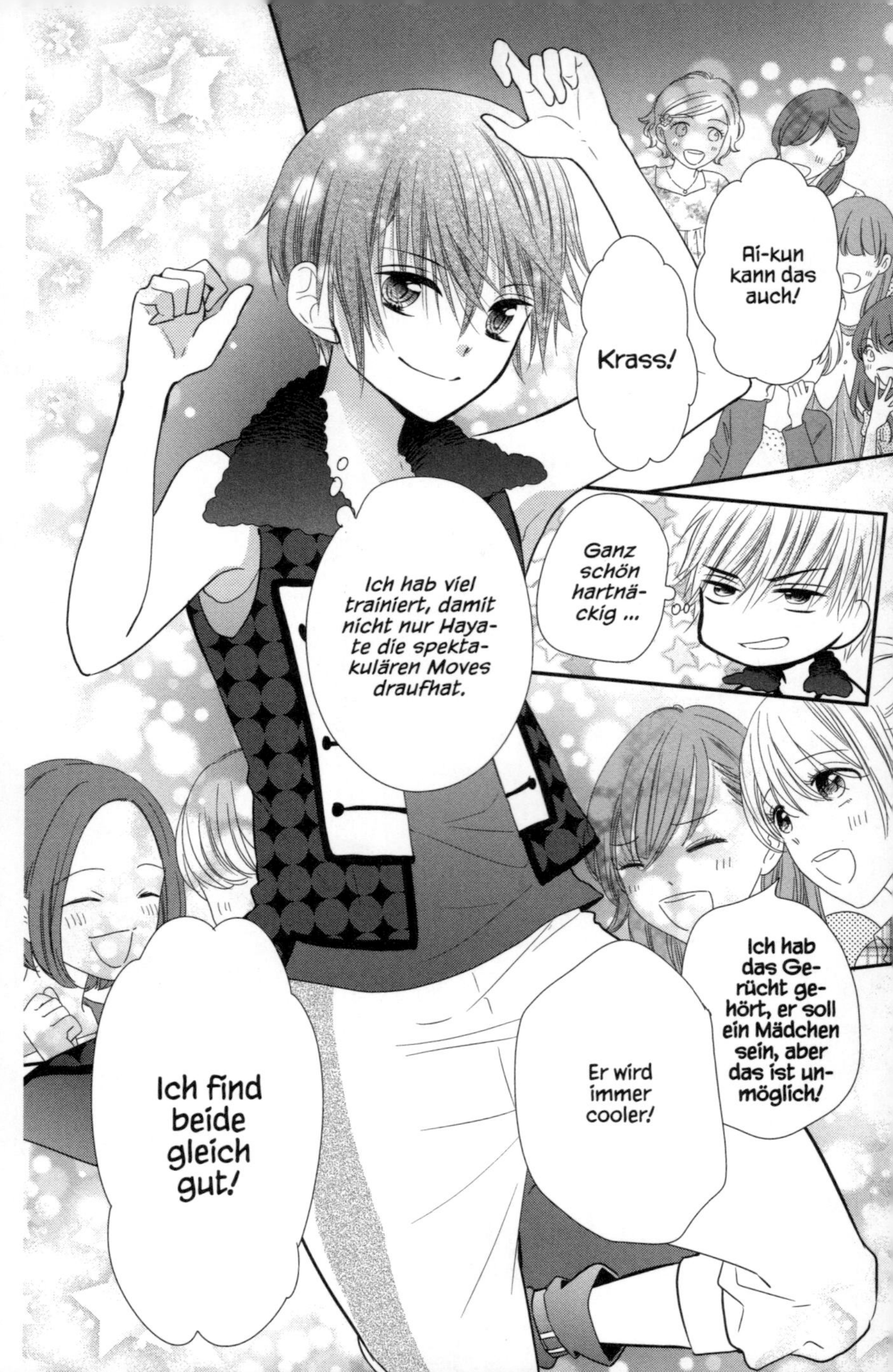
Ai-kun kann das auch!
Krass!
Ich hab viel trainiert, damit nicht nur Hayate die spektakulären Moves draufhat.
Ganz schön hartnäckig ...
Ich hab das Gerücht gehört, er soll ein Mädchen sein, aber das ist unmöglich!
Er wird immer cooler!
Ich find beide gleich gut!

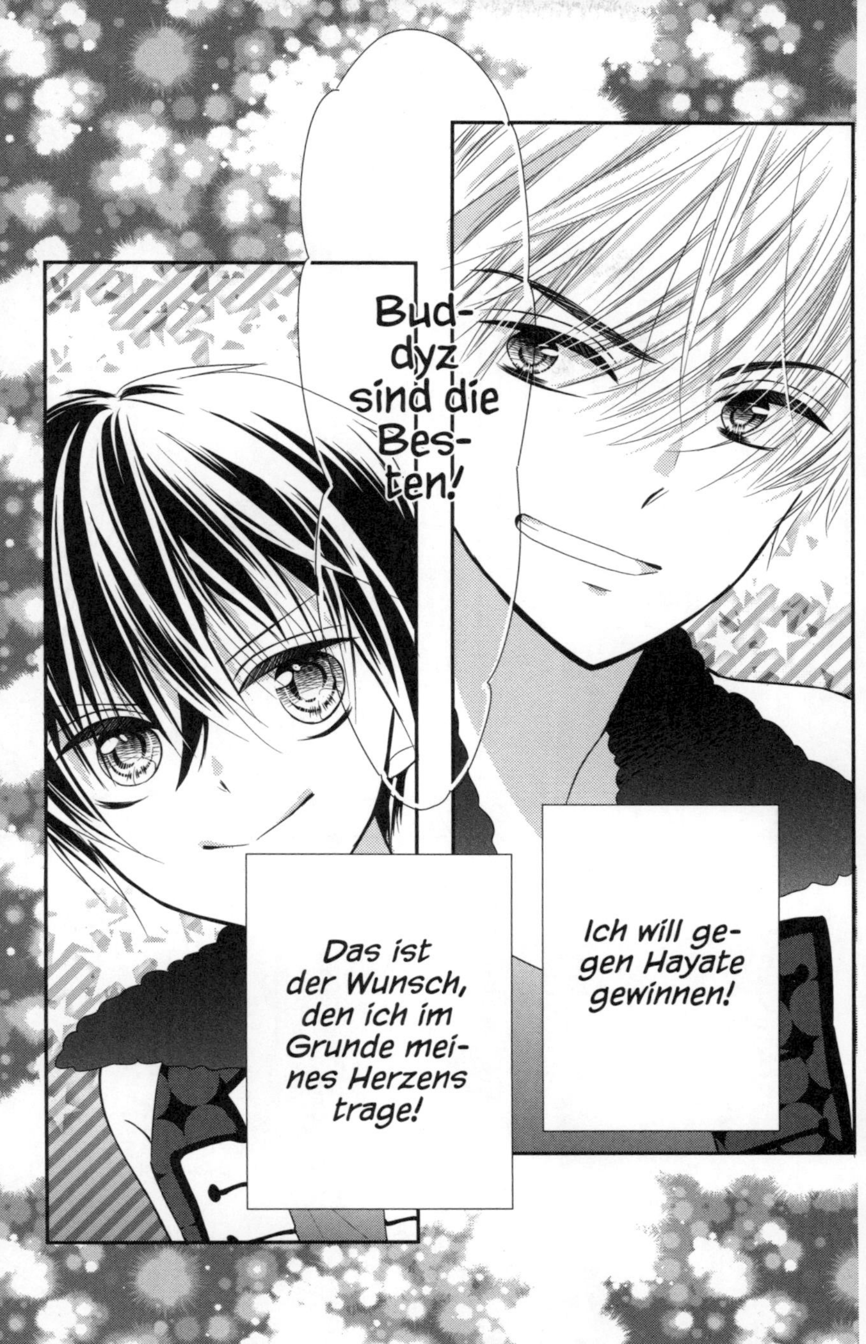

Bud-dyz sind die Bes-ten!
Ich will ge-gen Hayate gewinnen!
Das ist der Wunsch, den ich im Grunde mei-nes Herzens trage!

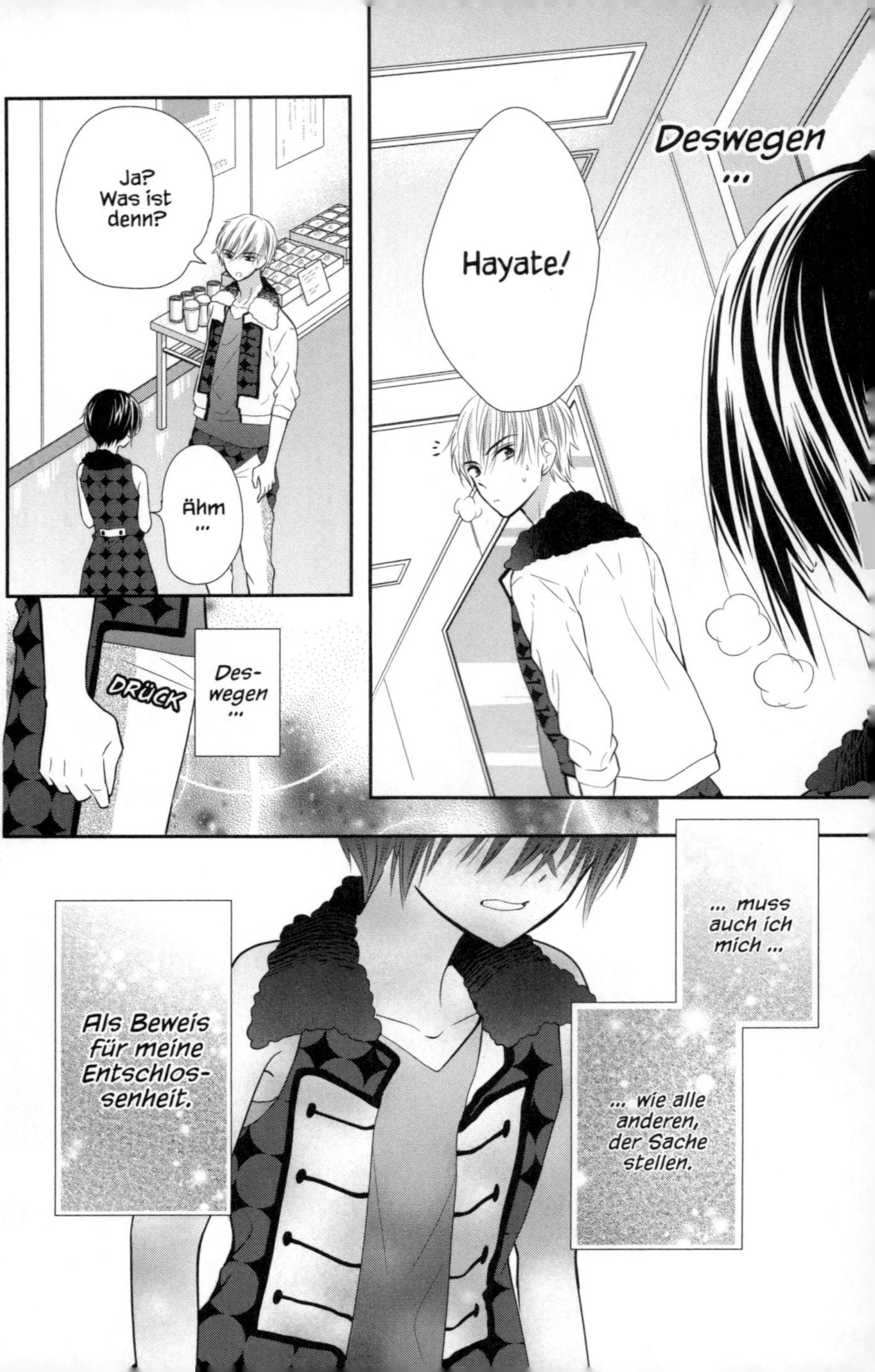

Deswegen ...
Hayate!
Ja? Was ist denn?
Ähm ...
DRÜCK
Des-wegen ...

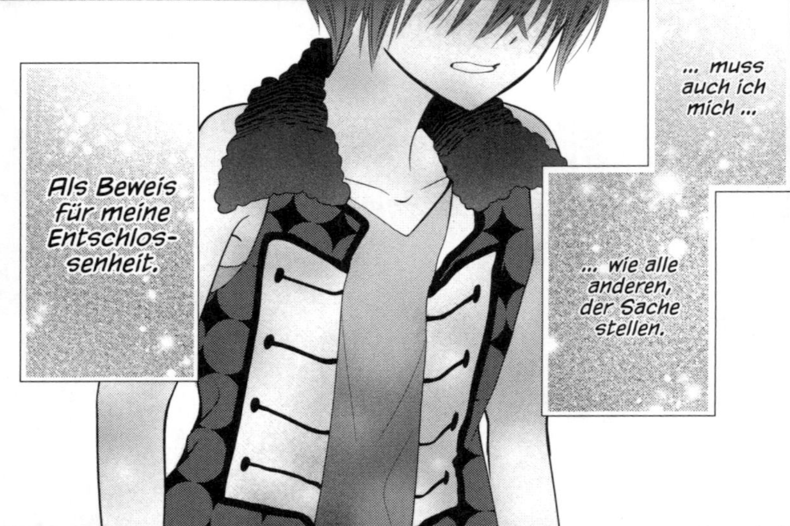

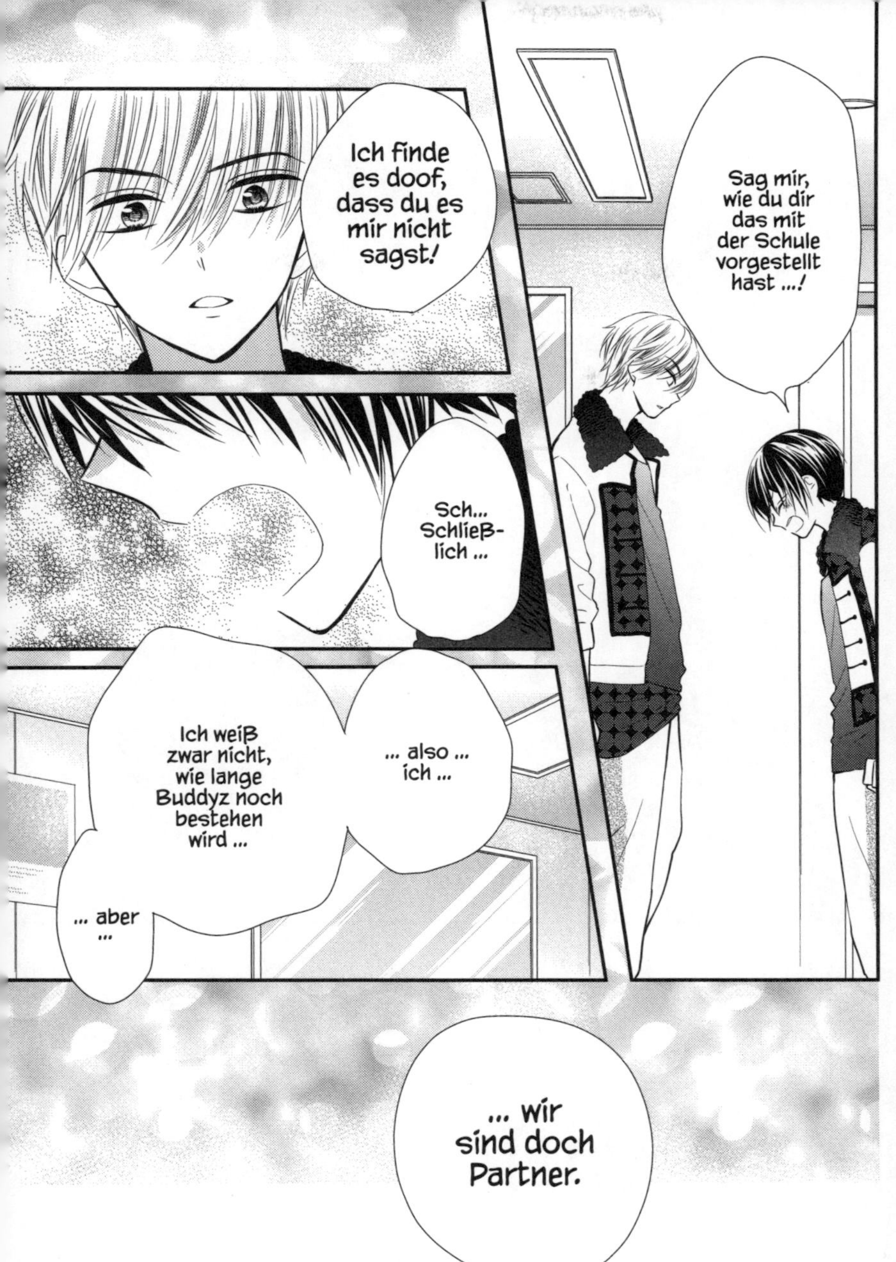
Sag mir, wie du dir das mit der Schule vorgestellt hast ...!
Ich finde es doof, dass du es mir nicht sagst!
Sch... Schließ-lich ...
... also ... ich ...
Ich weiß zwar nicht, wie lange Buddyz noch bestehen wird ...
... aber ...
... wir sind doch Partner.

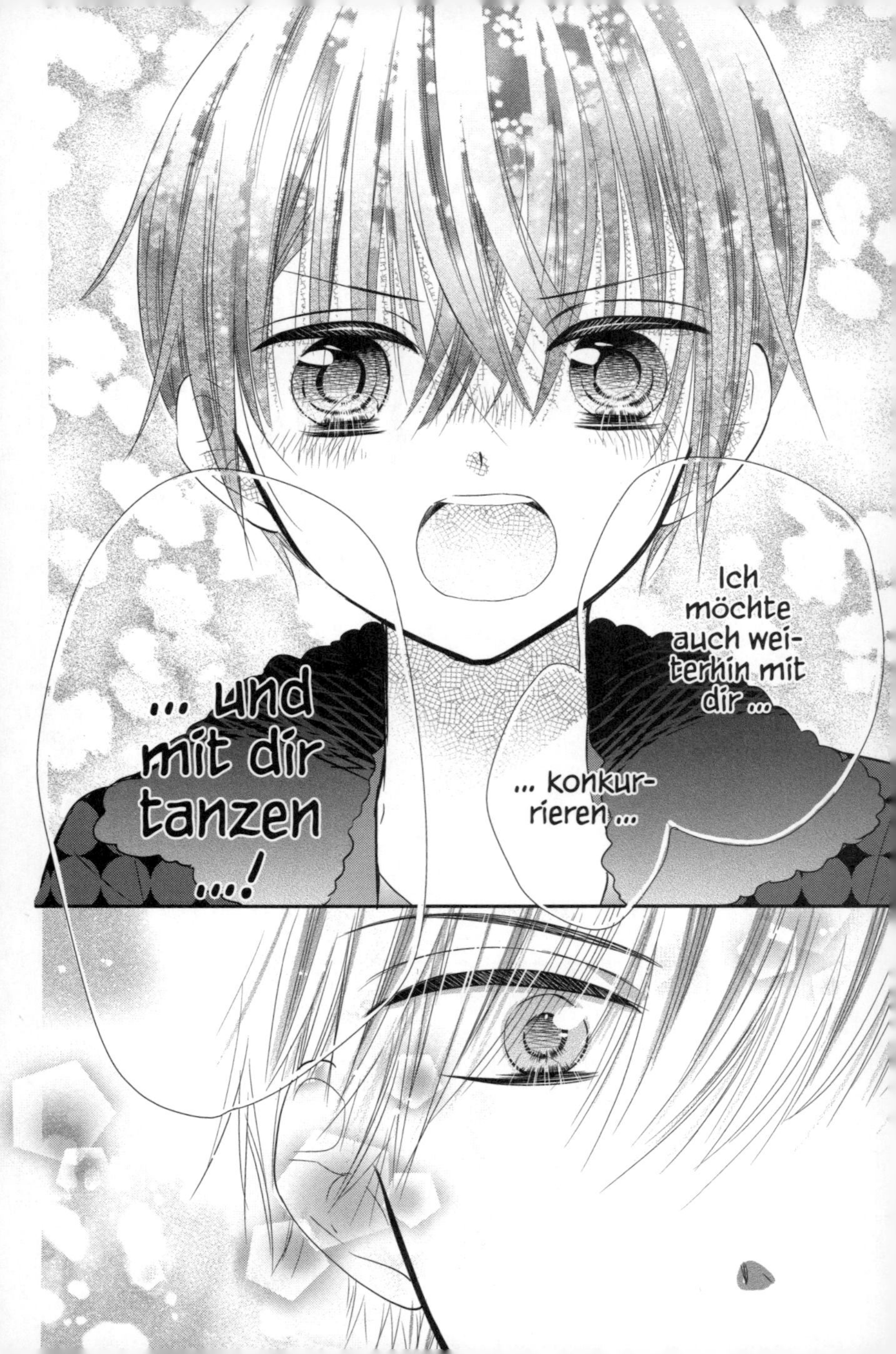
Ich möchte auch weiterhin mit dir ...
... konkurrieren ...
... und mit dir tanzen ...!

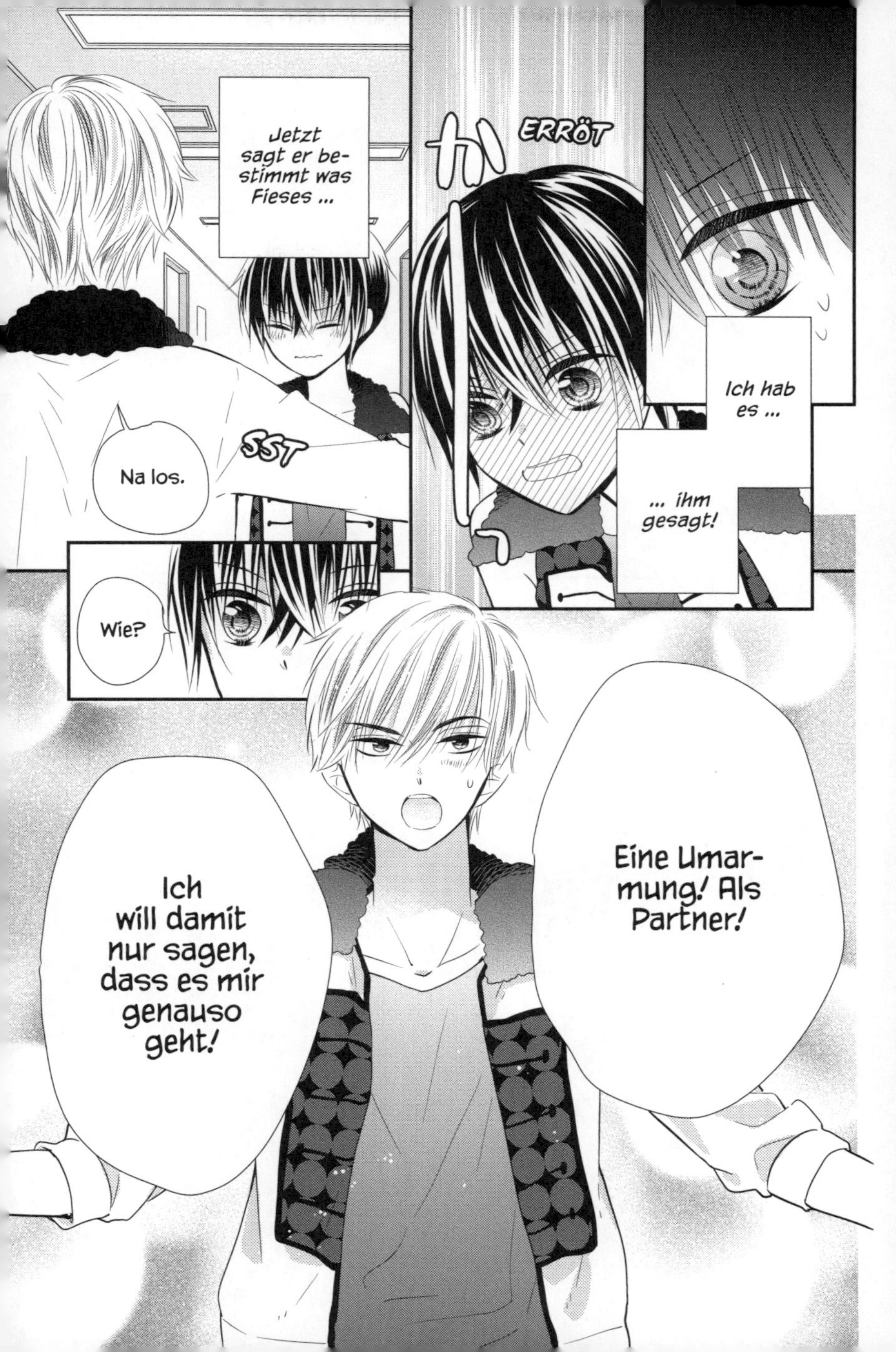
Ich hab es ...
... ihm gesagt!
か
ERRÖT
Jetzt sagt er bestimmt was Fieses ...
SST
Na los.
Wie?
Eine Umarmung! Als Partner!
Ich will damit nur sagen, dass es mir genauso geht!

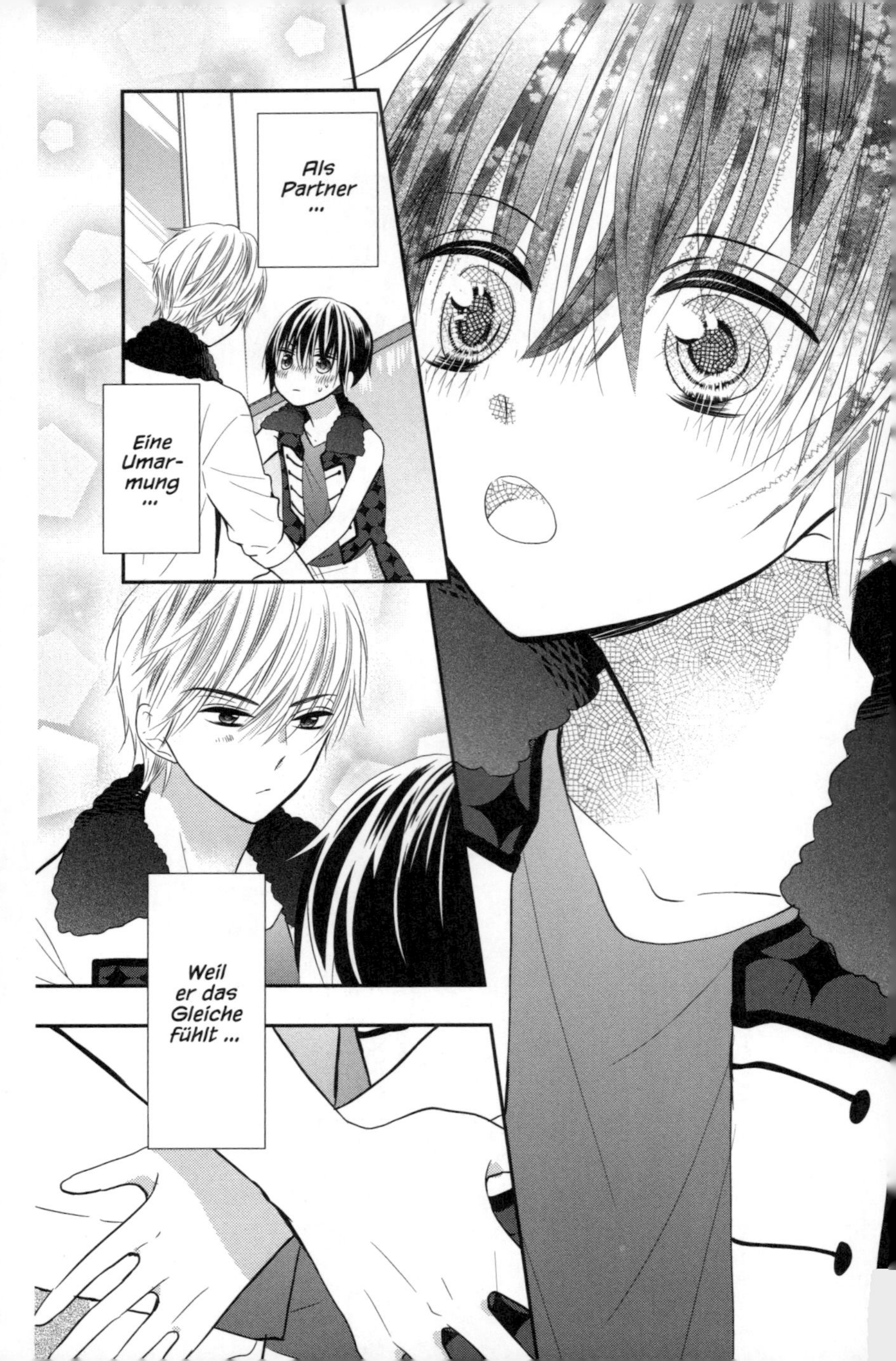
Als Partner ...
Eine Umarmung ...
Weil er das Gleiche fühlt ...

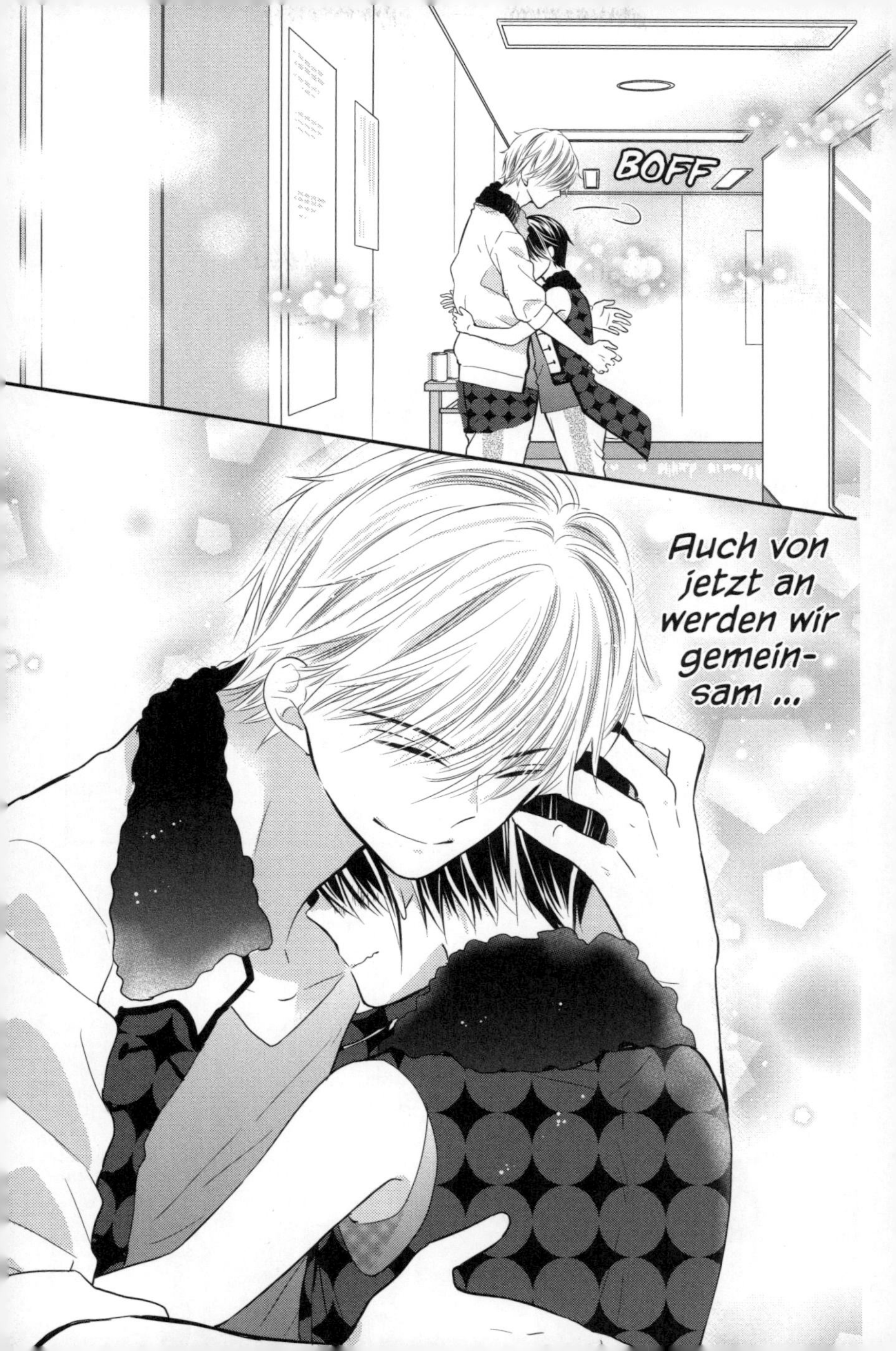
BOFF
Auch von jetzt an werden wir gemeinsam ...

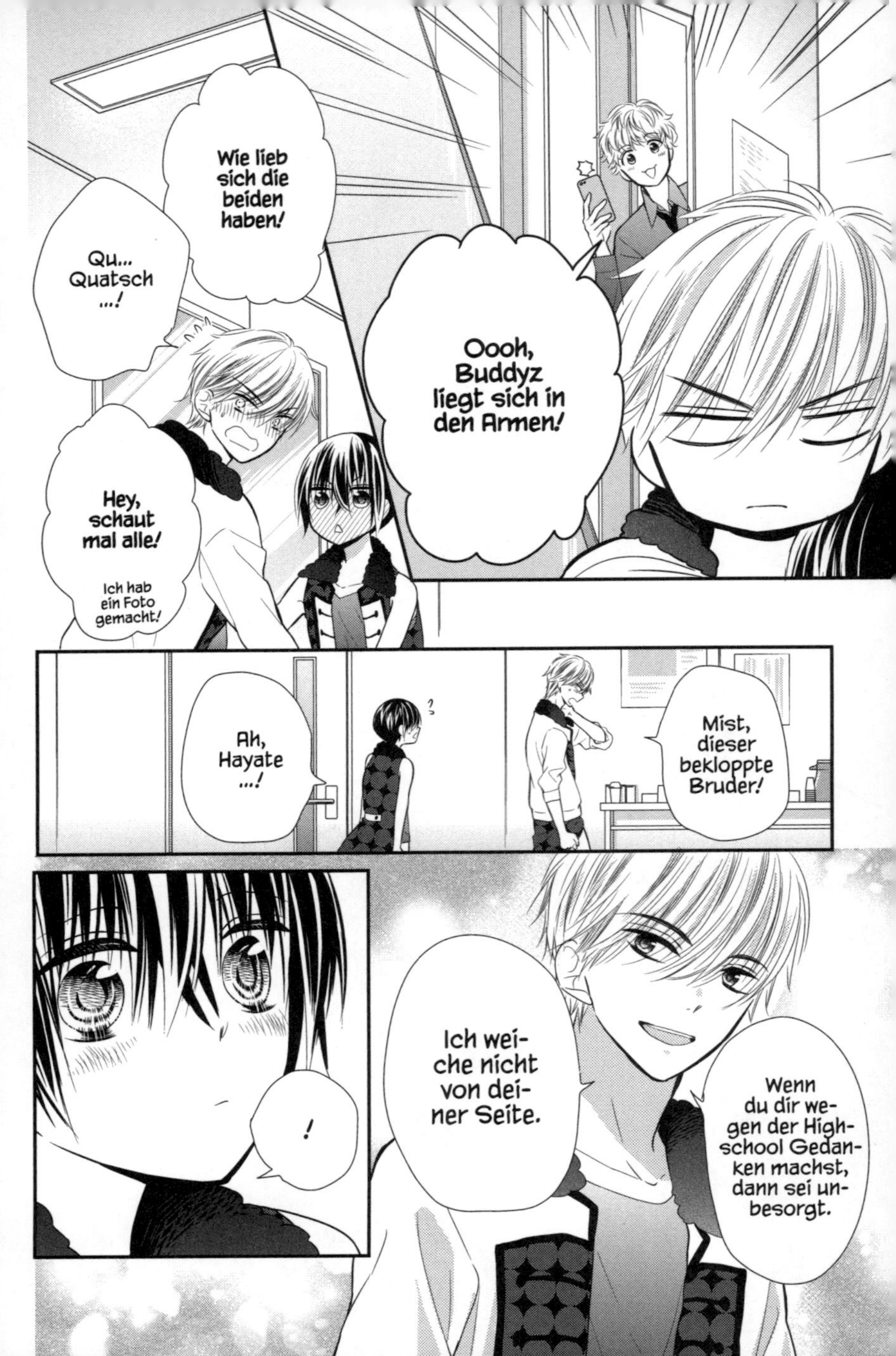
Oooh, Buddyz liegt sich in den Armen!
Wie lieb sich die beiden haben!
Qu... Quatsch ...!
Hey, schaut mal alle!
Ich hab ein Foto gemacht!
Mist, dieser bekloppte Bruder!
Ah, Hayate ...!
Wenn du dir wegen der Highschool Gedanken machst, dann sei unbesorgt.
Ich weiche nicht von deiner Seite.
!

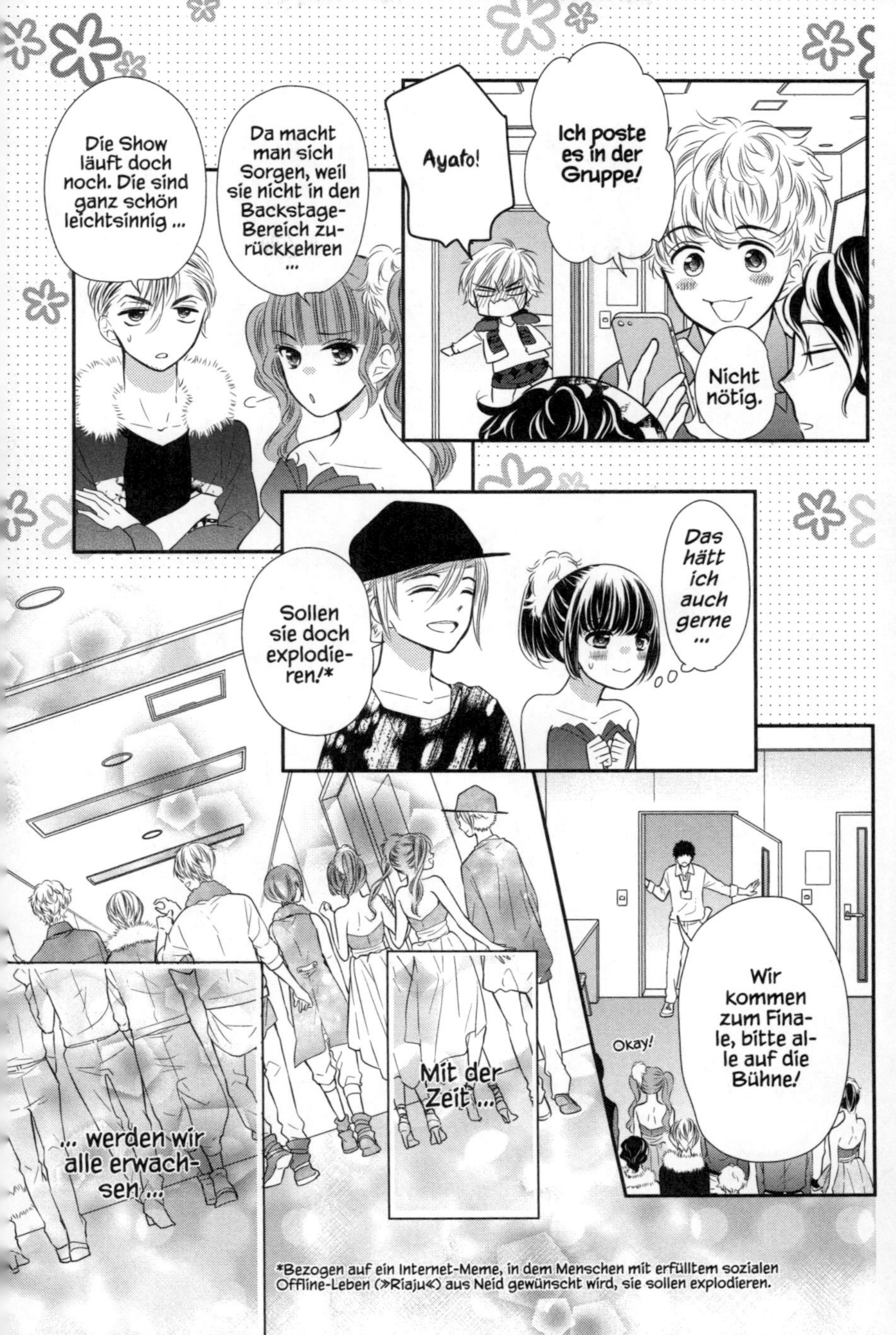

*Bezogen auf ein Internet-Meme, in dem Menschen mit erfülltem sozialen Offline-Leben (»Riaju«) aus Neid gewünscht wird, sie sollen explodieren.

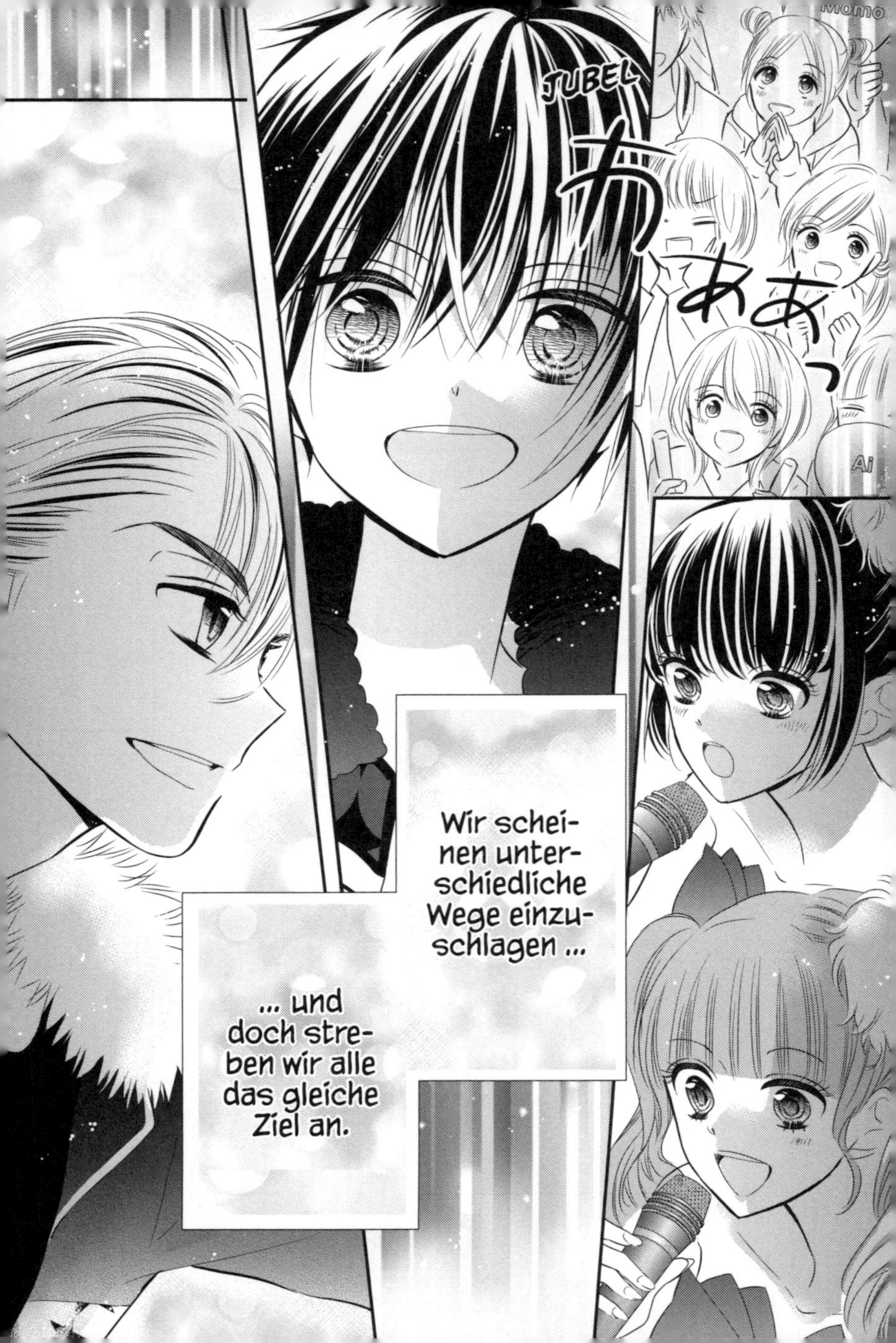
JUBEL
わああっ
Momo
Ai
Wir scheinen unterschiedliche Wege einzuschlagen ...
... und doch streben wir alle das gleiche Ziel an.

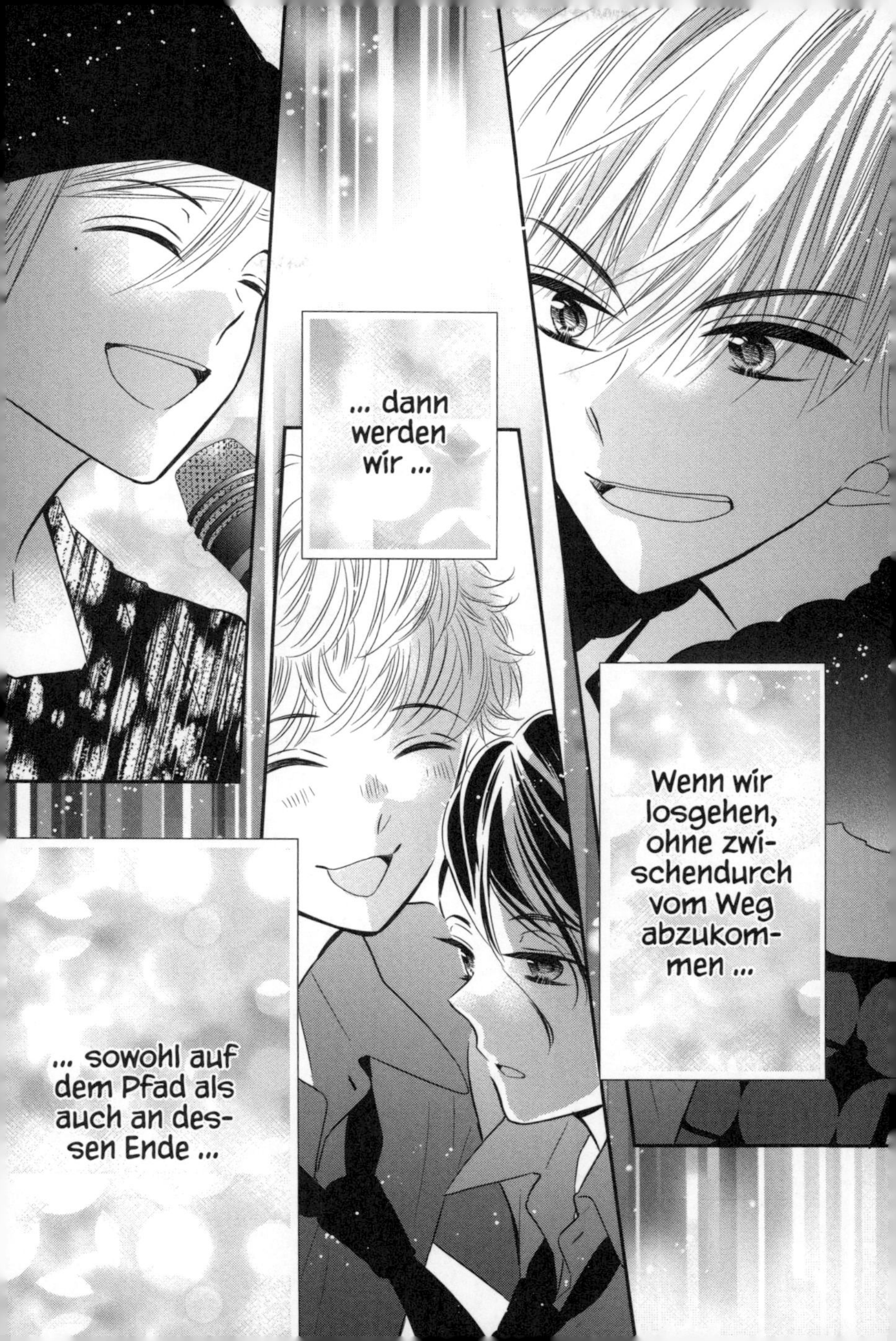
... dann werden wir ...
Wenn wir losgehen, ohne zwischendurch vom Weg abzukommen ...
... sowohl auf dem Pfad als auch an dessen Ende ...

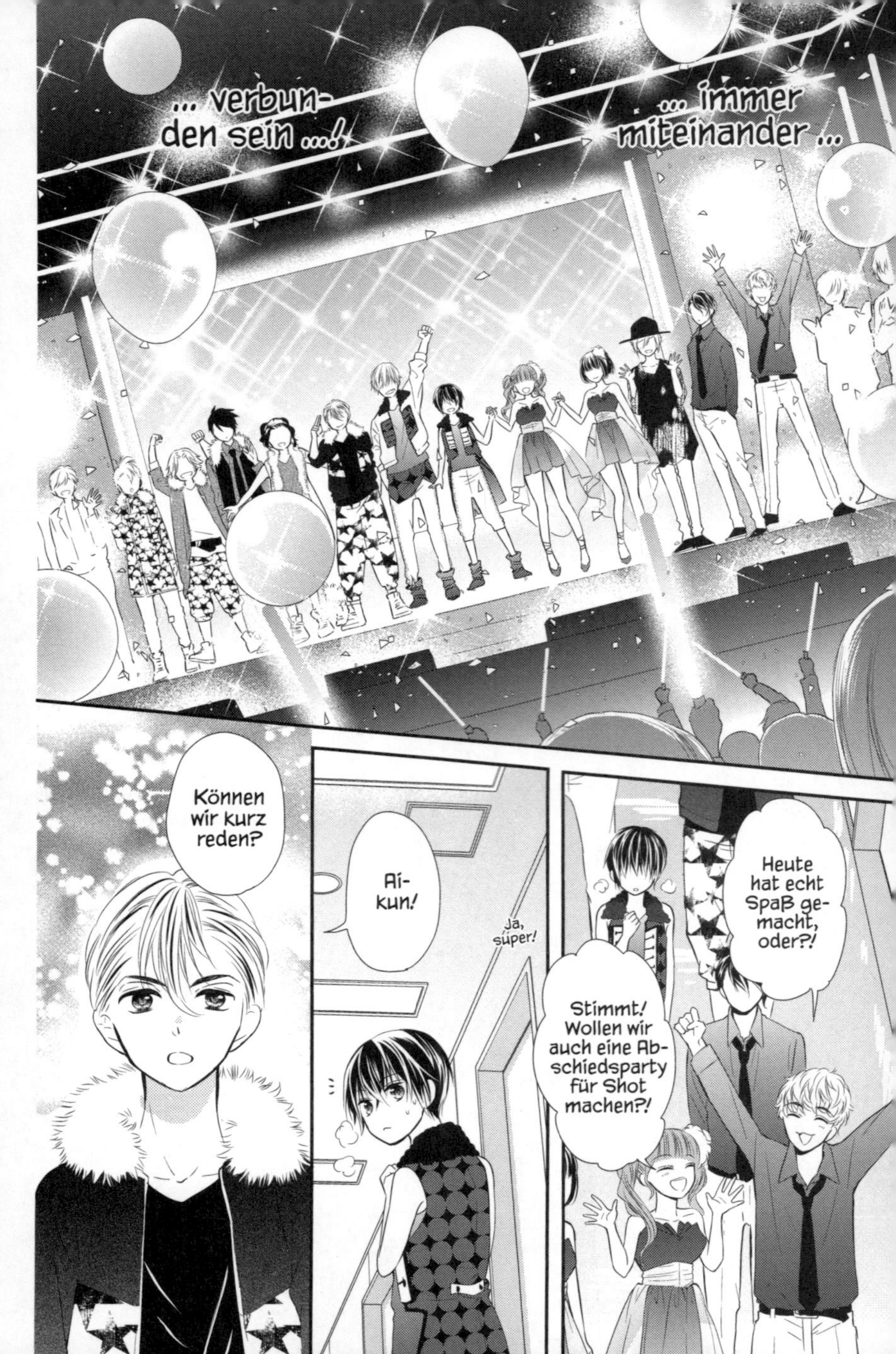
... immer miteinander ...
... verbun-den sein ...!
Heute hat echt Spaß ge-macht, oder?!
Stimmt! Wollen wir auch eine Ab-schiedsparty für Shot machen?!
Ja, super!
Ai-kun!
Können wir kurz reden?

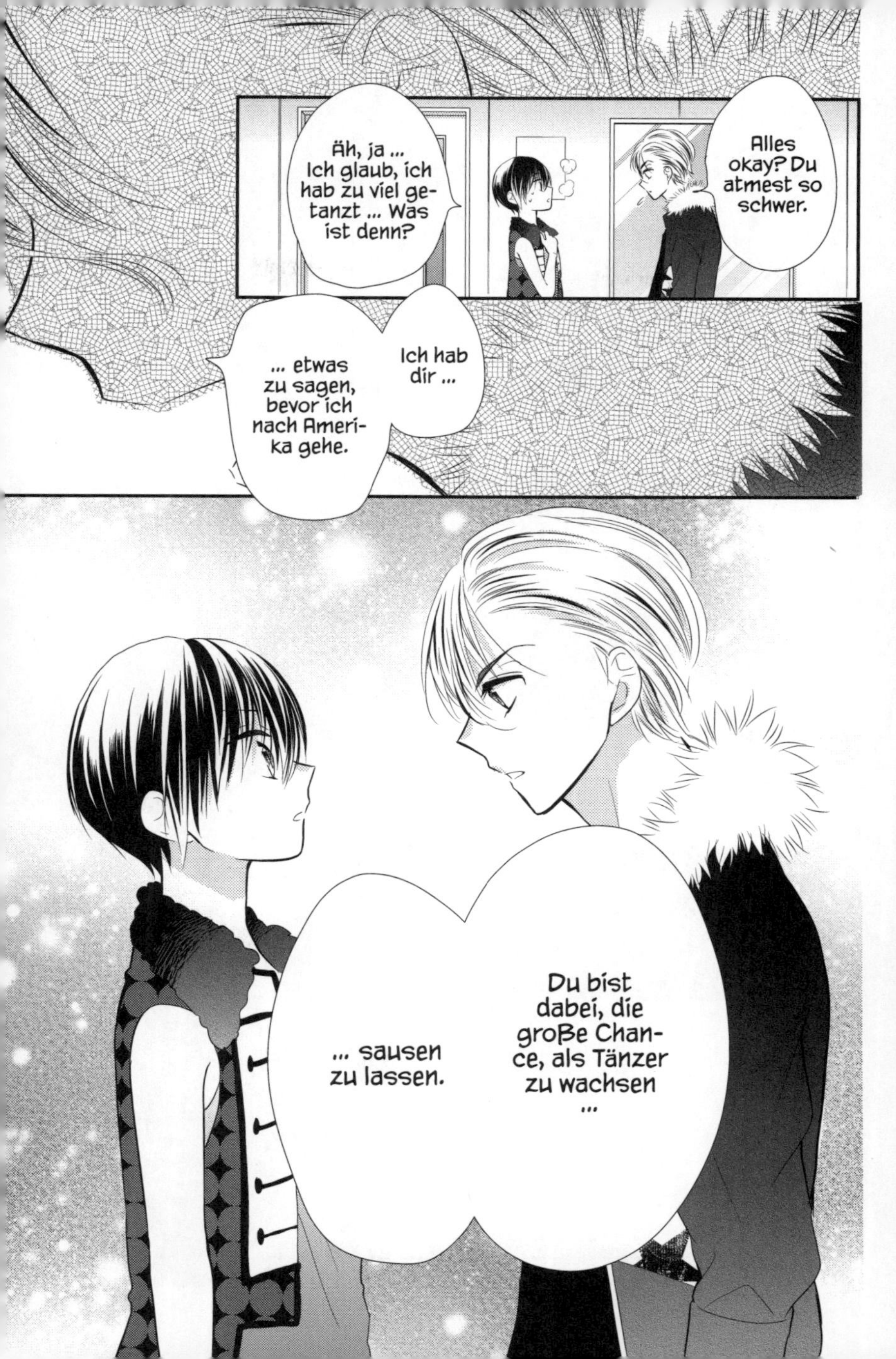
Alles okay? Du atmest so schwer.
Äh, ja ... Ich glaub, ich hab zu viel getanzt ... Was ist denn?
Ich hab dir ...
... etwas zu sagen, bevor ich nach Amerika gehe.
Du bist dabei, die große Chance, als Tänzer zu wachsen ...
... sausen zu lassen.

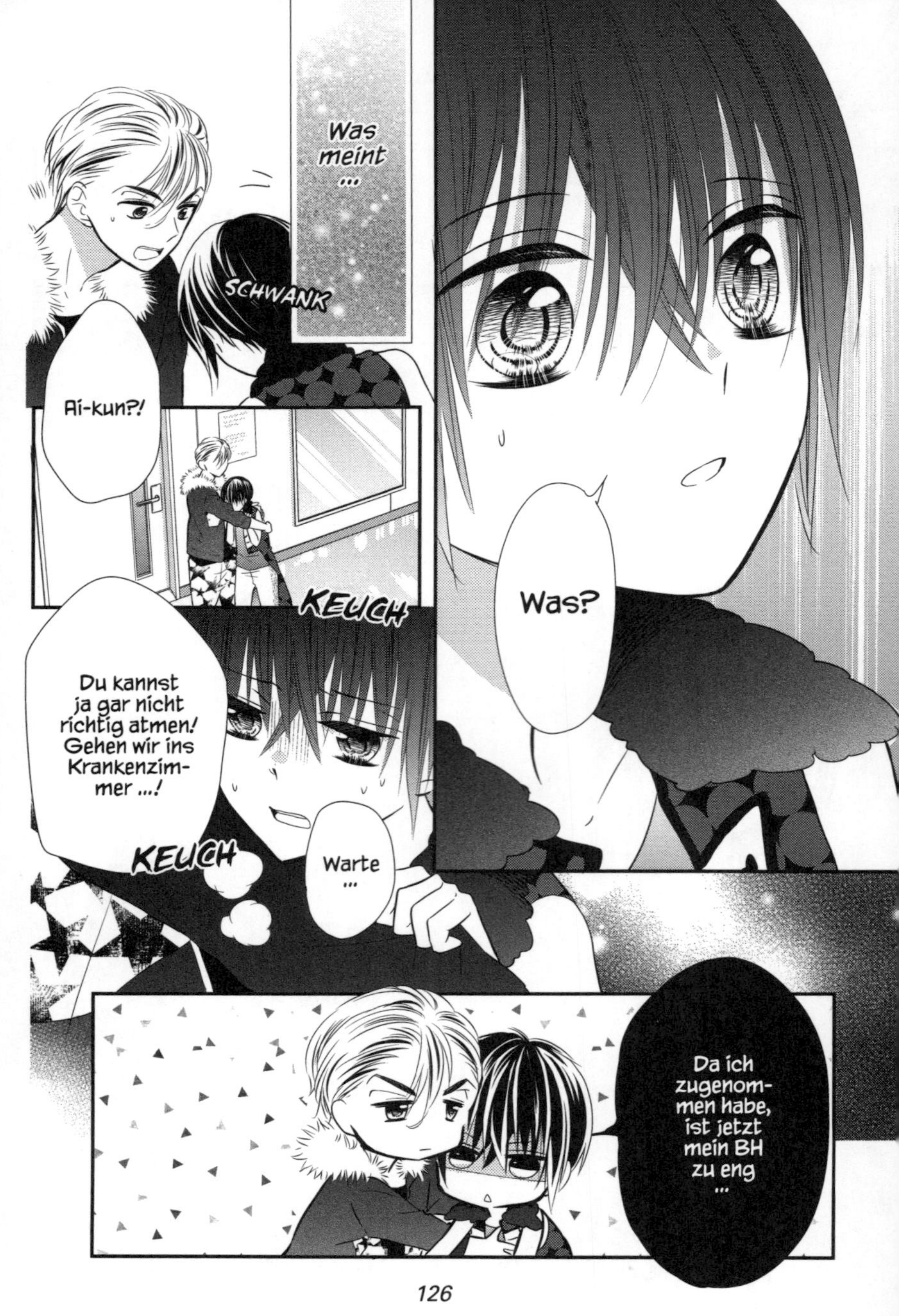
Was?
Was meint ...
SCHWANK
Ai-kun?!
KEUCH
Du kannst ja gar nicht richtig atmen! Gehen wir ins Krankenzimmer ...!
Warte ...
KEUCH
Da ich zugenommen habe, ist jetzt mein BH zu eng ...

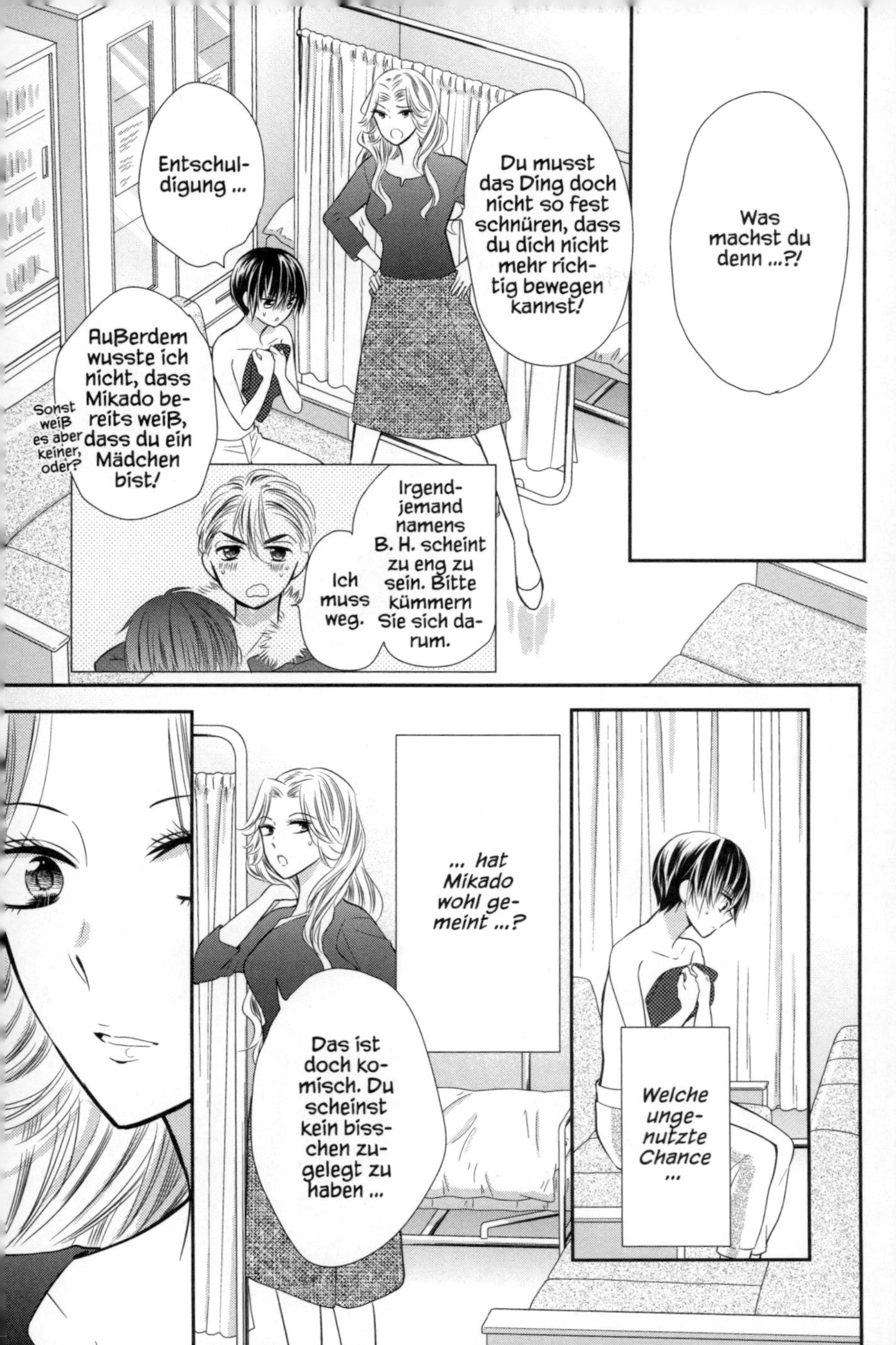
Was machst du denn ...?!
Du musst das Ding doch nicht so fest schnüren, dass du dich nicht mehr richtig bewegen kannst!
Entschuldigung ...
Außerdem wusste ich nicht, dass Mikado bereits weiß, dass du ein Mädchen bist!
Sonst weiß es aber keiner, oder?
Irgendjemand namens B. H. scheint zu eng zu sein. Bitte kümmern Sie sich darum.
Ich muss weg.
Welche ungenutzte Chance ...
... hat Mikado wohl gemeint ...?
Das ist doch komisch. Du scheinst kein bisschen zugelegt zu haben ...

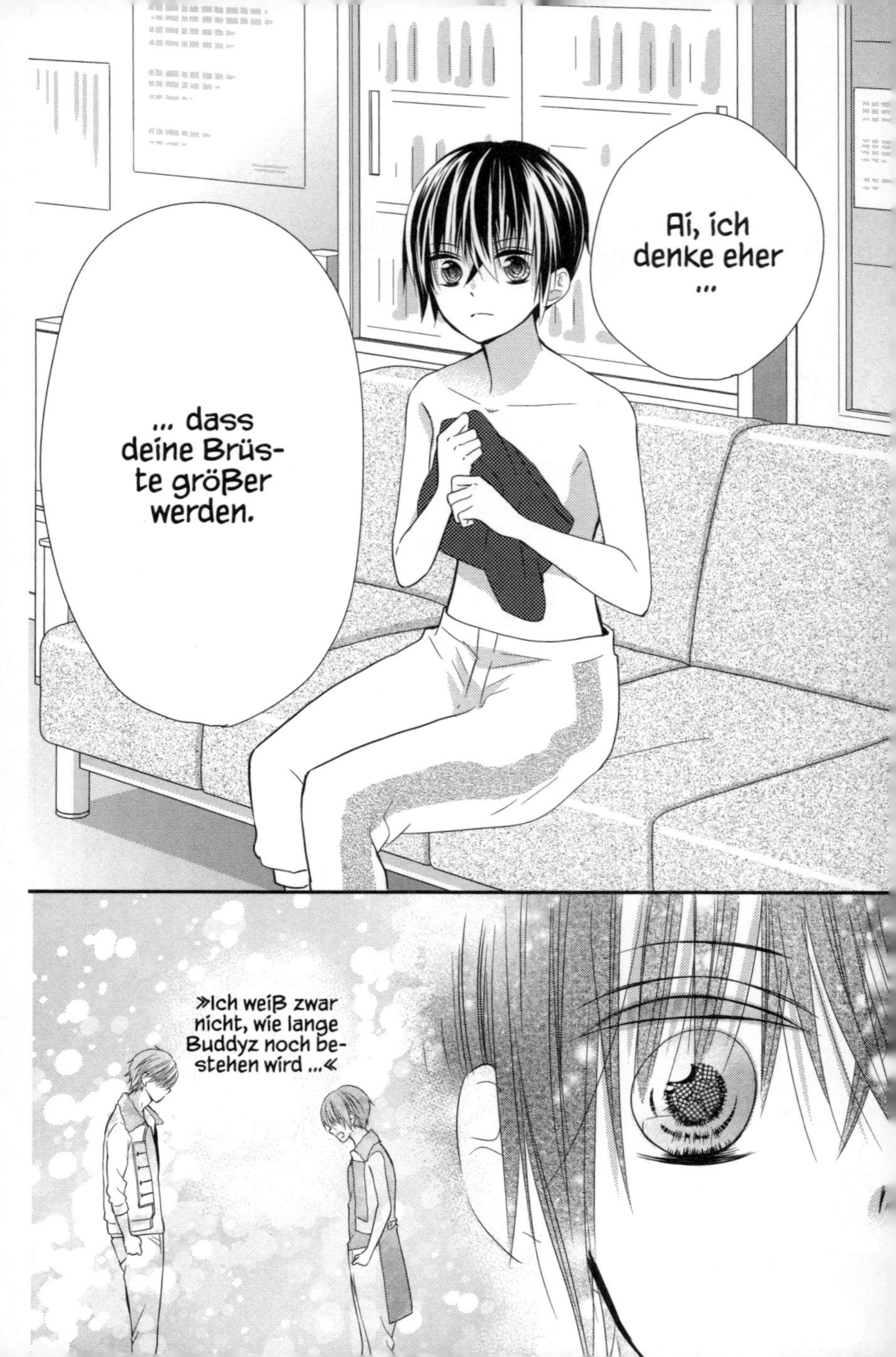
Ai, ich denke eher ...
... dass deine Brüste größer werden.
»Ich weiß zwar nicht, wie lange Buddyz noch bestehen wird ...«

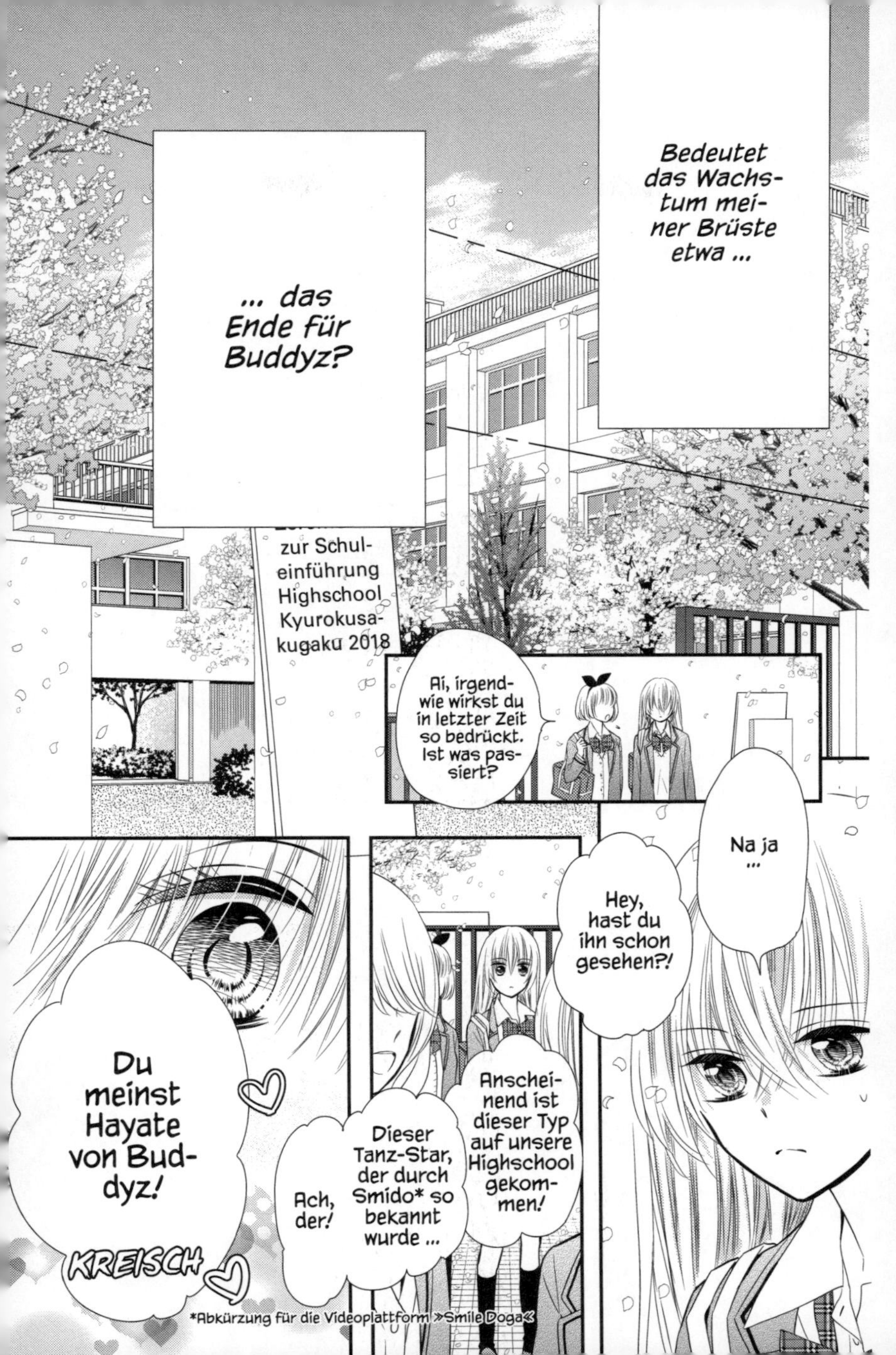

*Abkürzung für die Videoplattform »Smile Doga«

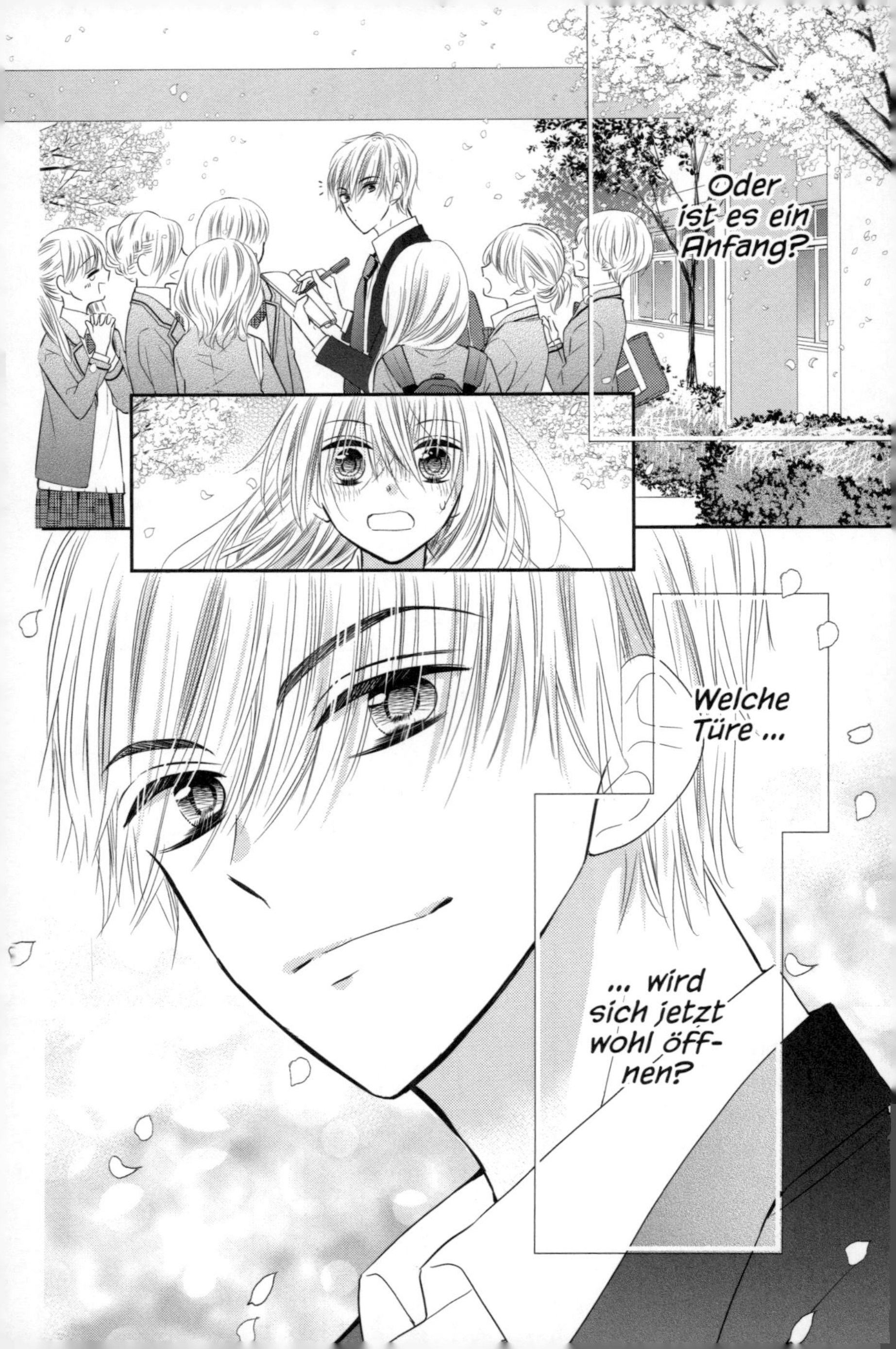
Oder ist es ein Anfang?
Welche Türe ...
... wird sich jetzt wohl öff-nen?

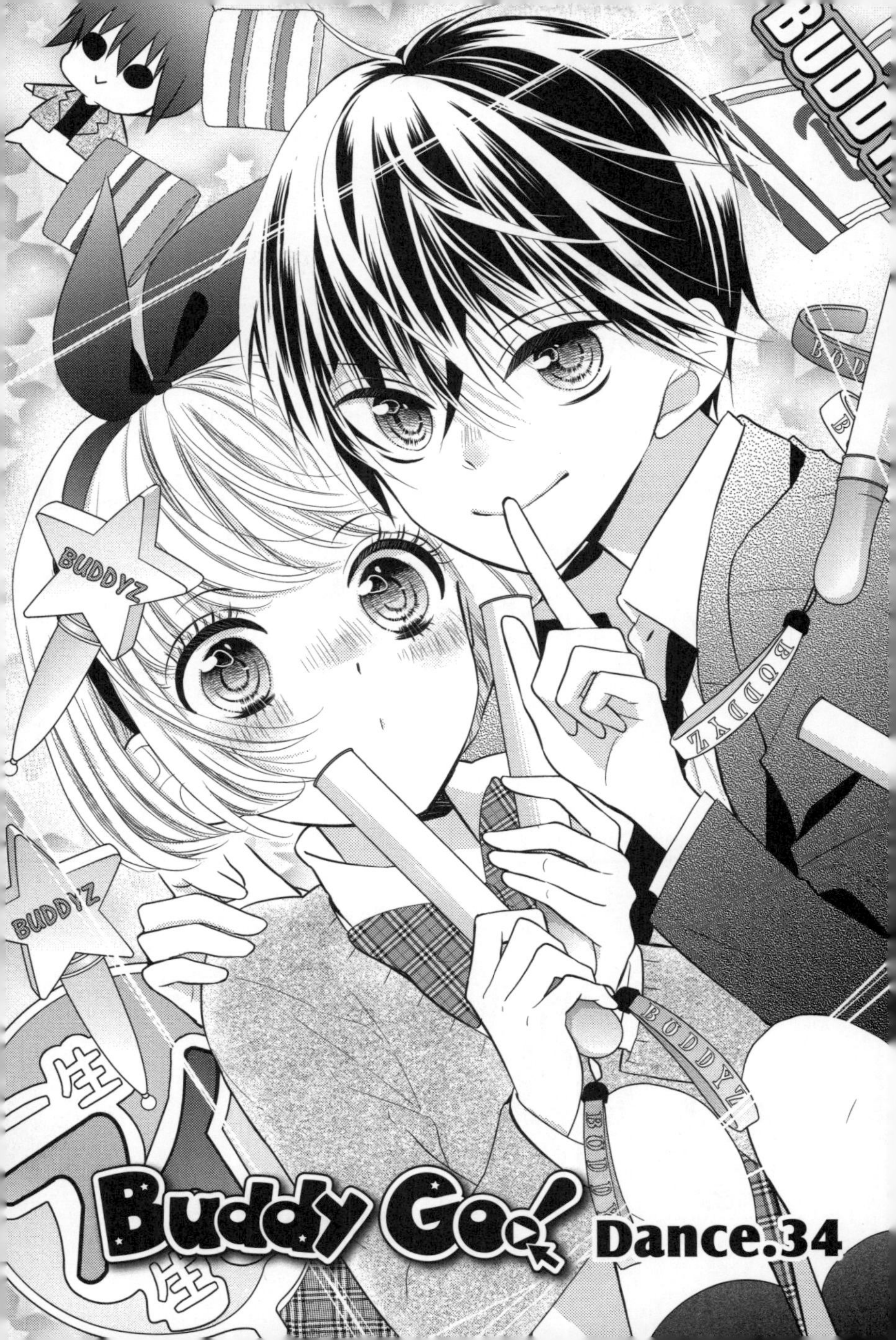
BUDDYZ
BUDDYZ
Buddy Go!
Dance.34

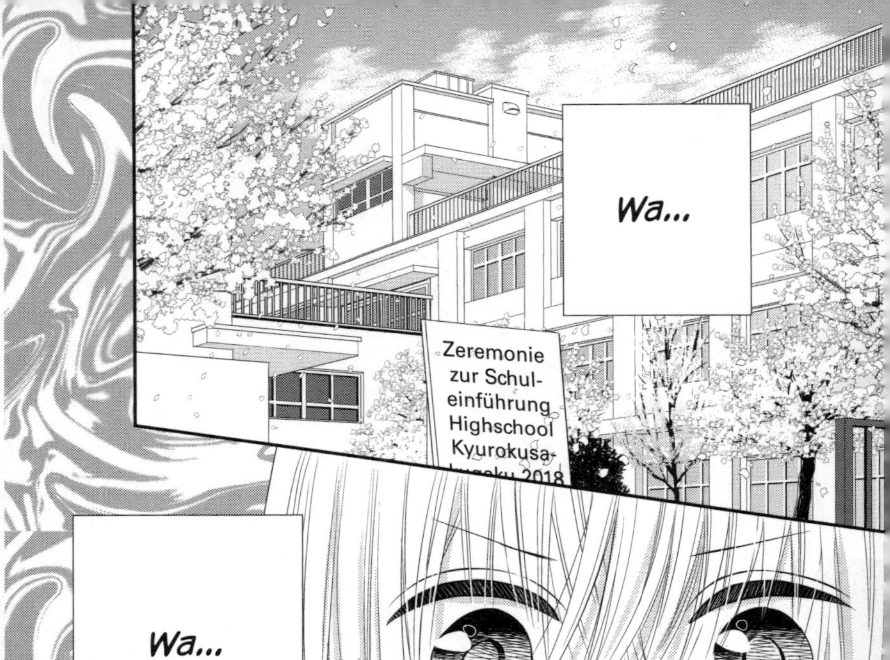

Wa...

Zeremonie
zur Schul-
einführung
Highschool
Kyurokusa-

Wa...

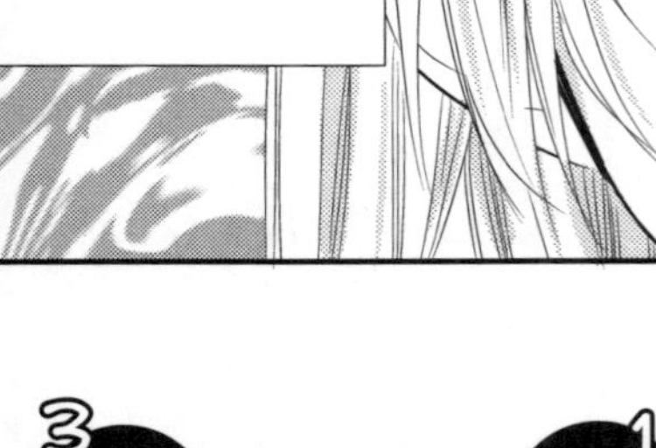

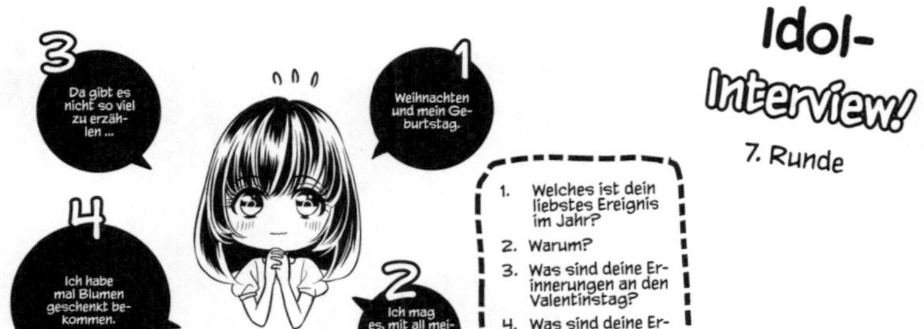

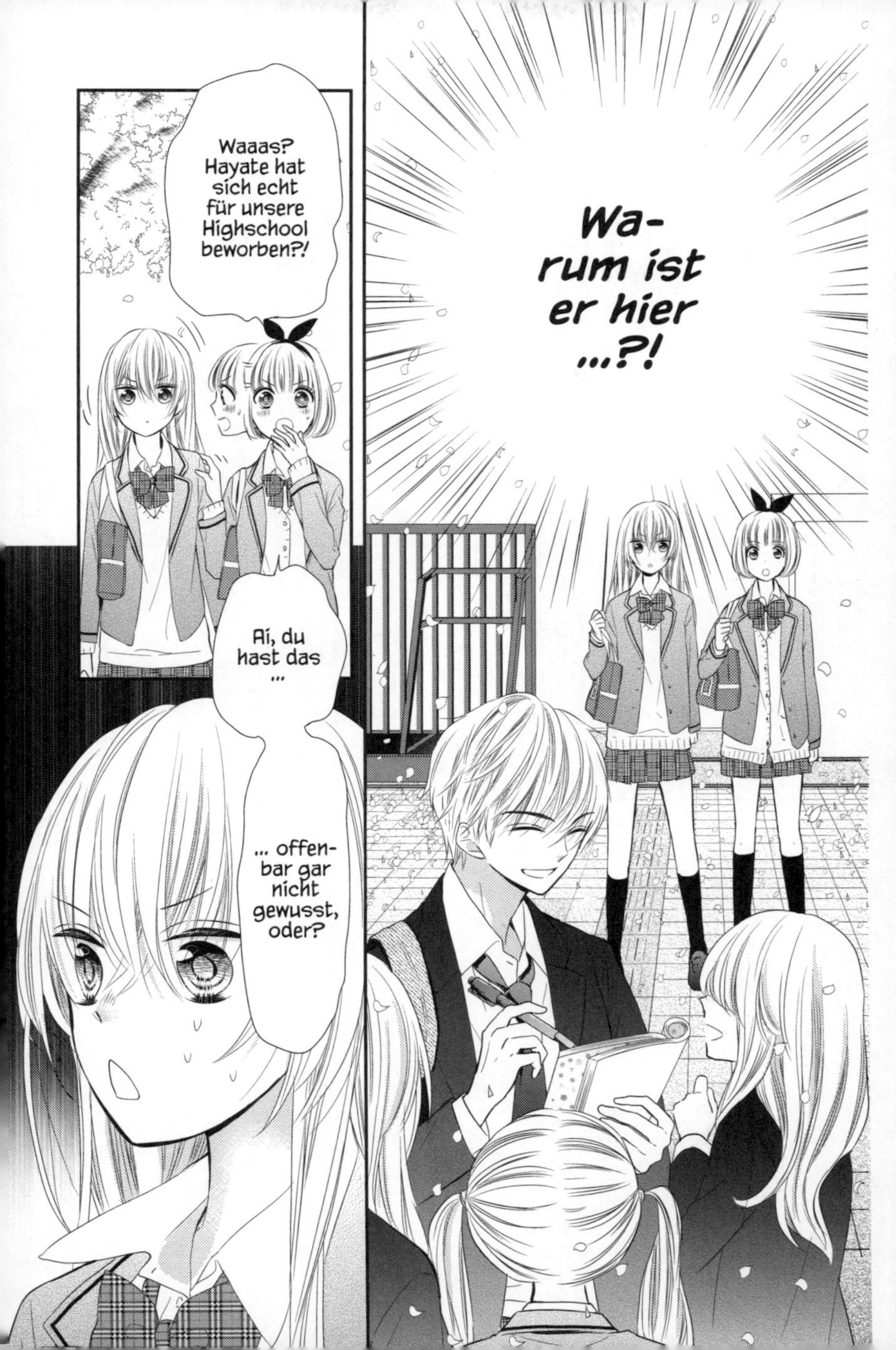
Warum ist er hier ...?!
Waaas? Hayate hat sich echt für unsere Highschool beworben?!
Ai, du hast das ...
... offenbar gar nicht gewusst, oder?

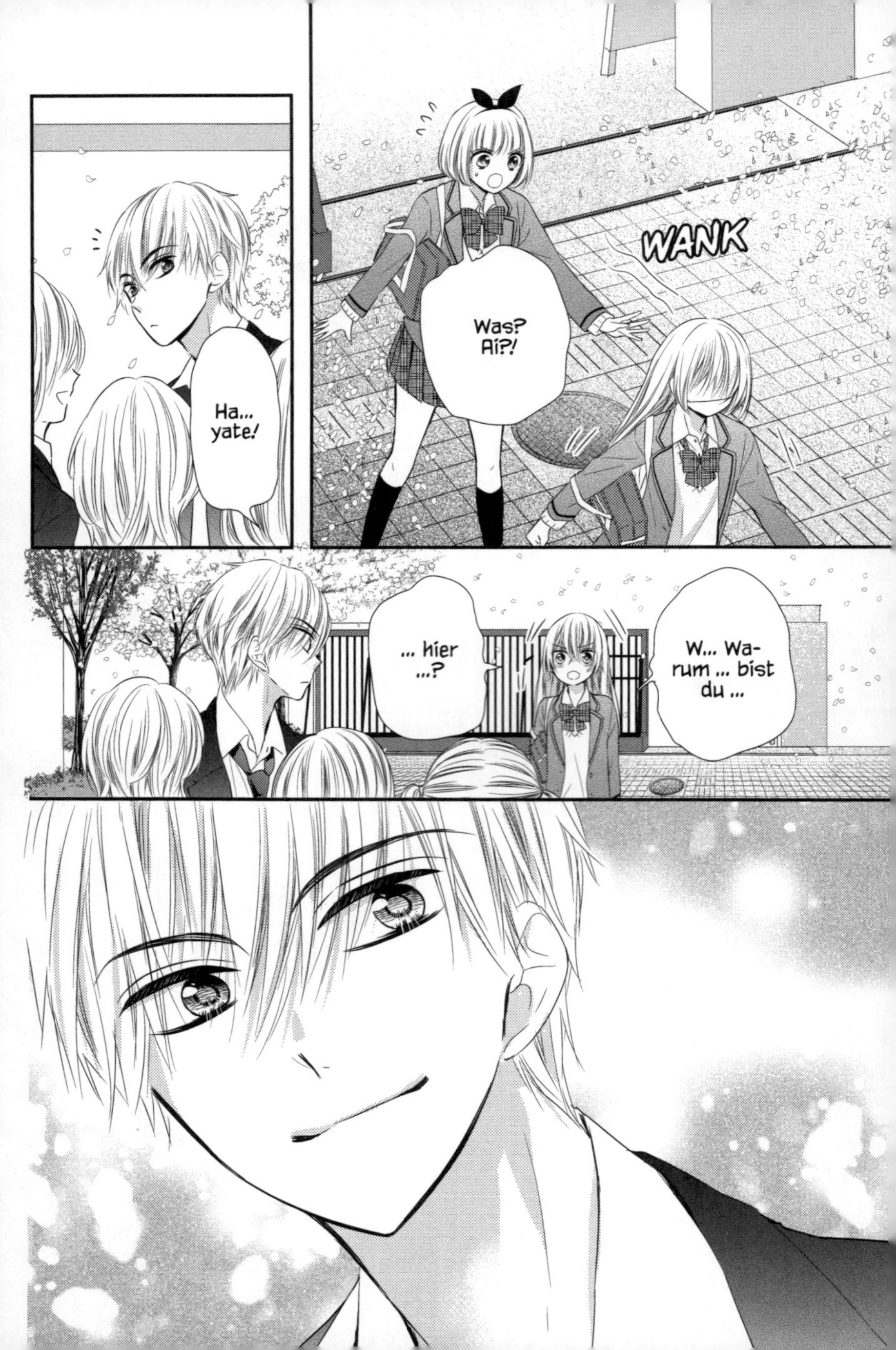
WANK
Was? Ai?!
Ha... yate!
W... Wa-rum ... bist du ...
... hier ...?

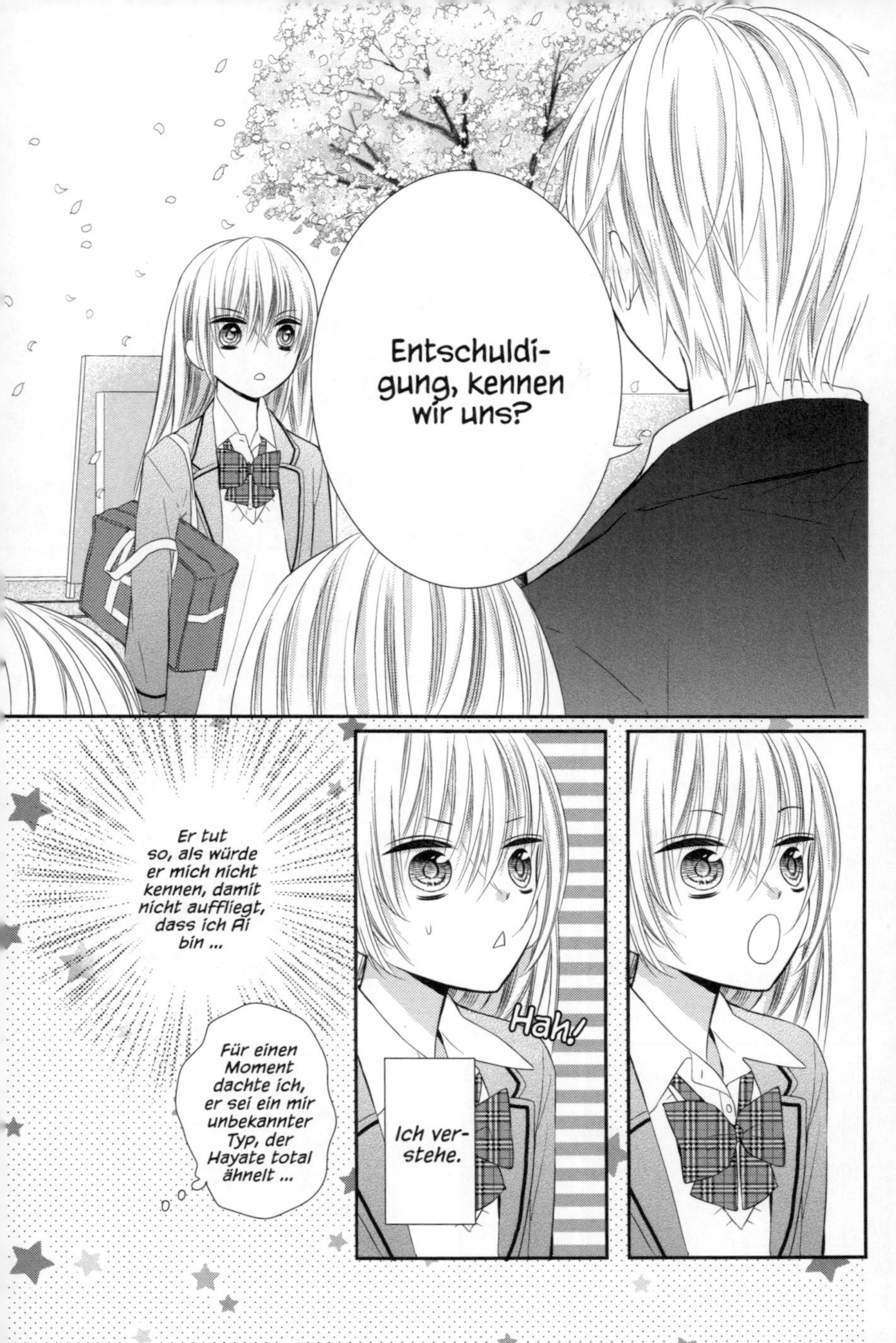
Entschuldigung, kennen wir uns?
Ich verstehe.
Hah!
Er tut so, als würde er mich nicht kennen, damit nicht auffliegt, dass ich Ai bin ...
Für einen Moment dachte ich, er sei ein mir unbekannter Typ, der Hayate total ähnelt ...

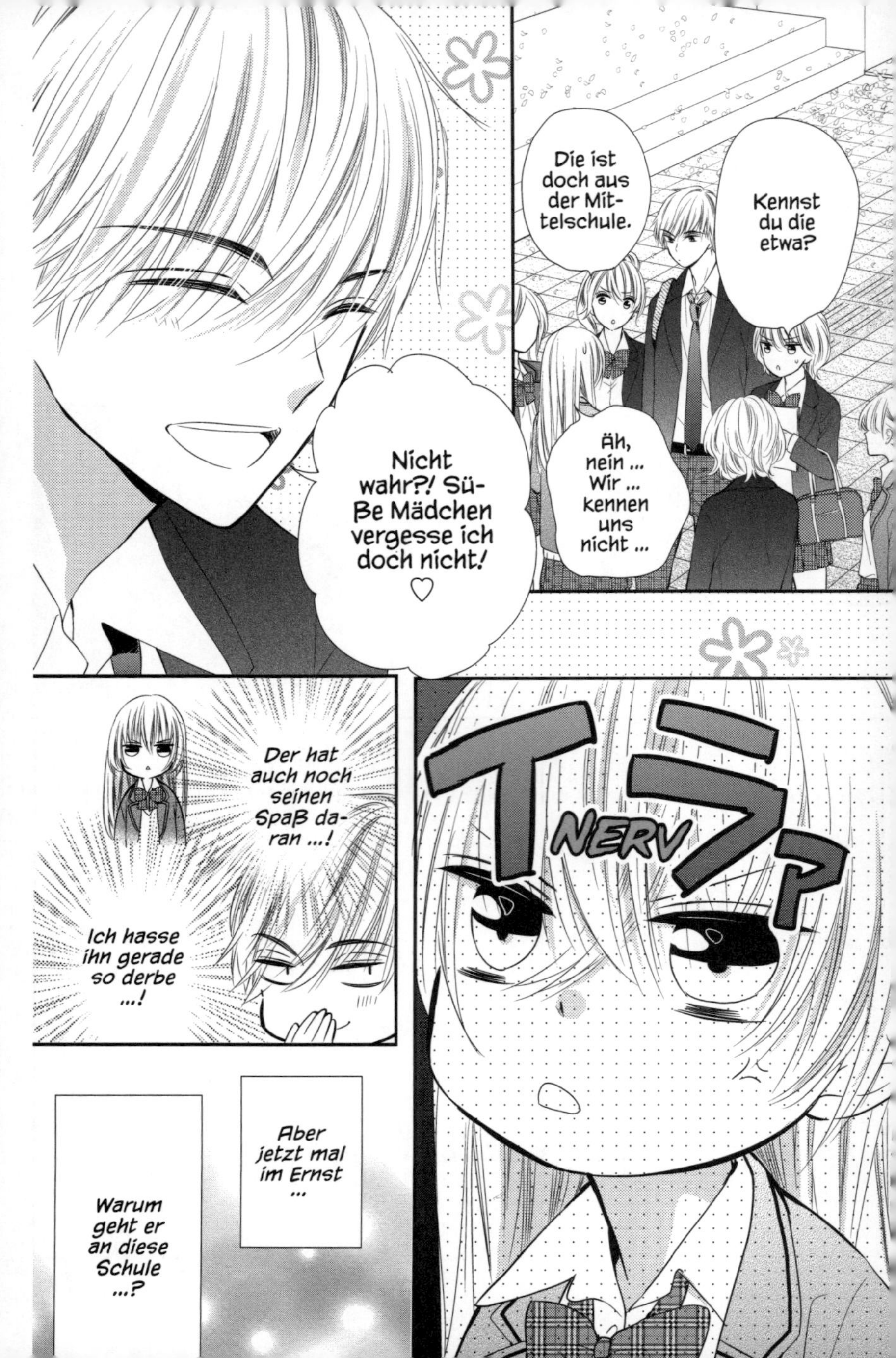
Kennst du die etwa?
Die ist doch aus der Mittelschule.
Äh, nein ... Wir ... kennen uns nicht ...
Nicht wahr?! Süße Mädchen vergesse ich doch nicht! ♡
NERV
Der hat auch noch seinen Spaß daran ...!
Ich hasse ihn gerade so derbe ...!
Aber jetzt mal im Ernst ...
Warum geht er an diese Schule ...?

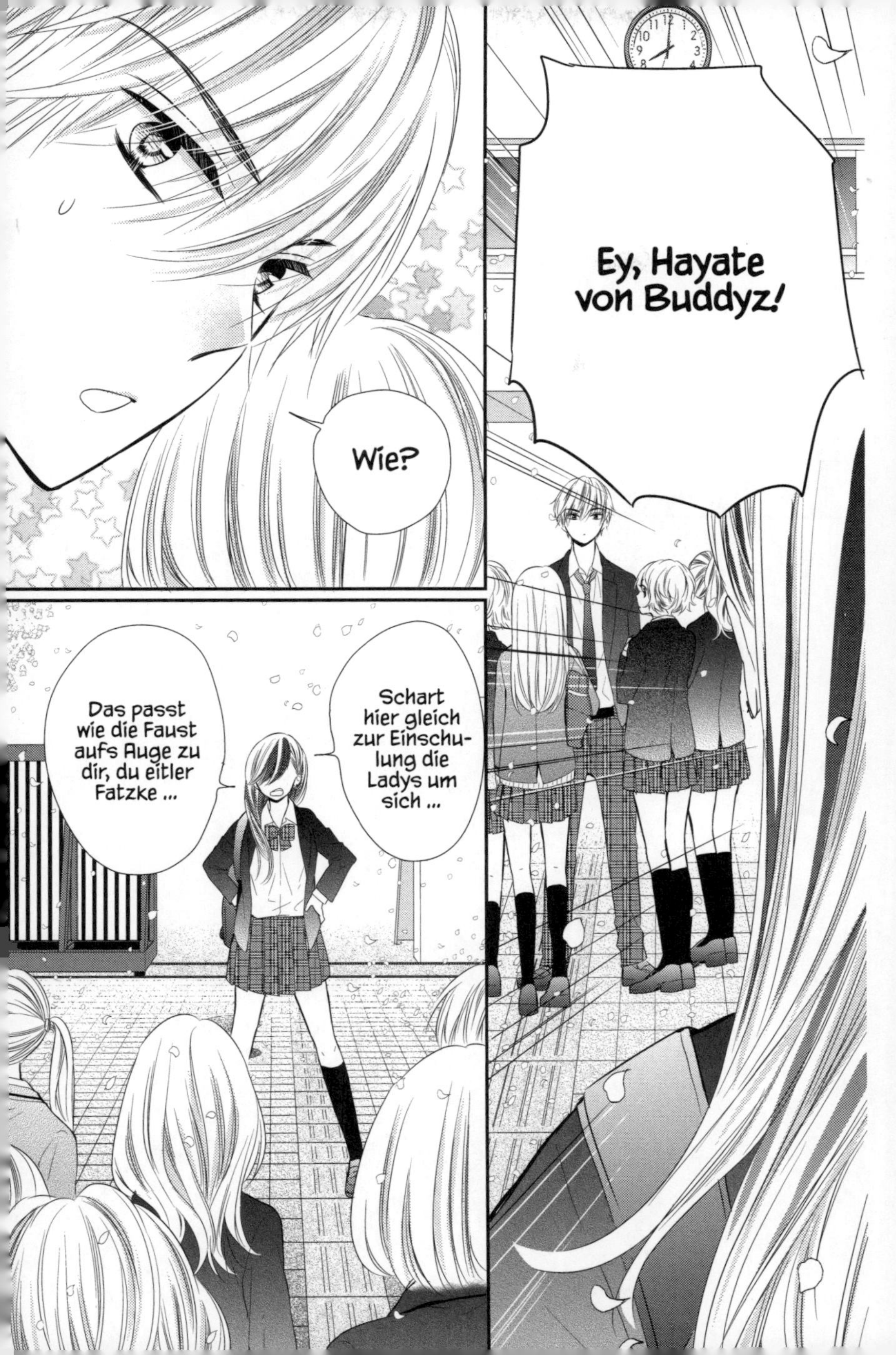
Ey, Hayate von Buddyz!
Wie?
Schart hier gleich zur Einschulung die Ladys um sich ...
Das passt wie die Faust aufs Auge zu dir, du eitler Fatzke ...

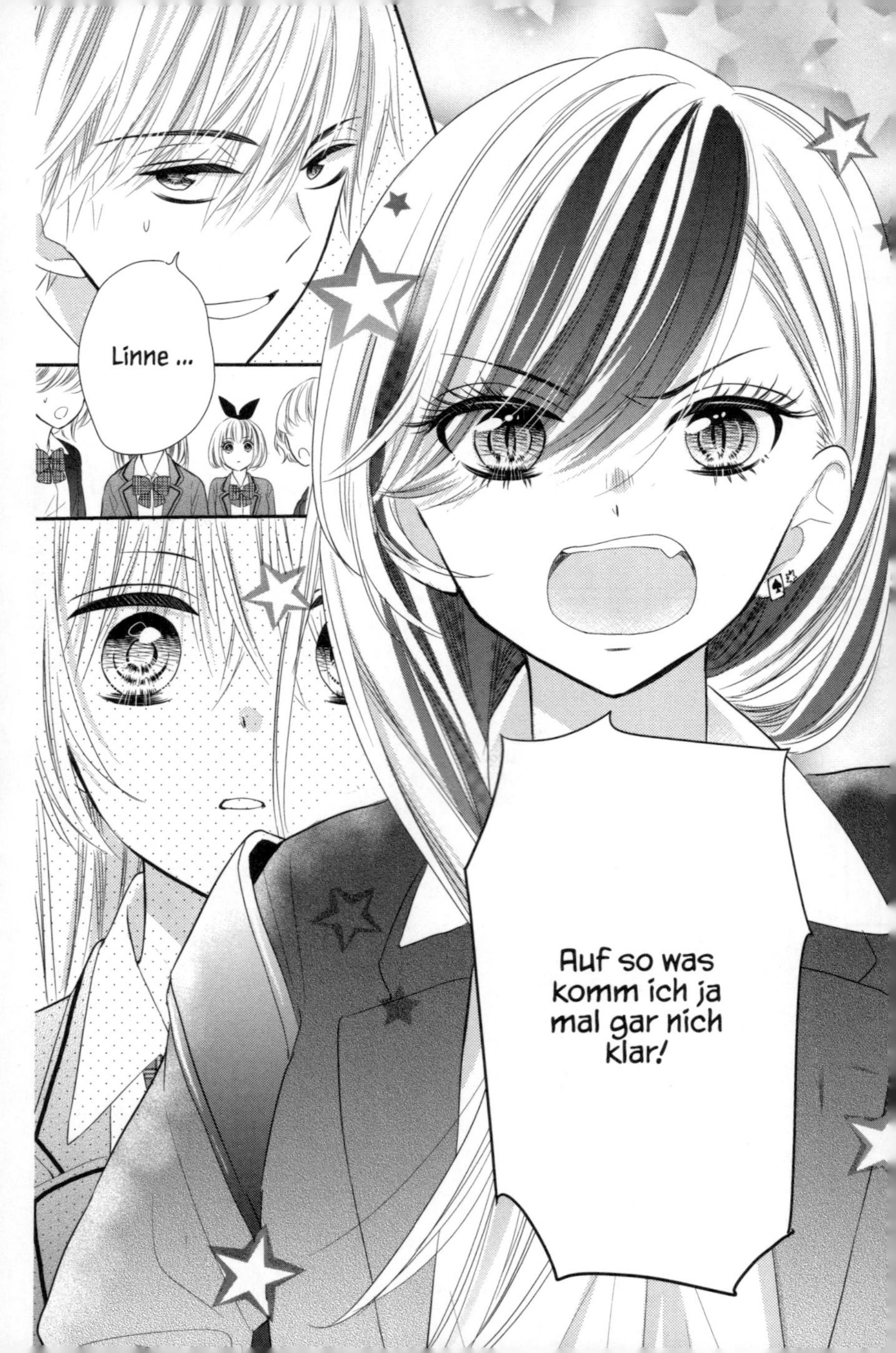
Linne ...
Auf so was komm ich ja mal gar nich klar!

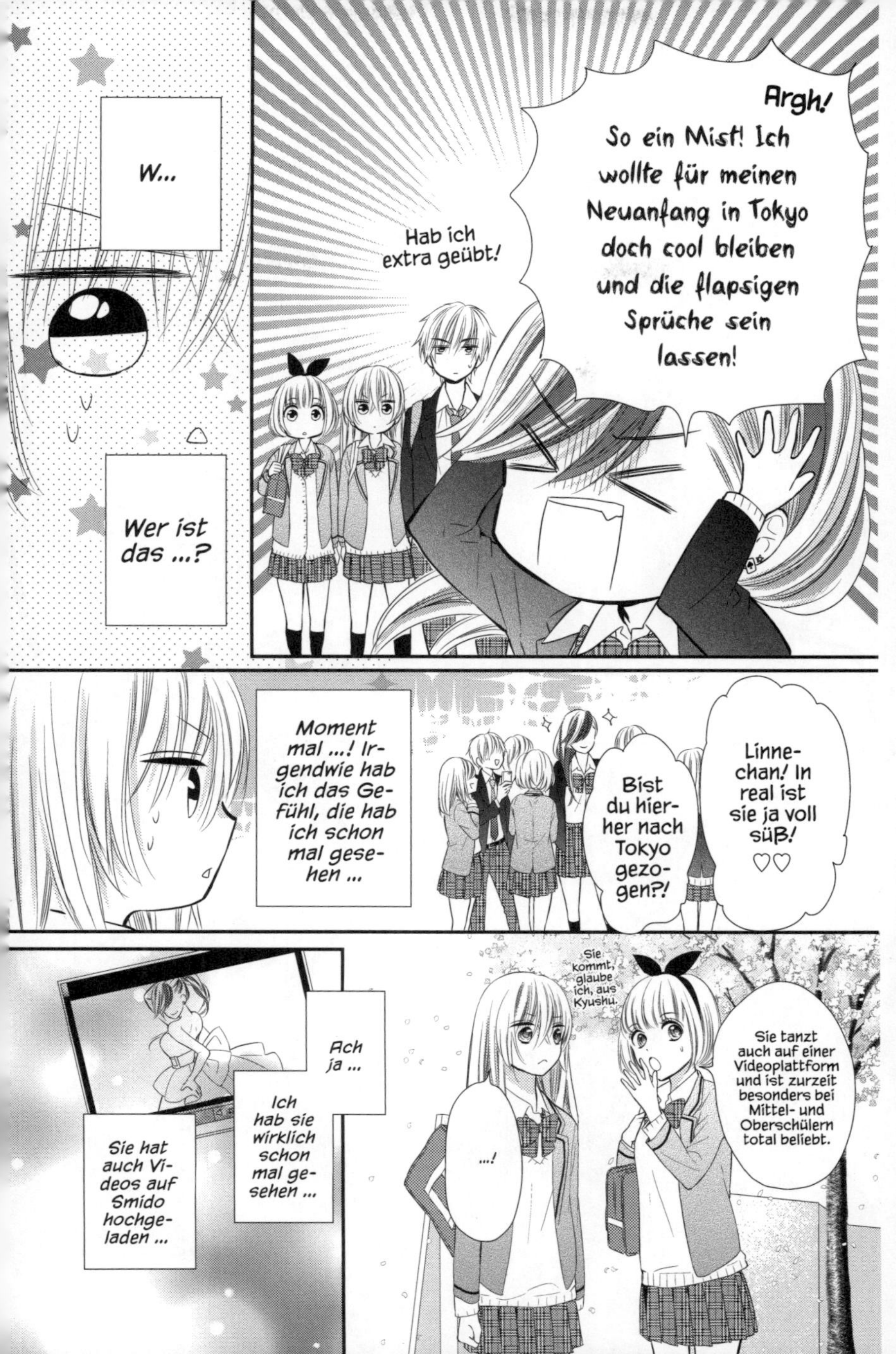
Argh!
So ein Mist! Ich wollte für meinen Neuanfang in Tokyo doch cool bleiben und die flapsigen Sprüche sein lassen!
Hab ich extra geübt!
W...
Wer ist das ...?
Linne-chan! In real ist sie ja voll süß! ♡♡
Bist du hierher nach Tokyo gezogen?!
Moment mal ...! Irgendwie hab ich das Gefühl, die hab ich schon mal gesehen ...
Sie kommt, glaube ich, aus Kyushu.
Sie tanzt auch auf einer Videoplattform und ist zurzeit besonders bei Mittel- und Oberschülern total beliebt.
...!
Ach ja ...
Ich hab sie wirklich schon mal gesehen ...
Sie hat auch Videos auf Smido hochgeladen ...

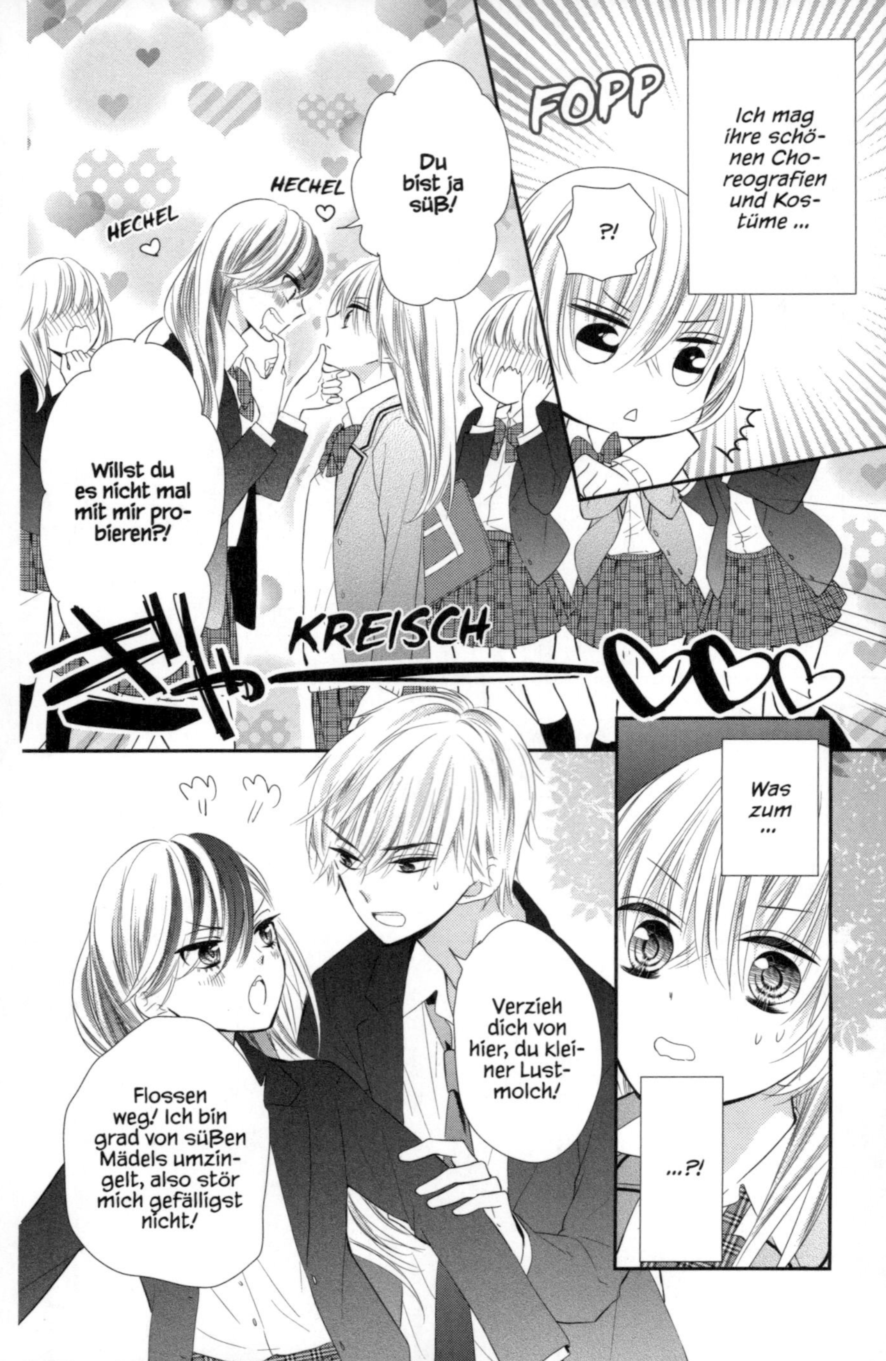

Ich mag ihre schönen Choreografien und Kostüme ...
FOPP
?!
Du bist ja süß!
HECHEL
HECHEL
Willst du es nicht mal mit mir probieren?!
KREISCH
Was zum ...
...?!
Verzieh dich von hier, du kleiner Lustmolch!
Flossen weg! Ich bin grad von süßen Mädels umzingelt, also stör mich gefälligst nicht!

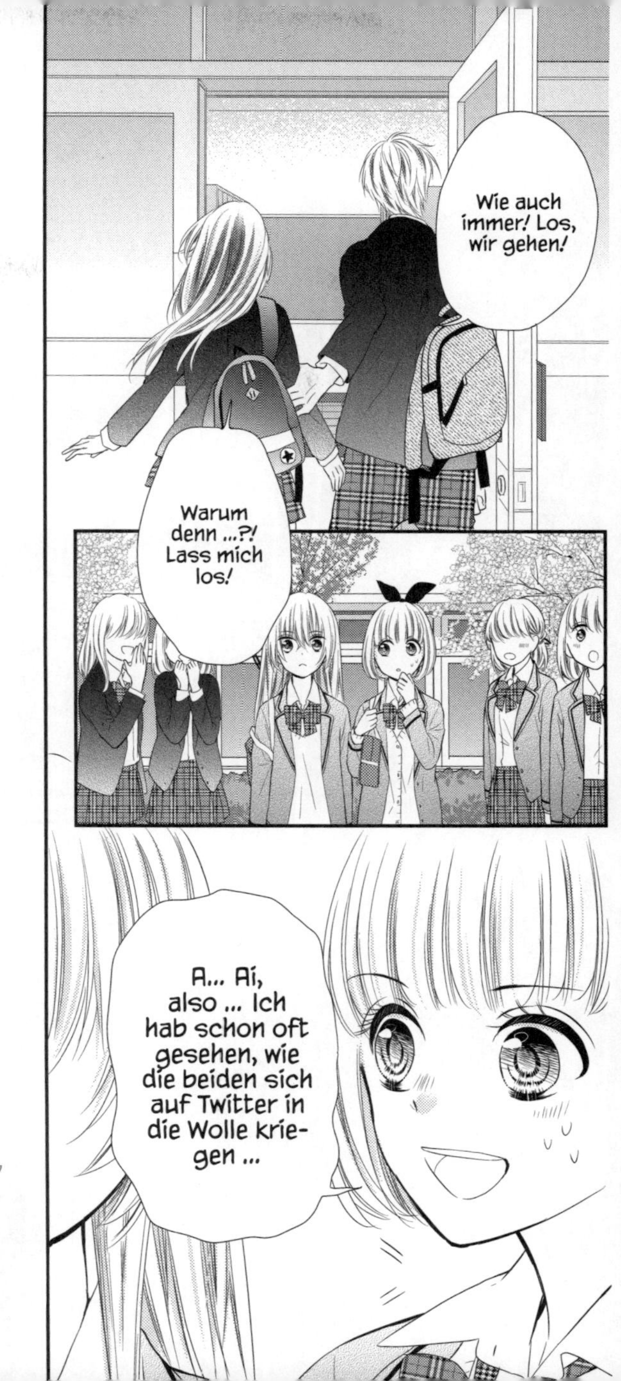
Wie auch immer! Los, wir gehen!
Warum denn ...?! Lass mich los!
A... Ai, also ... Ich hab schon oft gesehen, wie die beiden sich auf Twitter in die Wolle kriegen ...

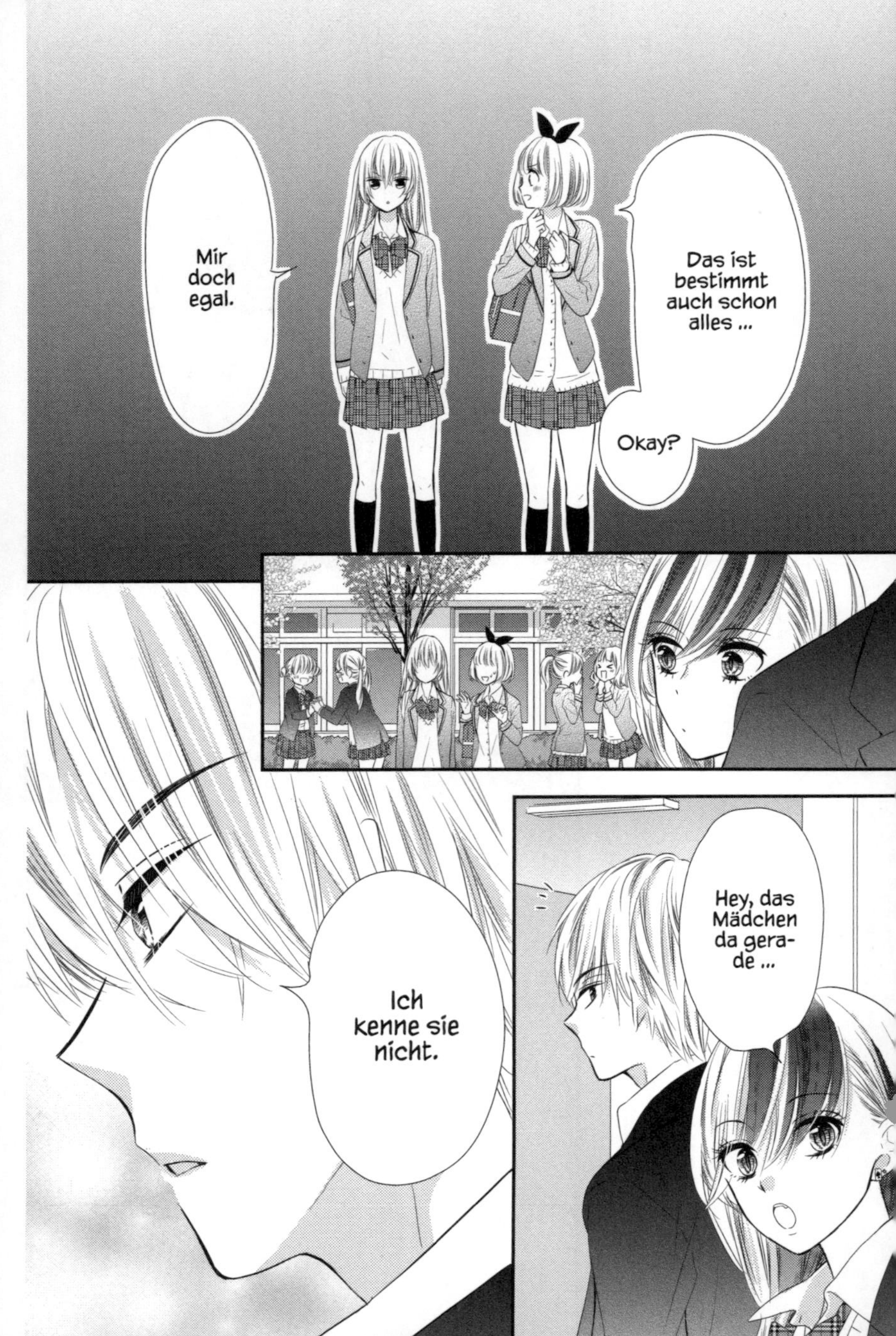
Das ist bestimmt auch schon alles ...
Okay?
Mir doch egal.
Hey, das Mädchen da gera-de ...
Ich kenne sie nicht.

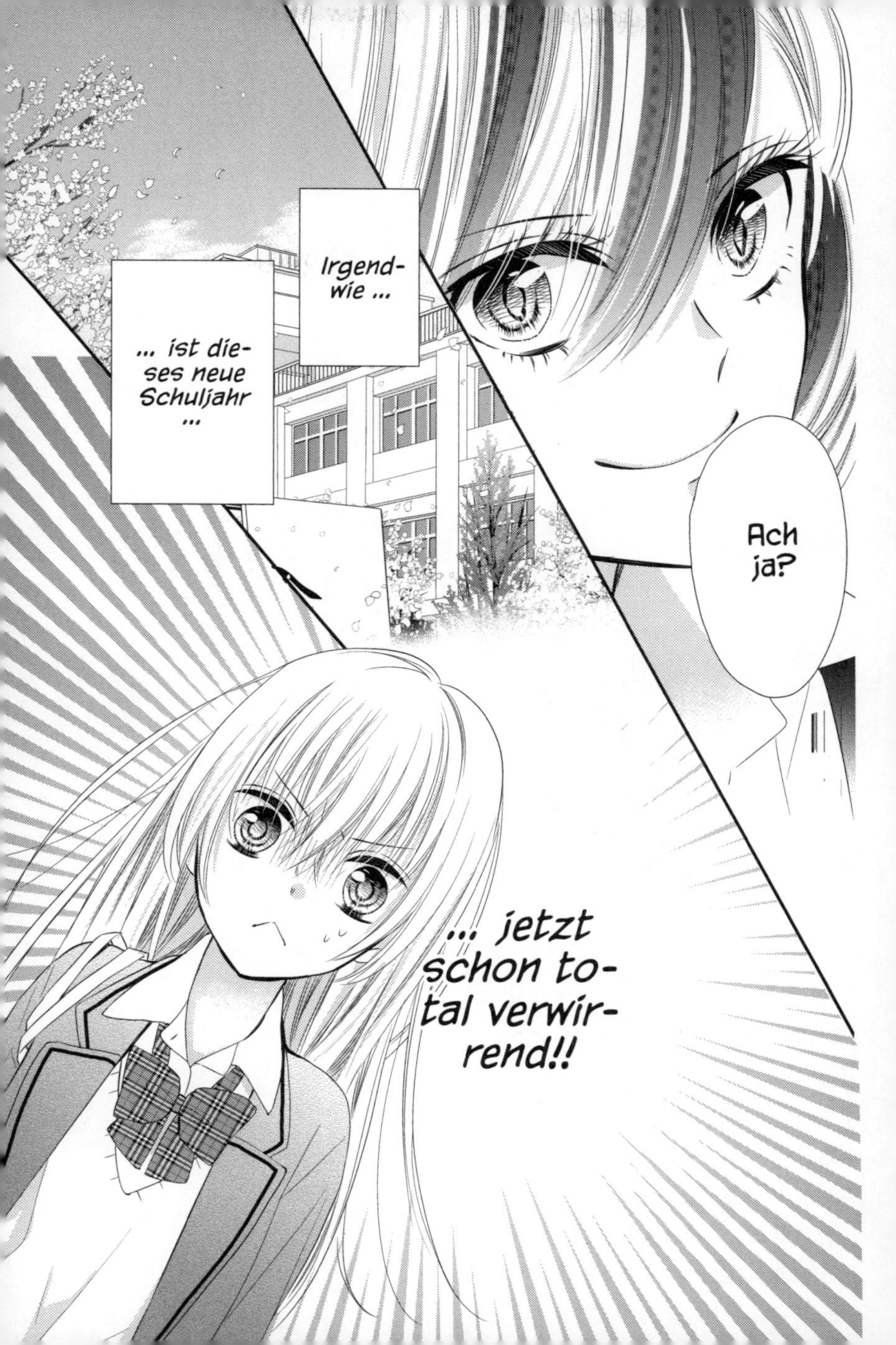
Irgend-
wie ...
... ist die-
ses neue
Schuljahr
...
Ach
ja?
... jetzt
schon to-
tal verwir-
rend!!

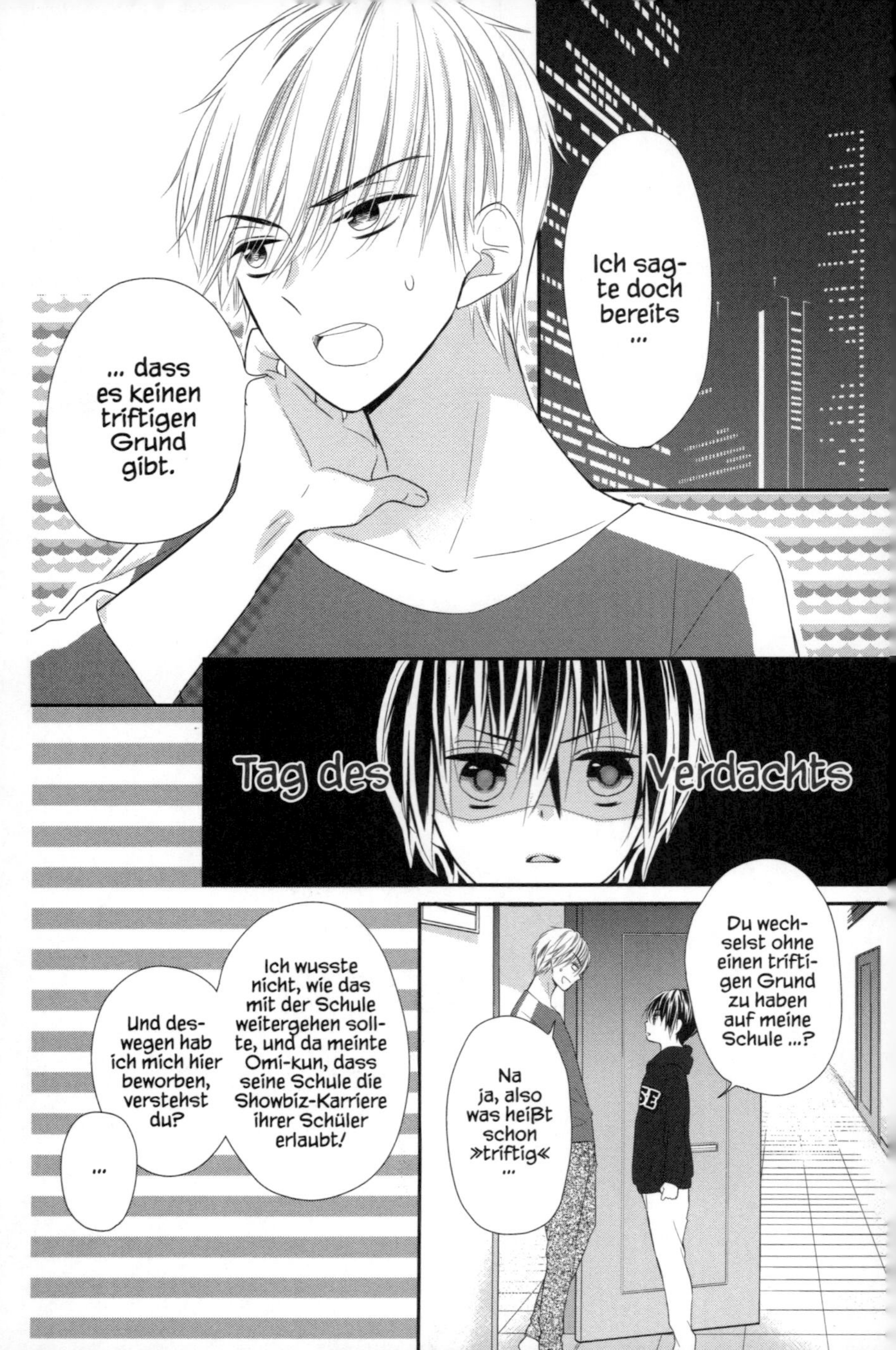
Ich sagte doch bereits ...
... dass es keinen triftigen Grund gibt.
Tag des Verdachts
Du wechselst ohne einen triftigen Grund zu haben auf meine Schule ...?
Na ja, also was heißt schon »triftig« ...
Ich wusste nicht, wie das mit der Schule weitergehen sollte, und da meinte Omi-kun, dass seine Schule die Showbiz-Karriere ihrer Schüler erlaubt!
Und deswegen hab ich mich hier beworben, verstehst du?
...

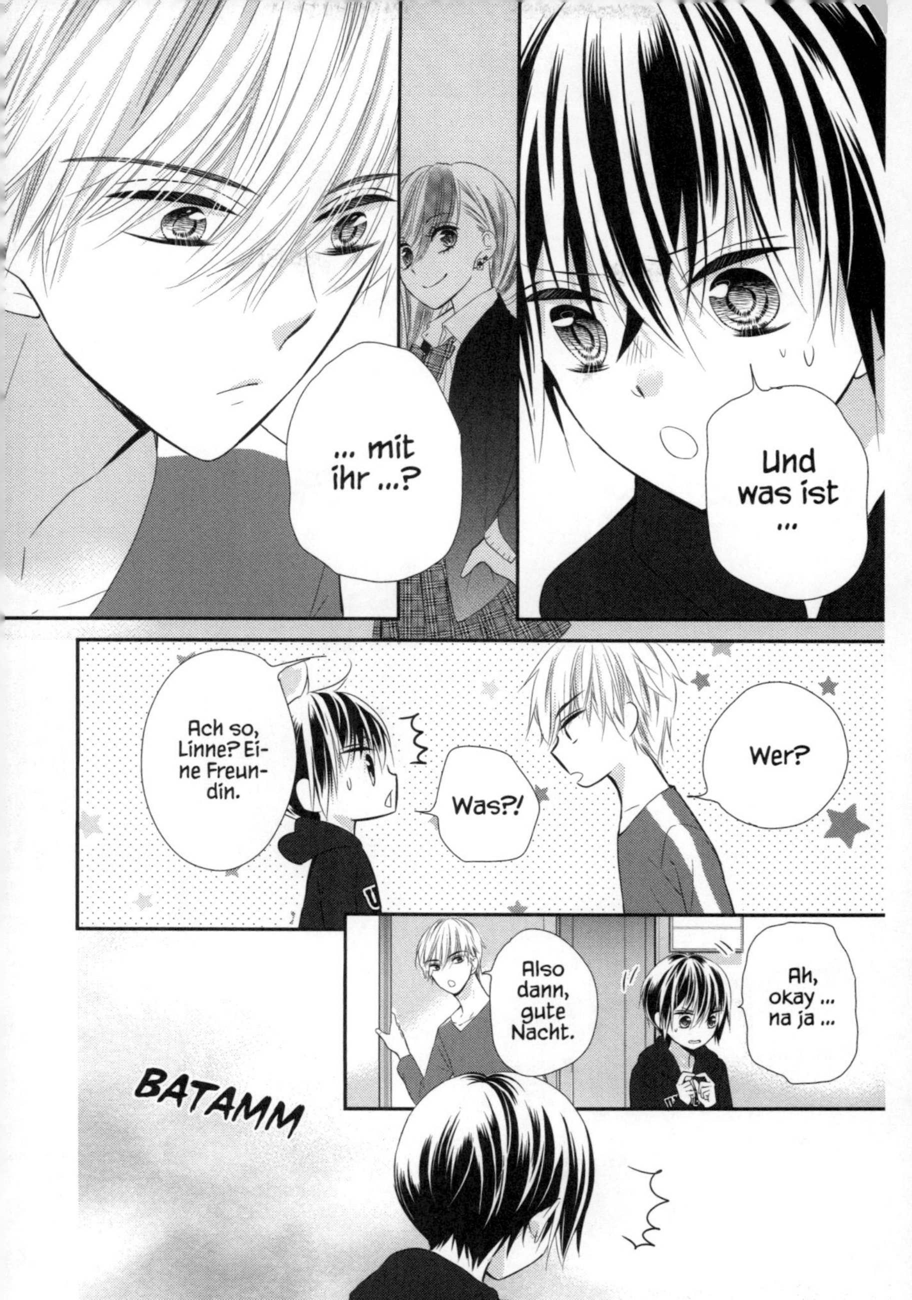

Und was ist ...
... mit ihr ...?
Wer?
Was?!
Ach so, Linne? Eine Freundin.
Ah, okay ... na ja ...
Also dann, gute Nacht.
BATAMM

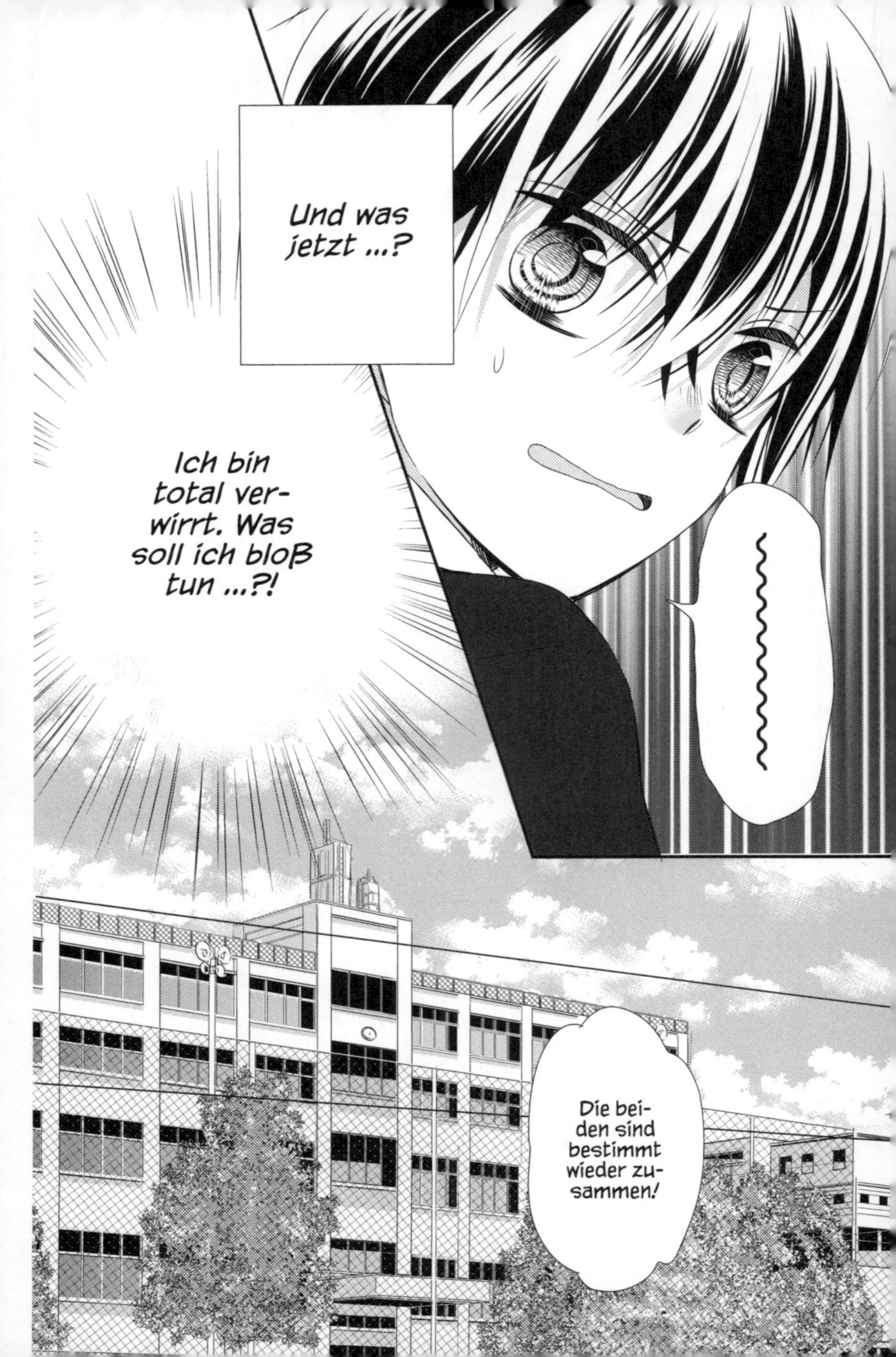
Und was jetzt ...?
Ich bin total ver-wirrt. Was soll ich bloß tun ...?!
Die bei-den sind bestimmt wieder zu-sammen!

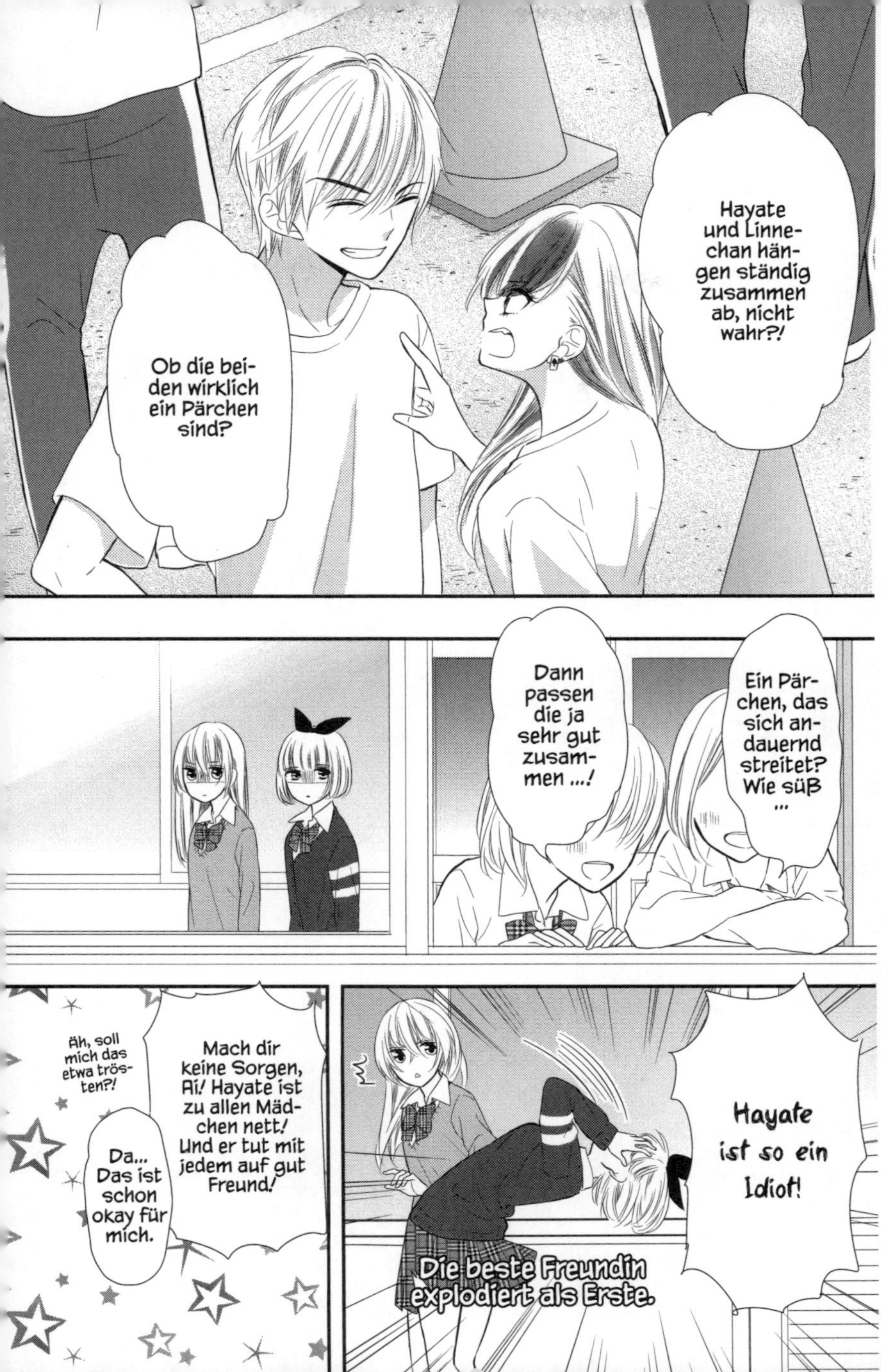

Hayate und Linne-chan hängen ständig zusammen ab, nicht wahr?!

Ob die beiden wirklich ein Pärchen sind?

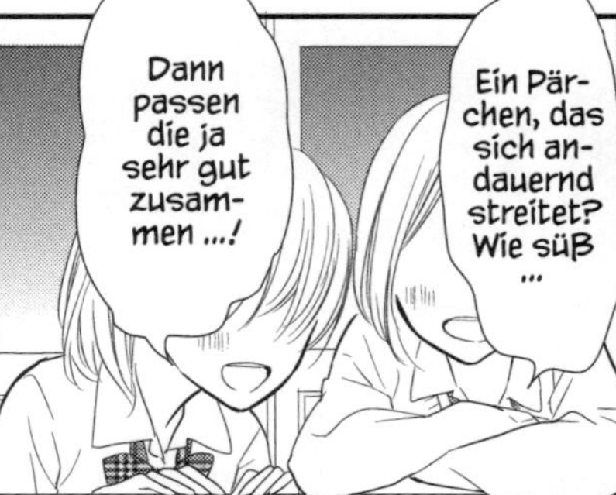

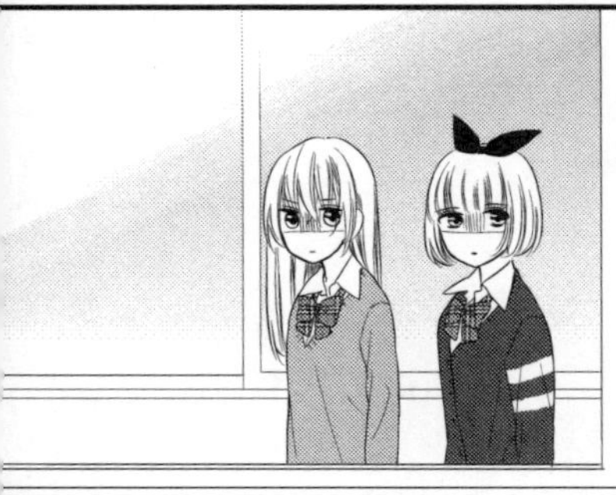

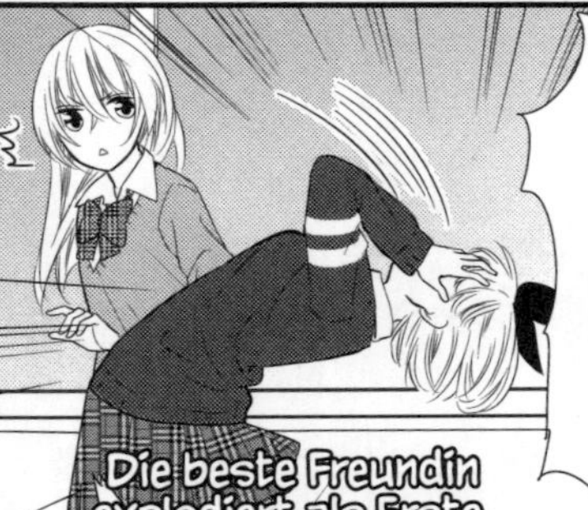

Mach dir keine Sorgen, Ai! Hayate ist zu allen Mädchen nett! Und er tut mit jedem auf gut Freund!

Da... Das ist schon okay für mich.

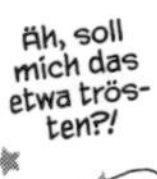

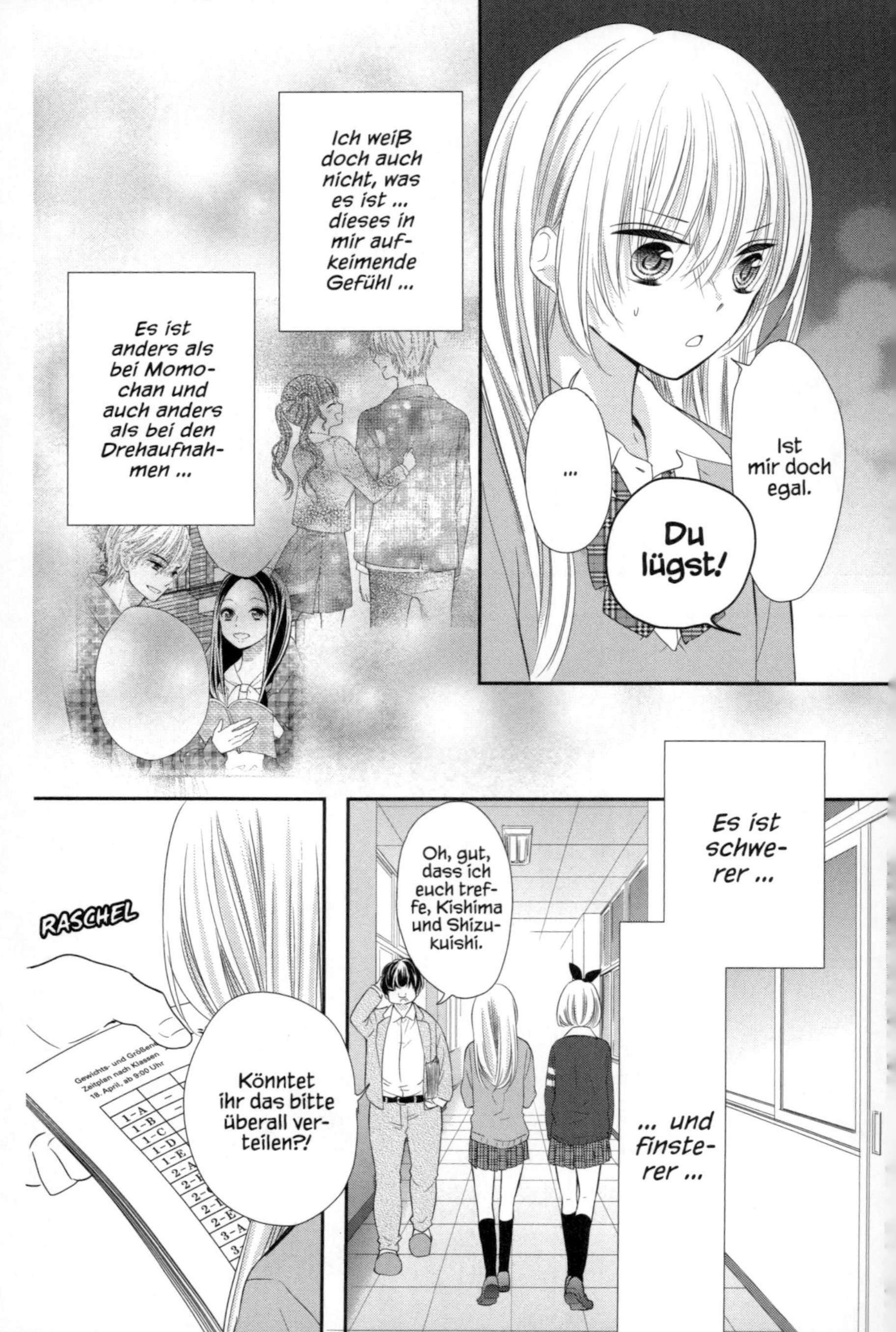
Ist mir doch egal.
Du lügst!
...
Ich weiß doch auch nicht, was es ist ... dieses in mir aufkeimende Gefühl ...
Es ist anders als bei Momo-chan und auch anders als bei den Drehaufnahmen ...
Es ist schwerer ...
... und finsterer ...
Oh, gut, dass ich euch treffe, Kishima und Shizukuishi.
RASCHEL
Gewichts- und Größen
Zeitplan nach Klassen
18. April, ab 9:00 Uhr
Könntet ihr das bitte überall verteilen?!

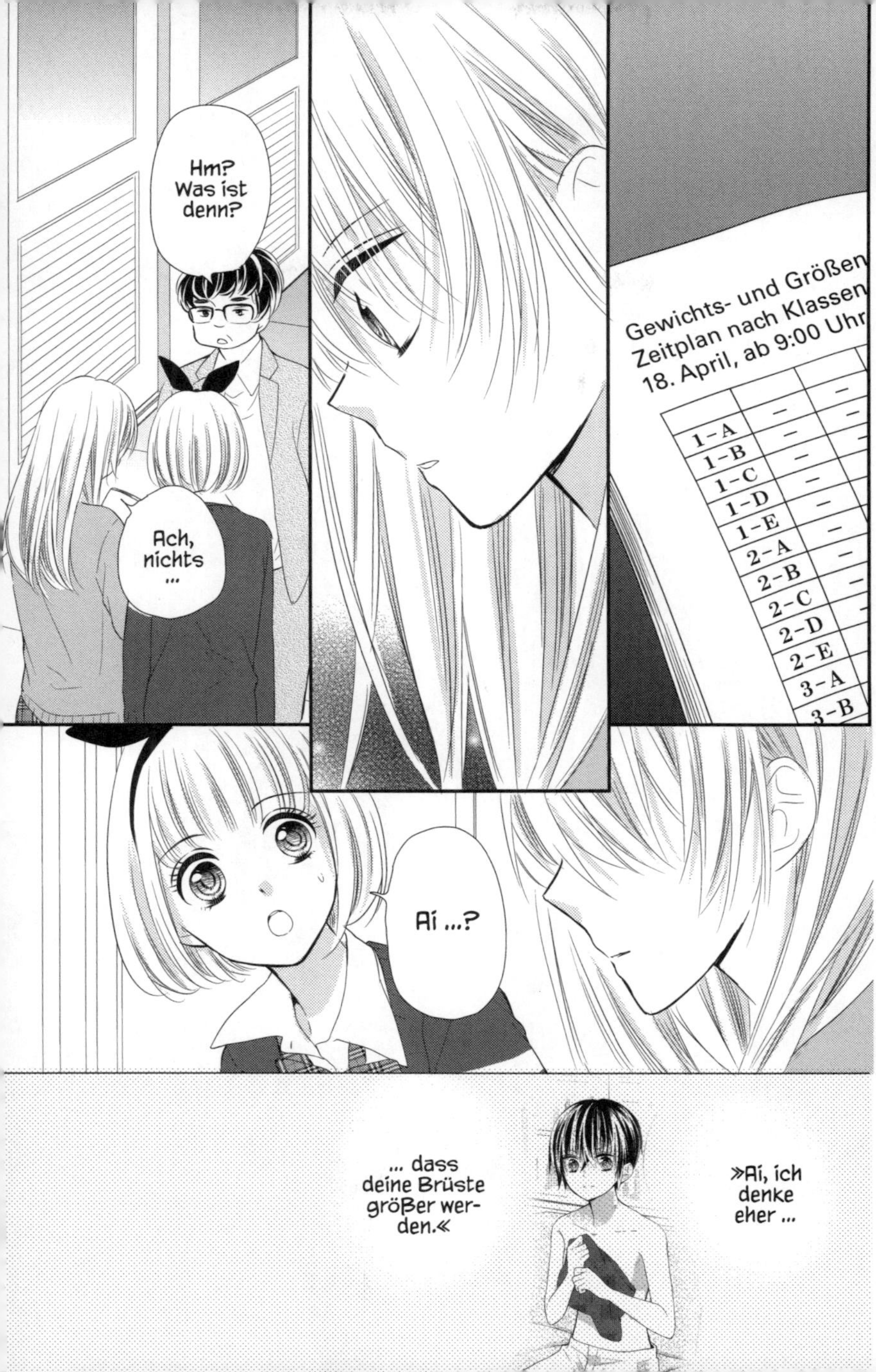

Gewichts- und Größen
Zeitplan nach Klassen
18. April, ab 9:00 Uhr

	–	–
1–A	–	–
1–B	–	–
1–C	–	–
1–D	–	–
1–E	–	–
2–A	–	–
2–B	–	–
2–C	–	–
2–D	–	–
2–E	–	–
3–A	–	–
3–B	–	–

Hm? Was ist denn?

Ach, nichts ...

Ai ...?

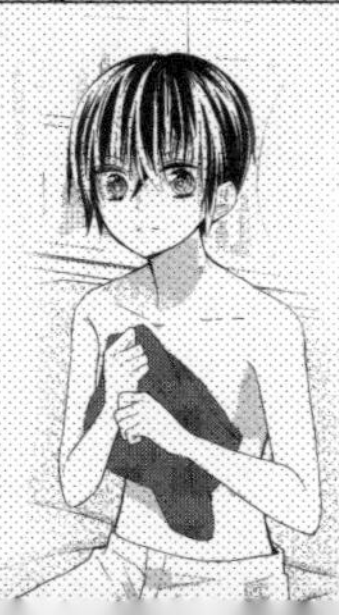

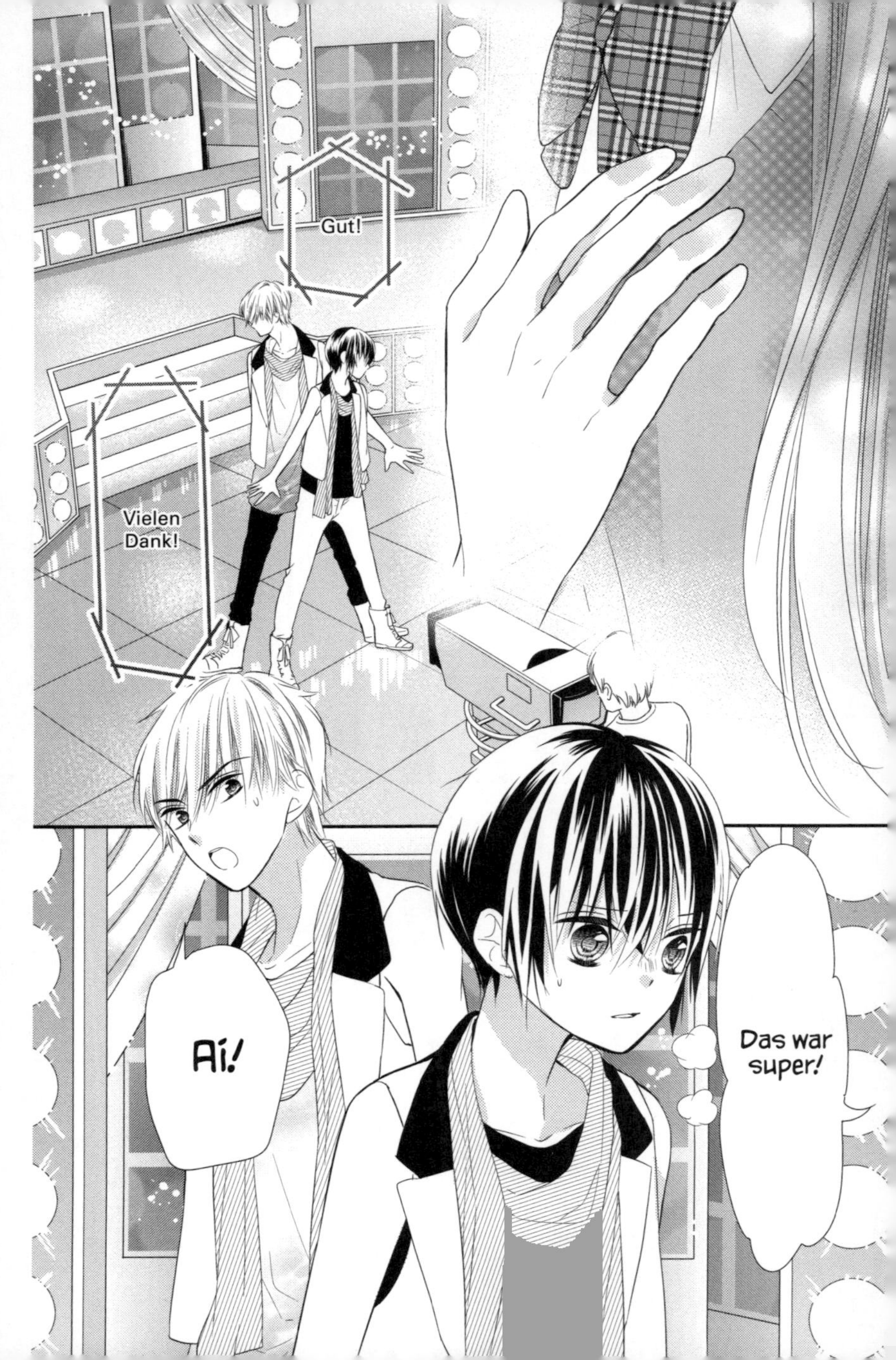
Gut!
Vielen Dank!
Das war super!
Ai!

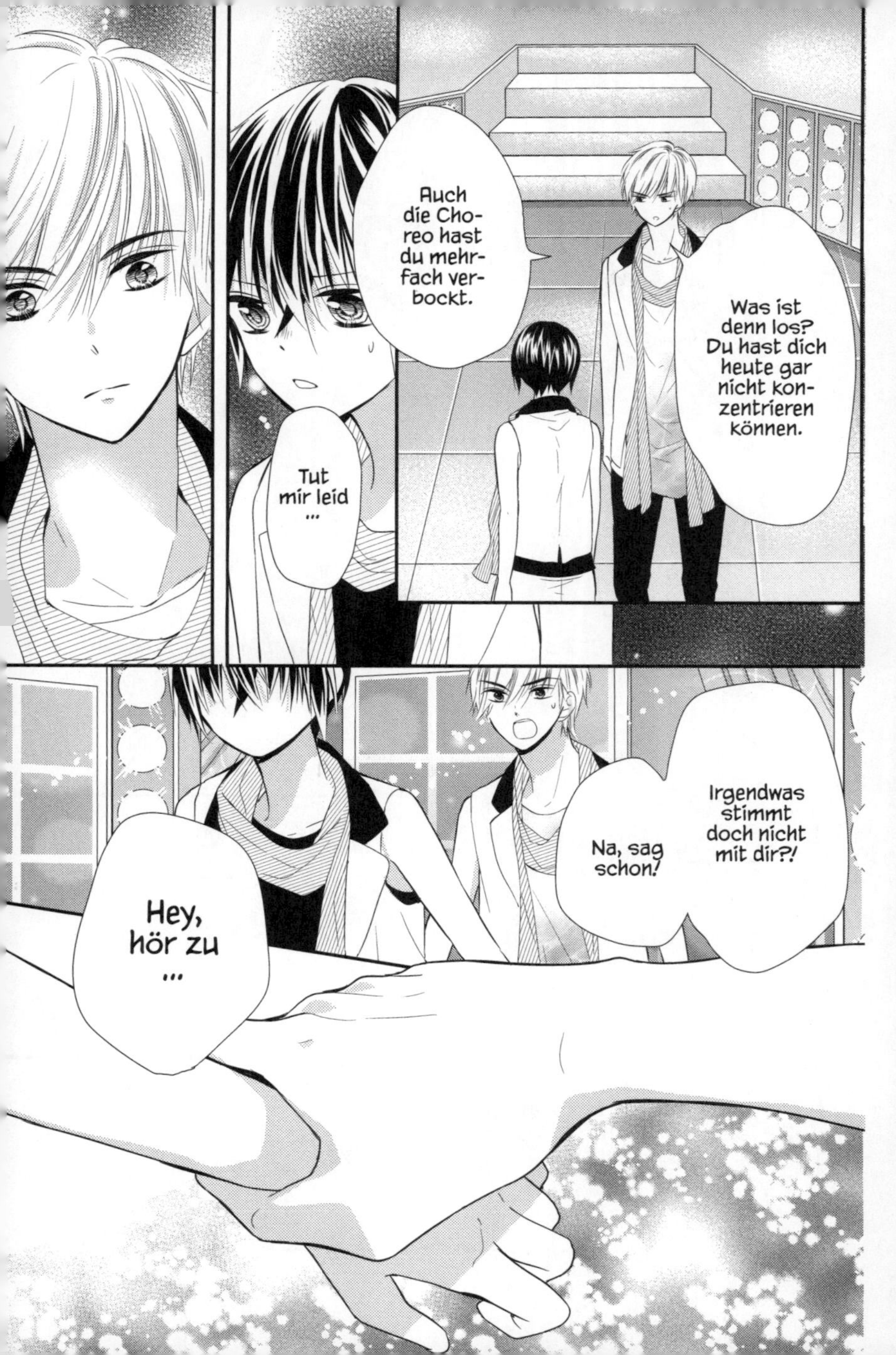
Was ist denn los? Du hast dich heute gar nicht konzentrieren können.
Auch die Choreo hast du mehrfach verbockt.
Tut mir leid ...
Irgendwas stimmt doch nicht mit dir?!
Na, sag schon!
Hey, hör zu ...

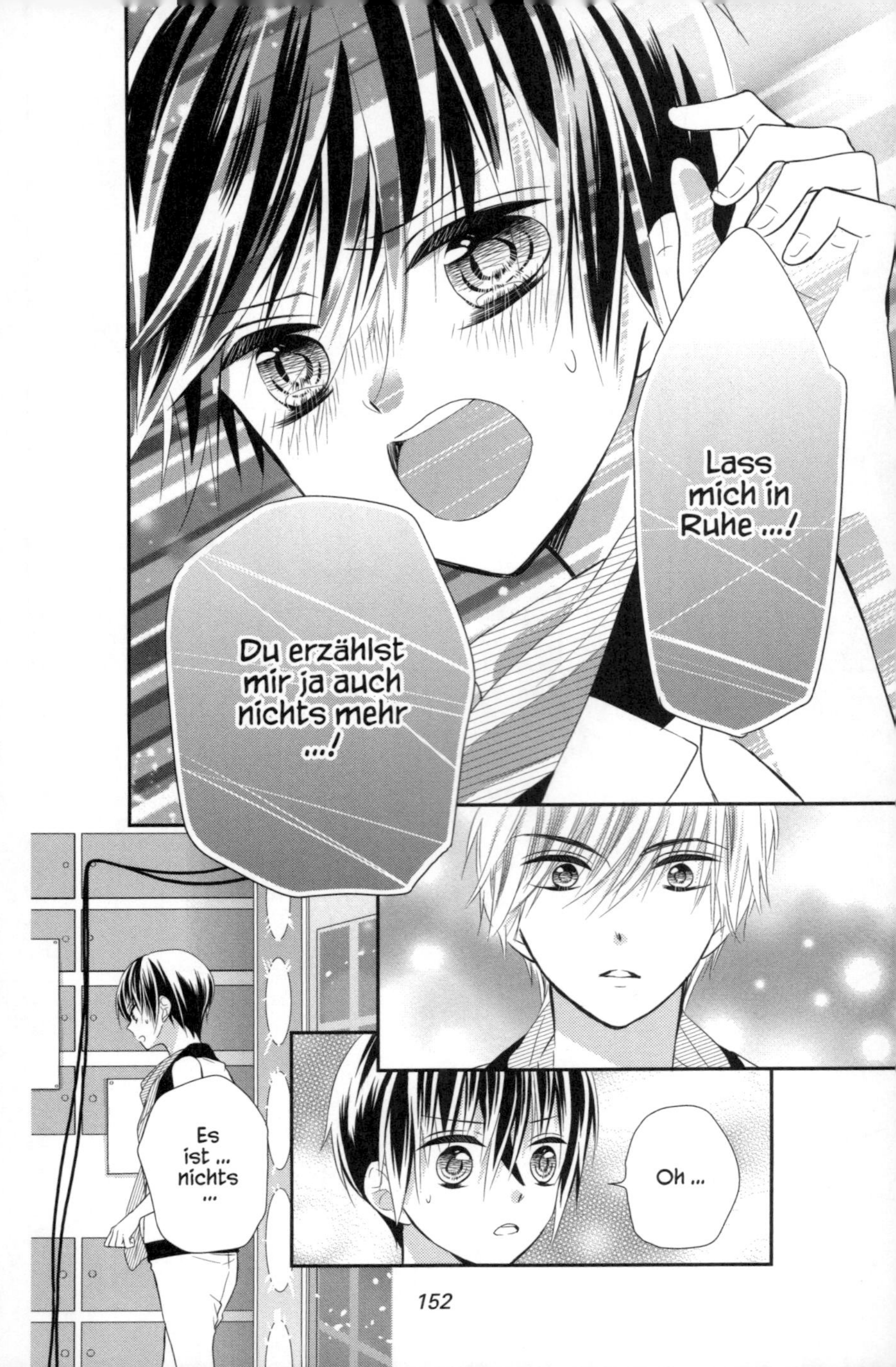
Lass mich in Ruhe ...!
Du erzählst mir ja auch nichts mehr ...!
Oh ...
Es ist ... nichts ...

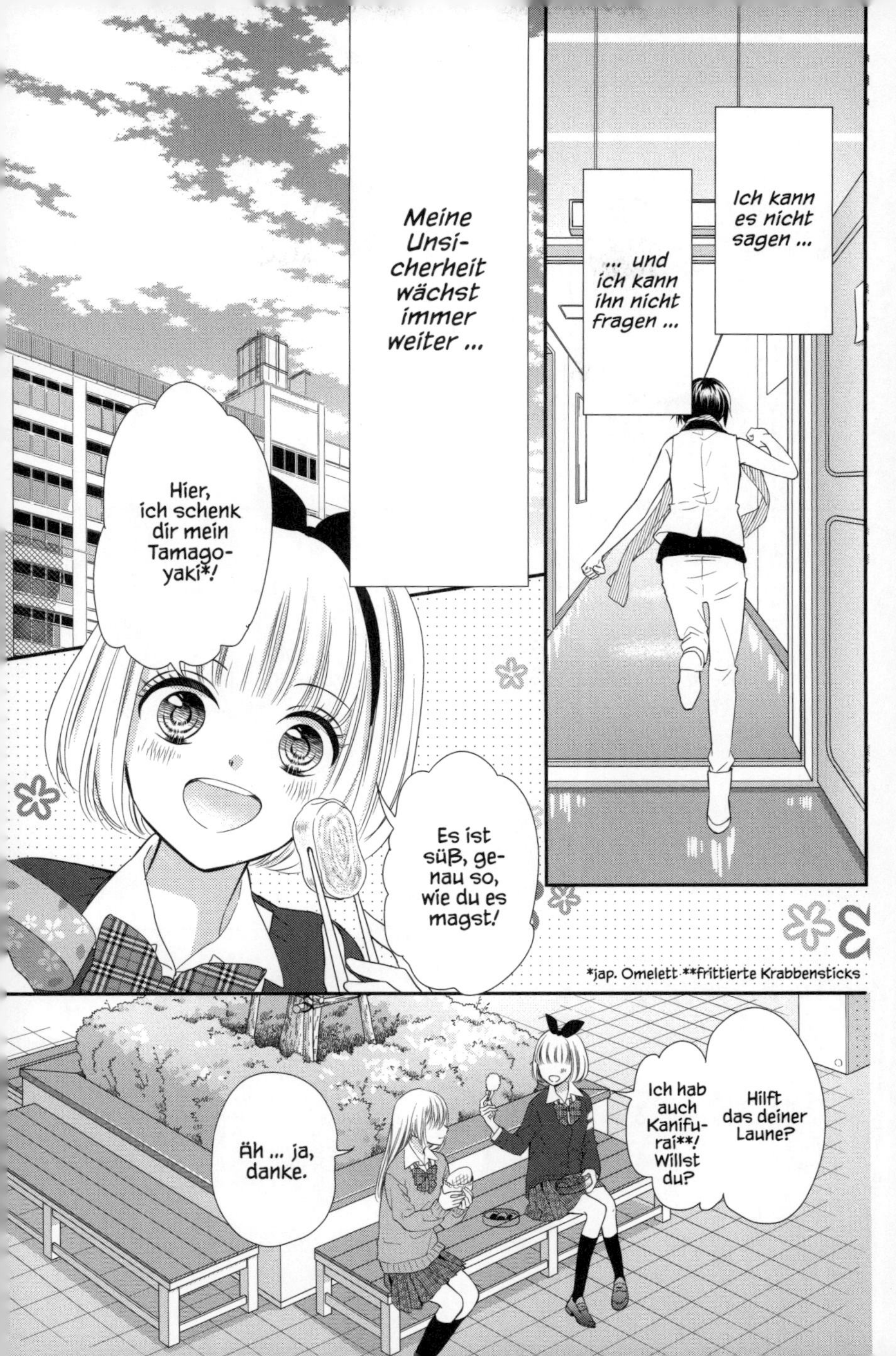

*jap. Omelett **frittierte Krabbensticks

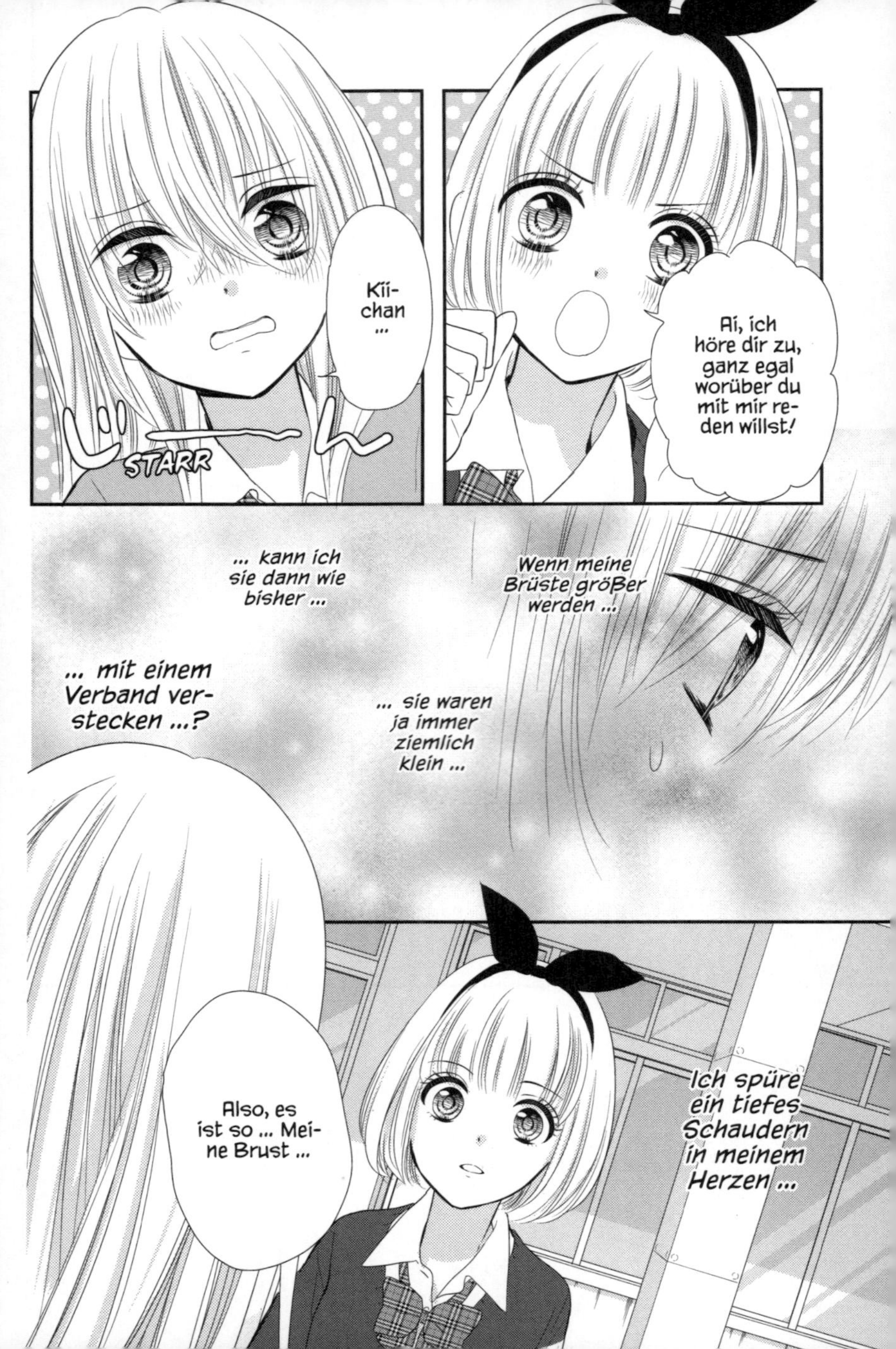
Ai, ich höre dir zu, ganz egal worüber du mit mir reden willst!
Kii-chan ...
STARR
Wenn meine Brüste größer werden ...
... sie waren ja immer ziemlich klein ...
... kann ich sie dann wie bisher ...
... mit einem Verband verstecken ...?
Ich spüre ein tiefes Schaudern in meinem Herzen ...
Also, es ist so ... Meine Brust ...

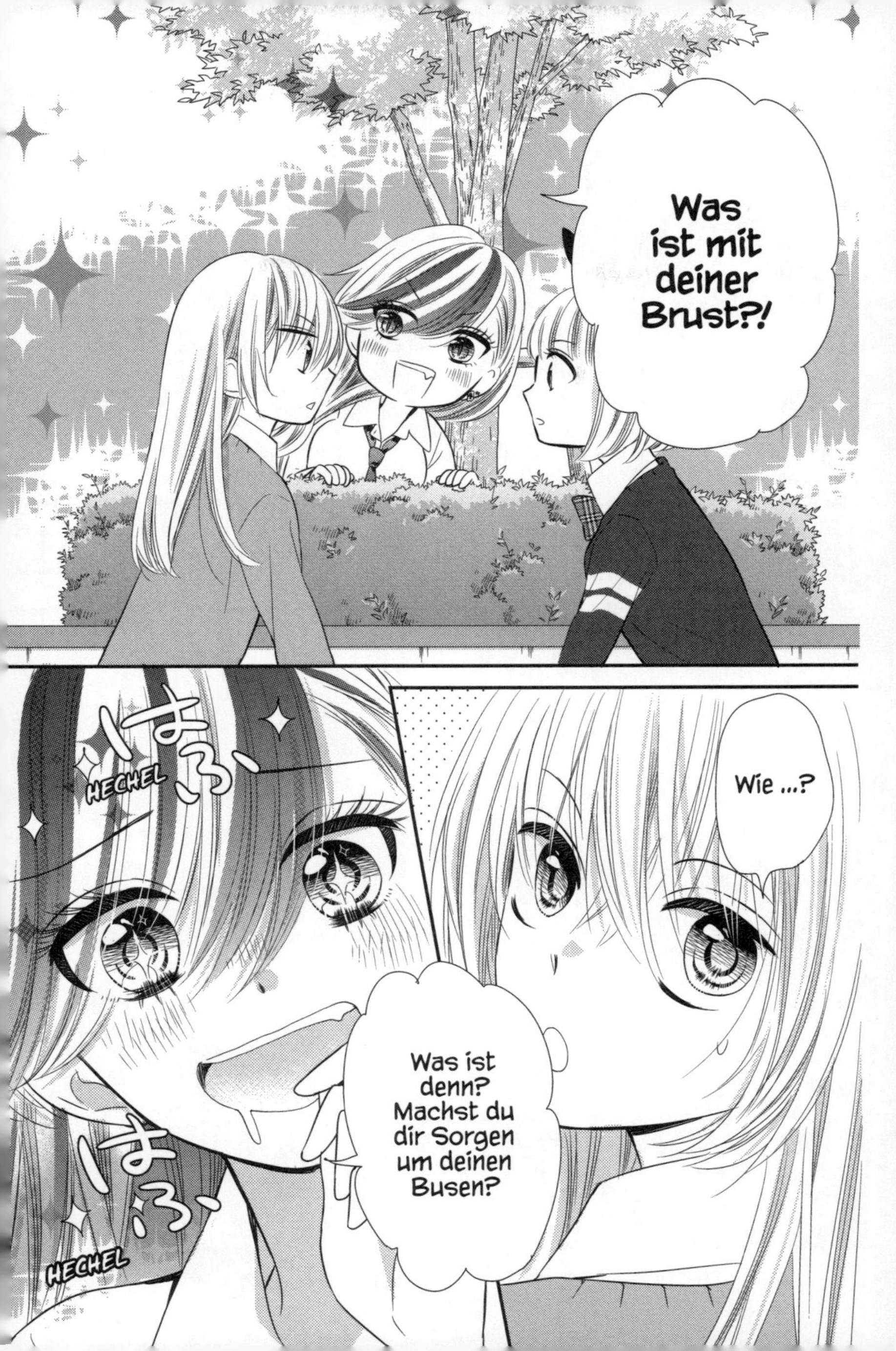
Was ist mit deiner Brust?!
Wie ...?
はふ
HECHEL
Was ist denn? Machst du dir Sorgen um deinen Busen?
はふ
HECHEL

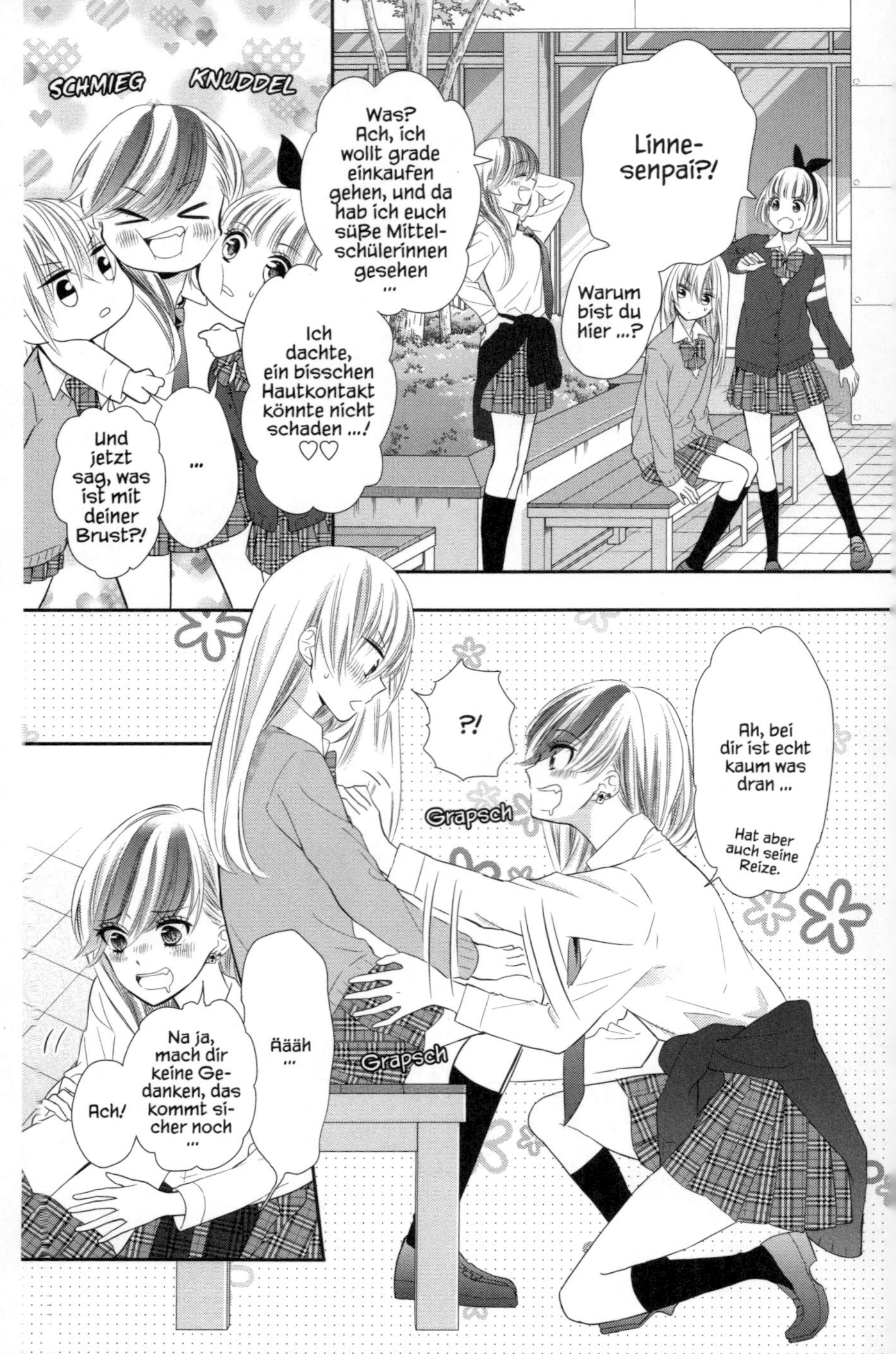

Linne-senpai?!
Warum bist du hier ...?
Was? Ach, ich wollt grade einkaufen gehen, und da hab ich euch süße Mittelschülerinnen gesehen ...
Ich dachte, ein bisschen Hautkontakt könnte nicht schaden ...! ♡♡
SCHMIEG
KNUDDEL
...
Und jetzt sag, was ist mit deiner Brust?!
Ah, bei dir ist echt kaum was dran ...
Hat aber auch seine Reize.
?!
Grapsch
Grapsch
Äääh ...
Na ja, mach dir keine Gedanken, das kommt sicher noch ...
Ach!

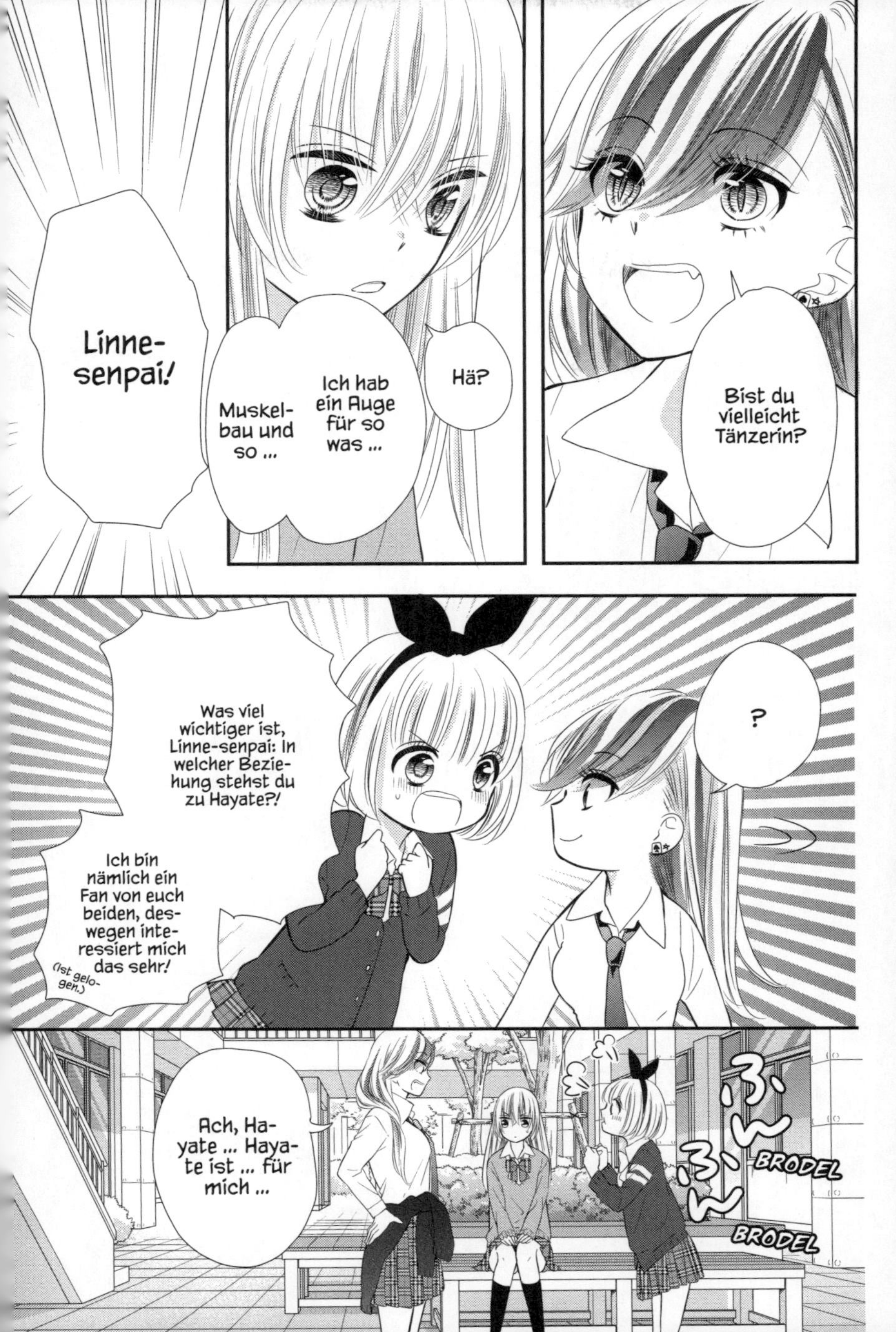

Bist du vielleicht Tänzerin?
Hä?
Ich hab ein Auge für so was ...
Muskelbau und so ...
Linne-senpai!
?
Was viel wichtiger ist, Linne-senpai: In welcher Beziehung stehst du zu Hayate?!
Ich bin nämlich ein Fan von euch beiden, deswegen interessiert mich das sehr!
(Ist gelogen.)
BRODEL
BRODEL
Ach, Hayate ... Hayate ist ... für mich ...

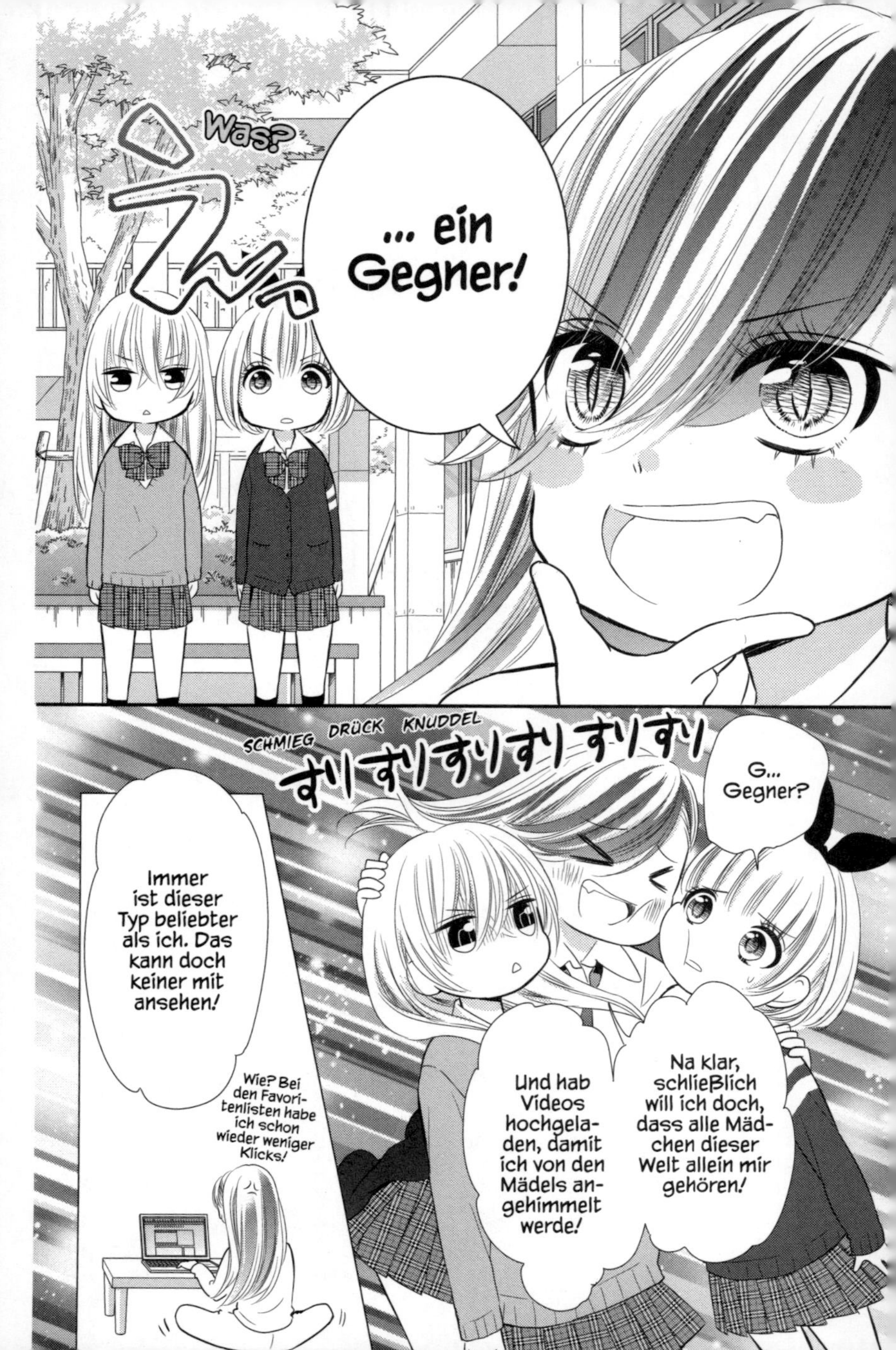

... ein Gegner!
Was?
えっ
SCHMIEG DRÜCK KNUDDEL
すりすりすりすりすりすり
G... Gegner?
Na klar, schließlich will ich doch, dass alle Mädchen dieser Welt allein mir gehören!
Und hab Videos hochgeladen, damit ich von den Mädels angehimmelt werde!
Immer ist dieser Typ beliebter als ich. Das kann doch keiner mit ansehen!
Wie? Bei den Favoritenlisten habe ich schon wieder weniger Klicks!

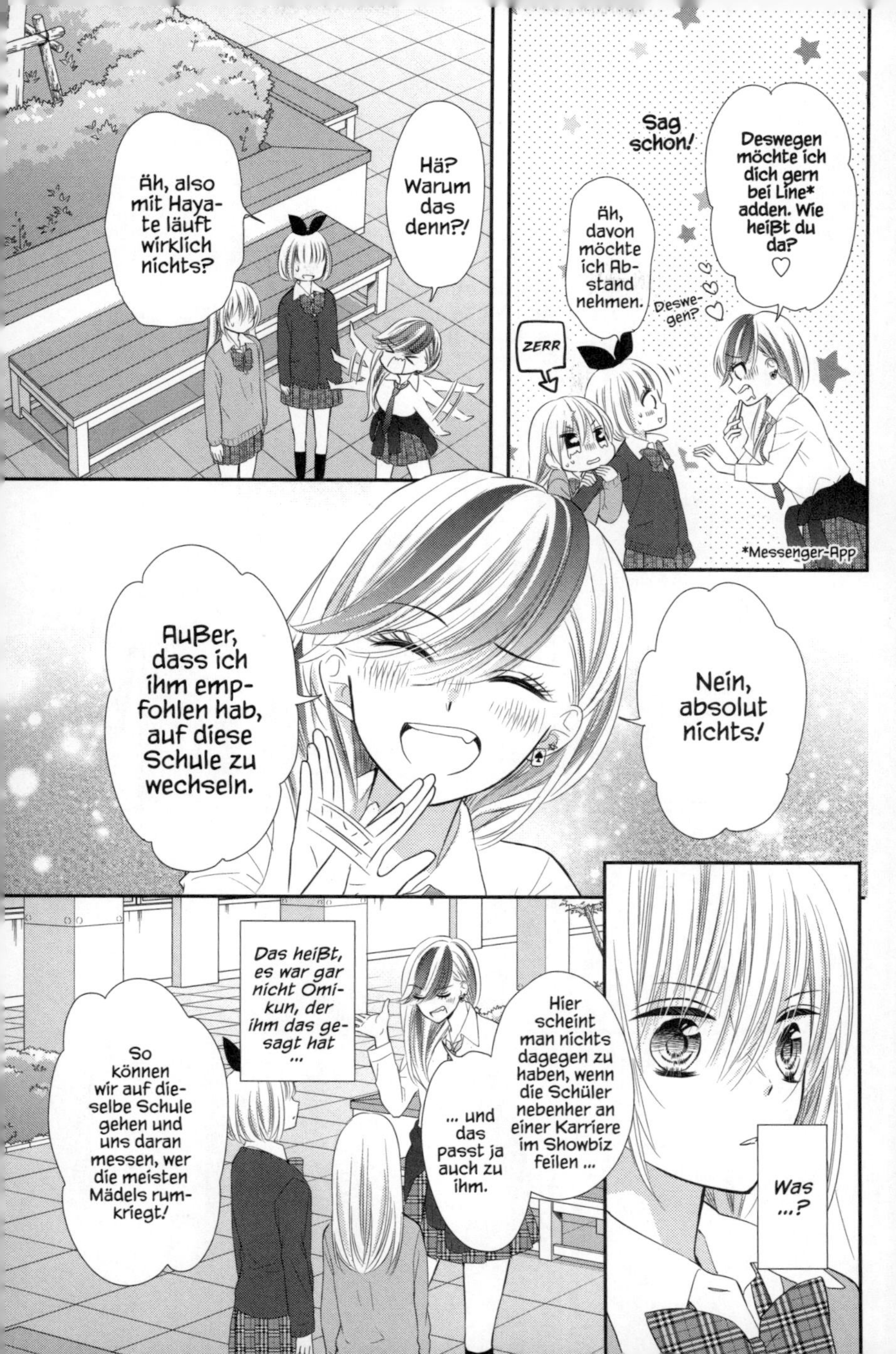
Deswegen möchte ich dich gern bei Line* adden. Wie heißt du da? ♡
Sag schon!
Äh, davon möchte ich Abstand nehmen.
Deswegen? ♡
ZERR
*Messenger-App
Hä? Warum das denn?!
Äh, also mit Hayate läuft wirklich nichts?
Nein, absolut nichts!
Außer, dass ich ihm empfohlen hab, auf diese Schule zu wechseln.
Was ...?
Hier scheint man nichts dagegen zu haben, wenn die Schüler nebenher an einer Karriere im Showbiz feilen ...
... und das passt ja auch zu ihm.
Das heißt, es war gar nicht Omi-kun, der ihm das gesagt hat ...
So können wir auf dieselbe Schule gehen und uns daran messen, wer die meisten Mädels rumkriegt!

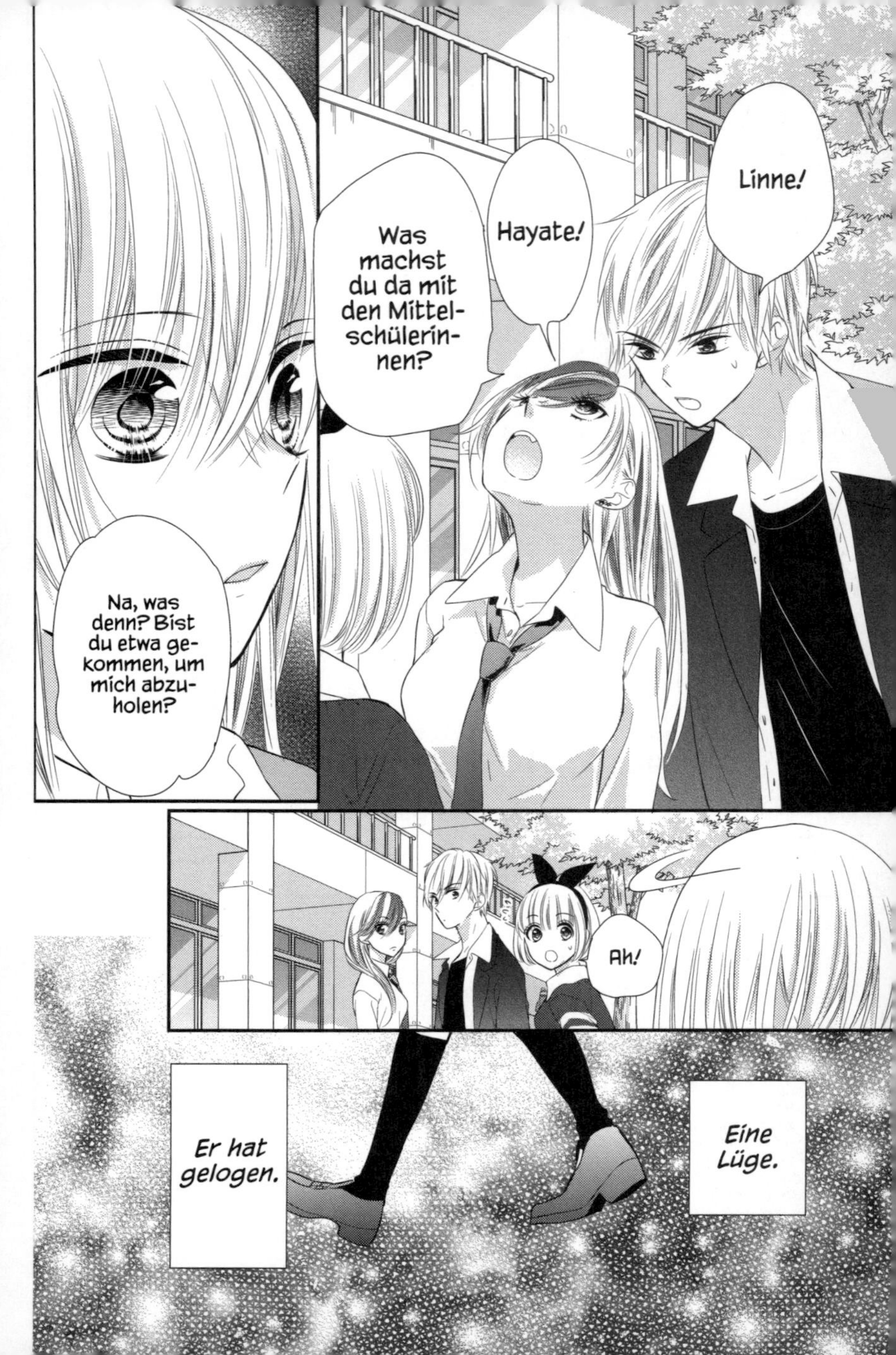
Linne!
Hayate!
Was machst du da mit den Mittelschülerinnen?
Na, was denn? Bist du etwa gekommen, um mich abzuholen?
Ah!
Eine Lüge.
Er hat gelogen.

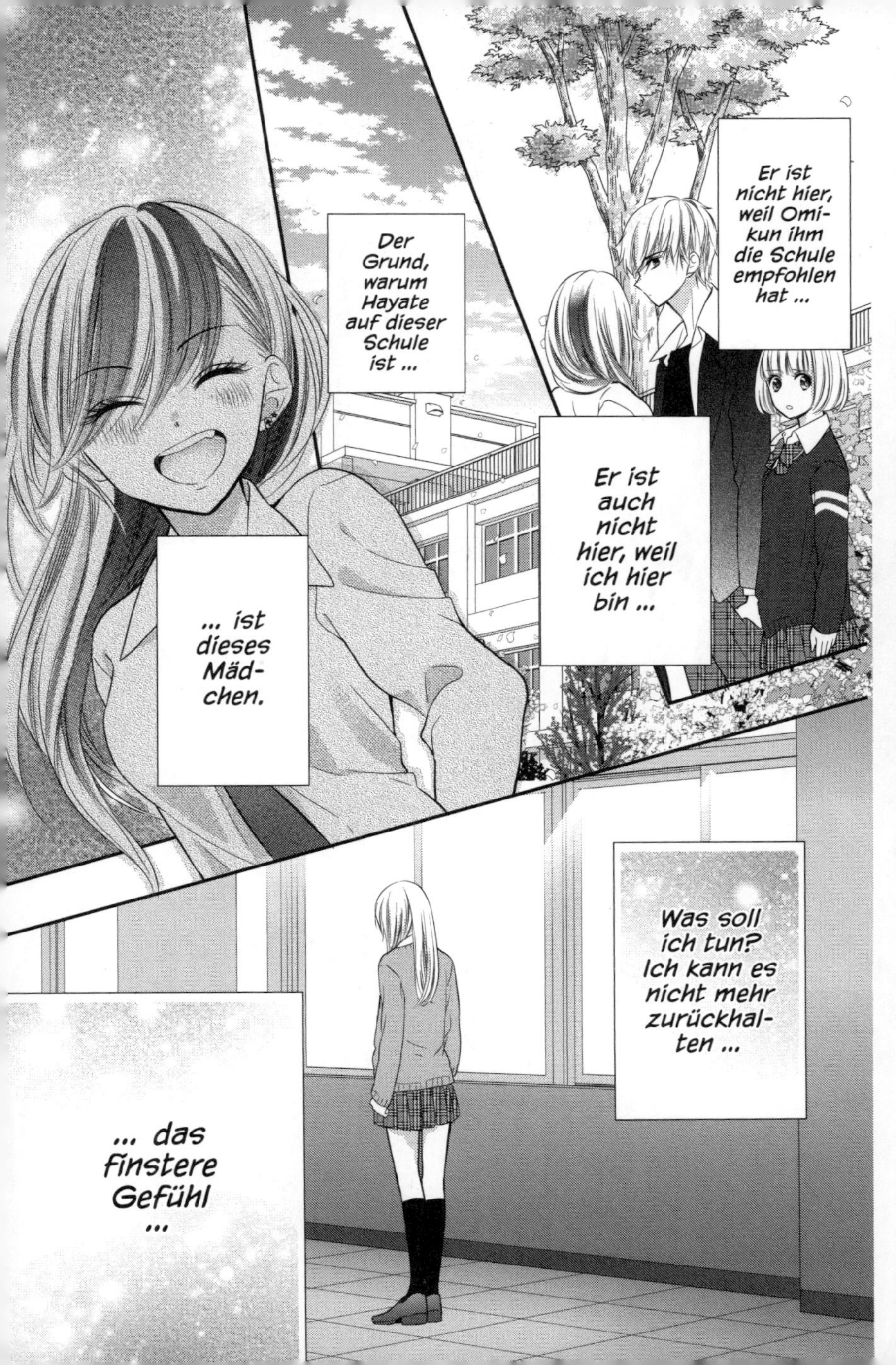
Er ist nicht hier, weil Omi-kun ihm die Schule empfohlen hat ...
Er ist auch nicht hier, weil ich hier bin ...
Der Grund, warum Hayate auf dieser Schule ist ...
... ist dieses Mädchen.
Was soll ich tun? Ich kann es nicht mehr zurückhalten ...
... das finstere Gefühl ...

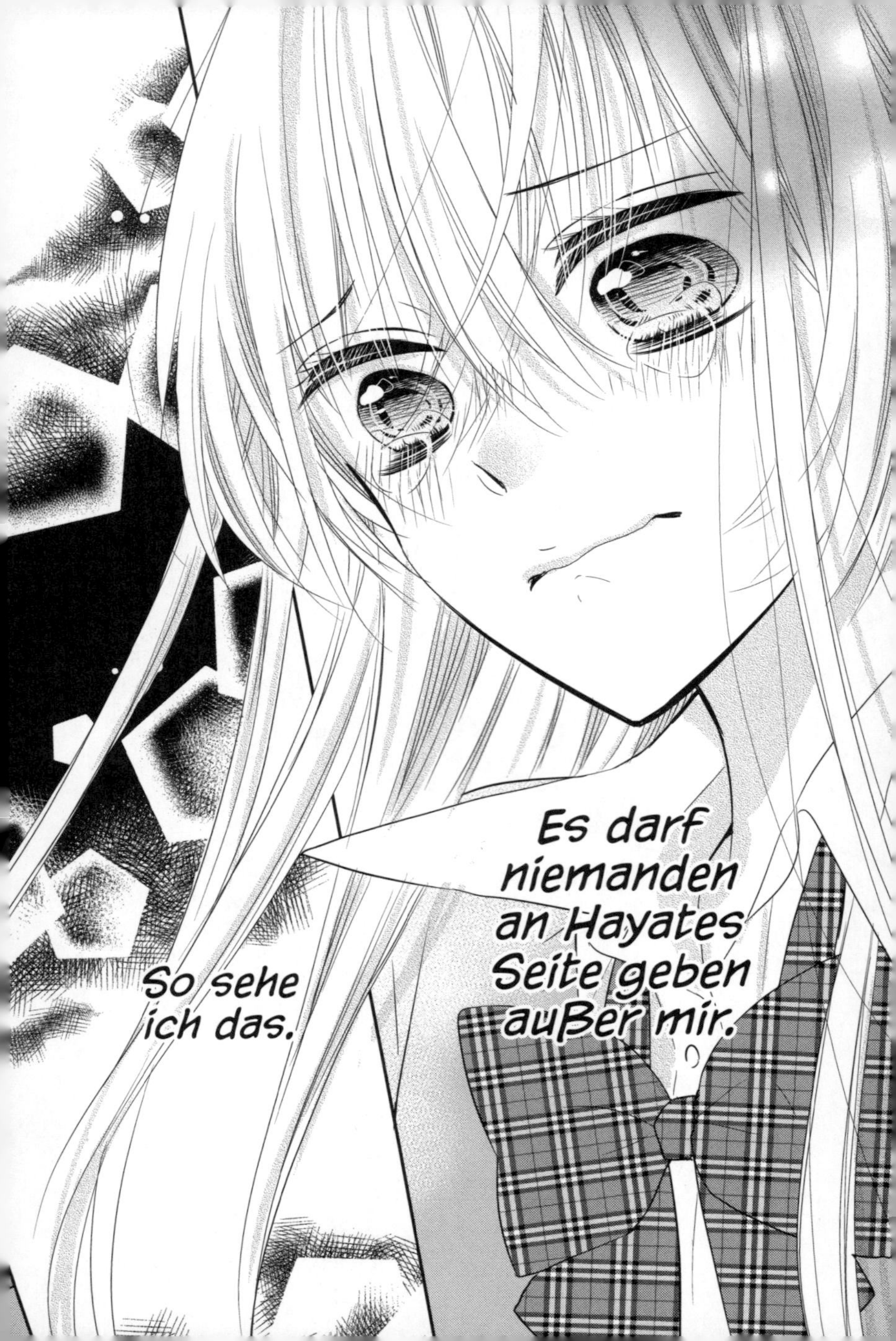
Es darf niemanden an Hayates Seite geben außer mir.
So sehe ich das.

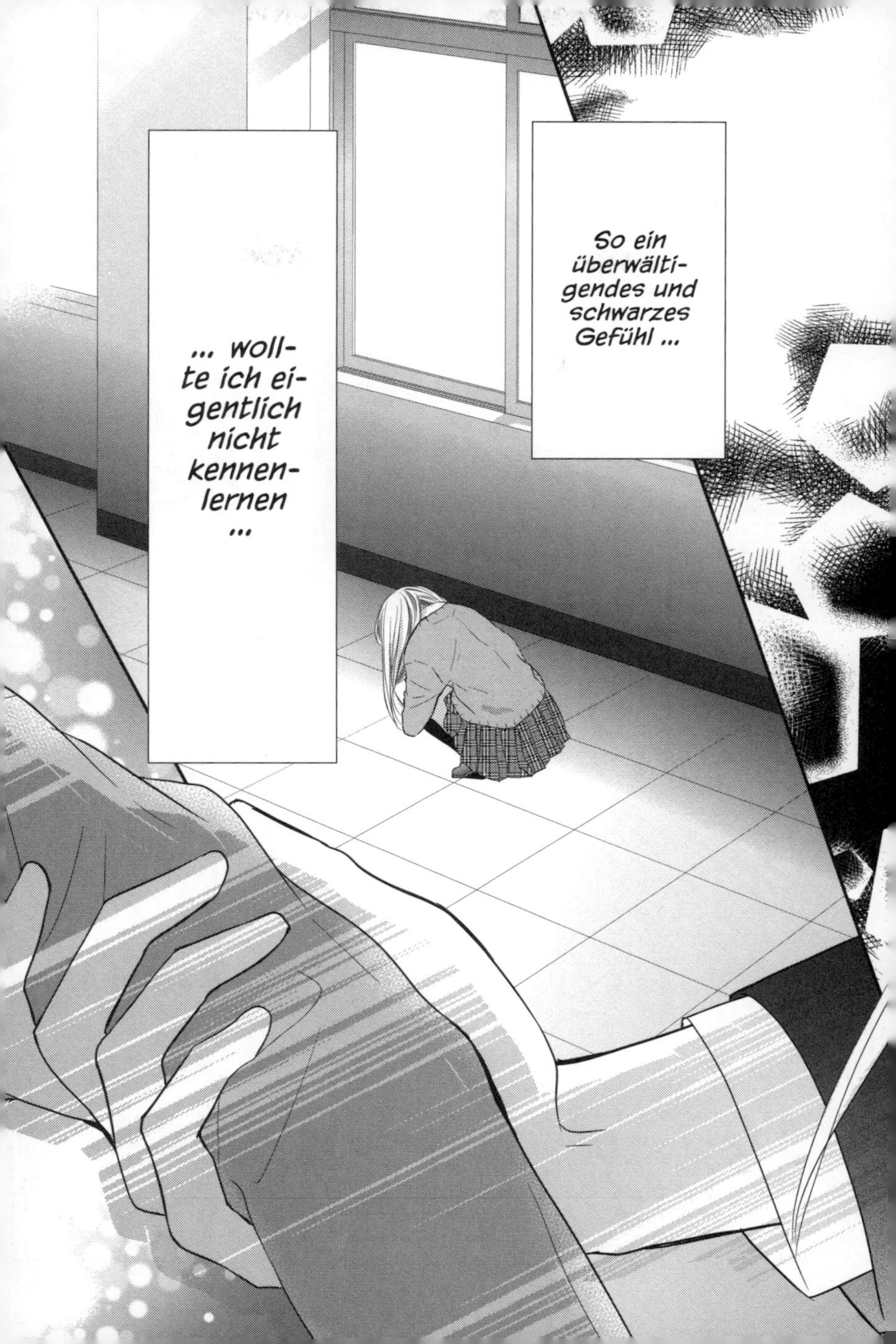
So ein überwältigendes und schwarzes Gefühl ...
... wollte ich eigentlich nicht kennenlernen ...

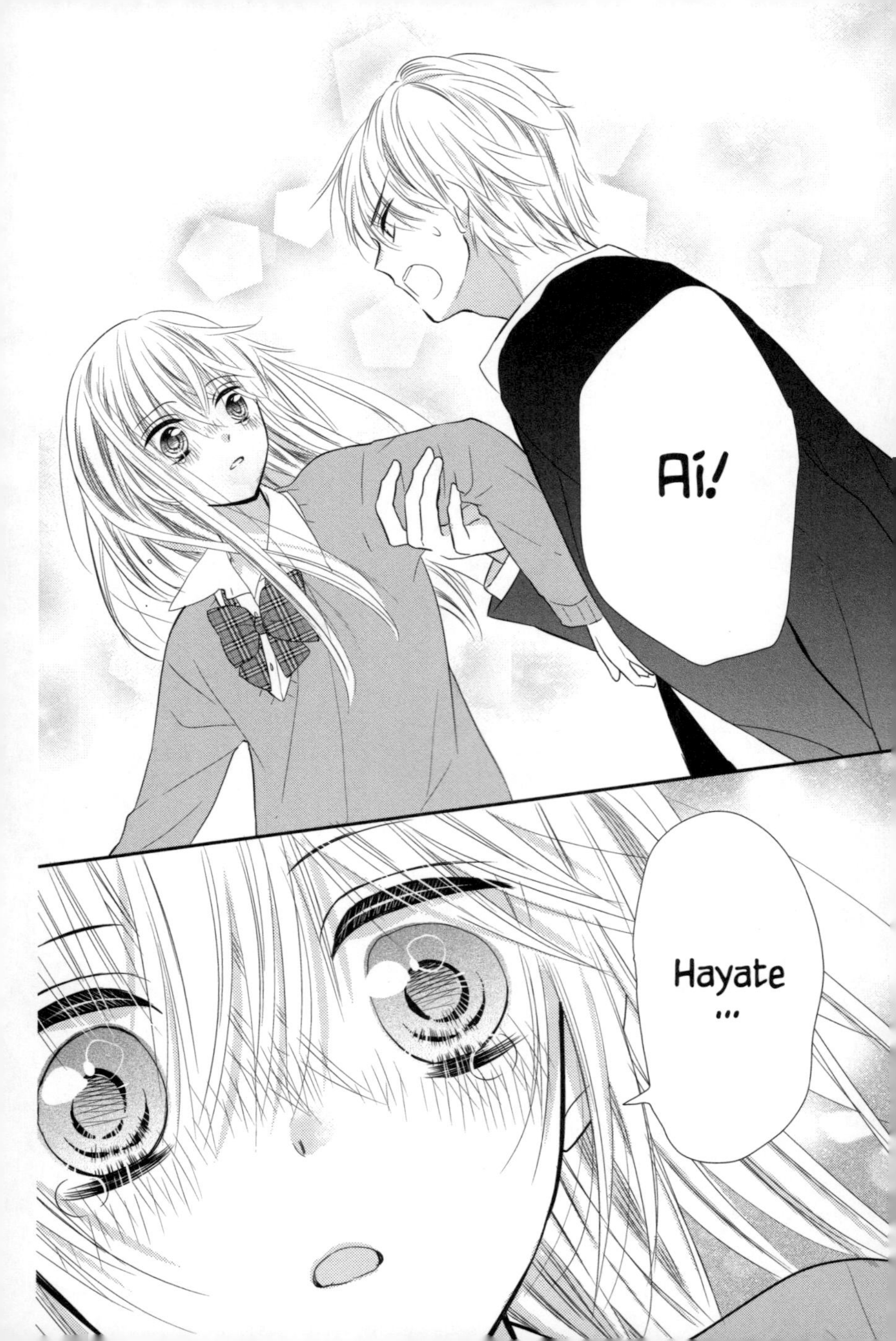
Ai!
Hayate
...

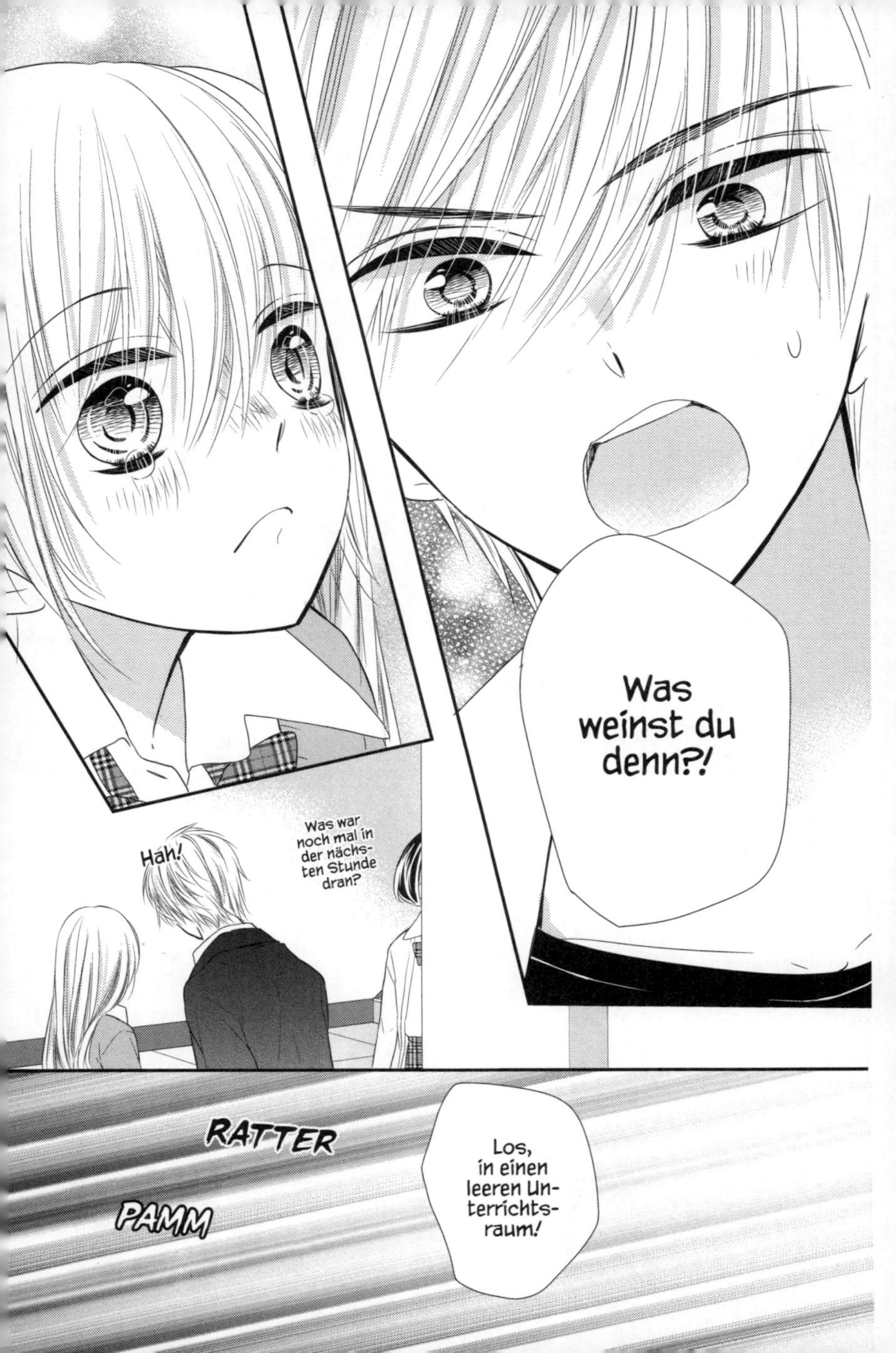
Was weinst du denn?!
Was war noch mal in der nächsten Stunde dran?
Hah!
Los, in einen leeren Unterrichtsraum!
RATTER
PAMM

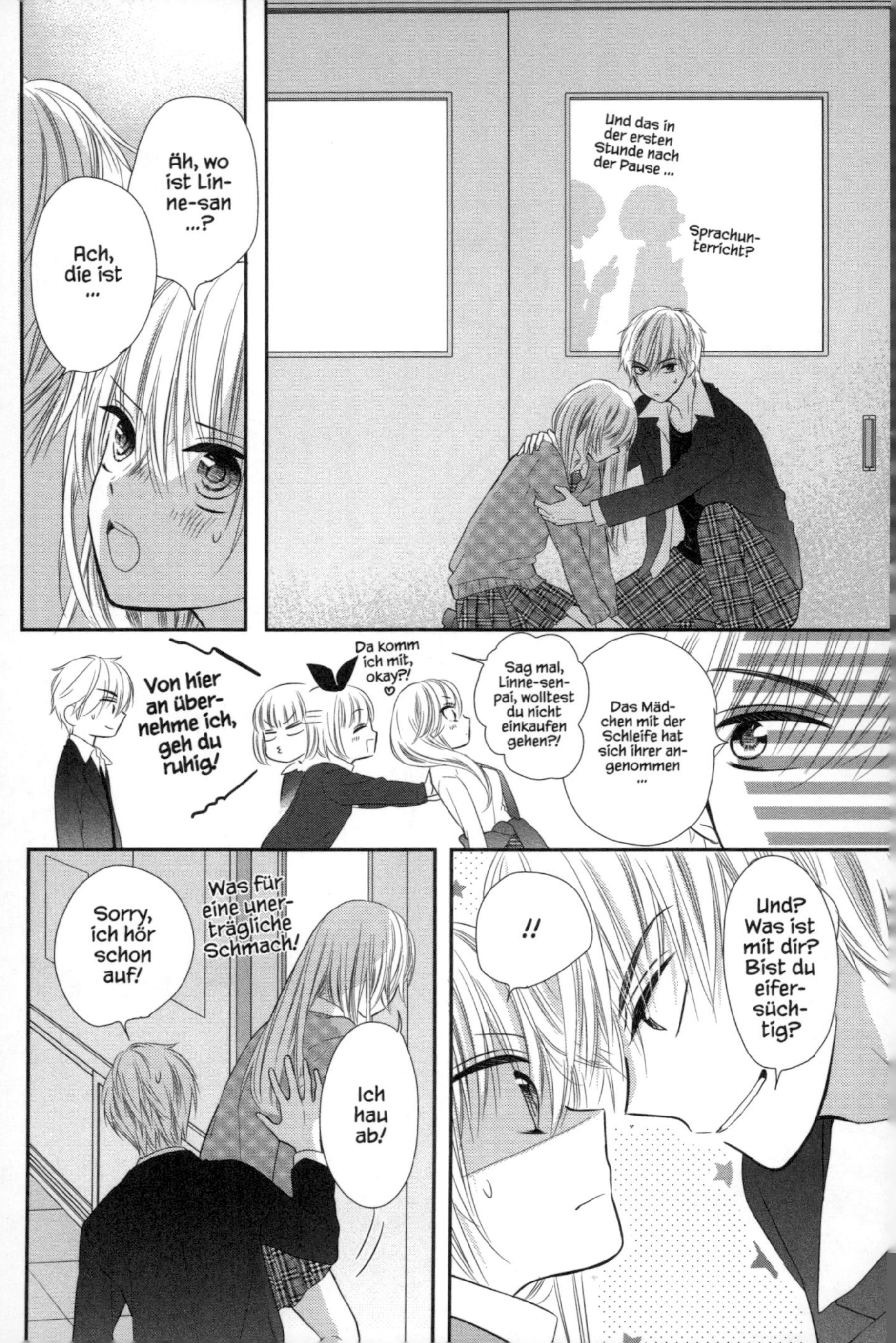
Und das in der ersten Stunde nach der Pause ...
Sprachunterricht?
Äh, wo ist Linne-san ...?
Ach, die ist ...
Das Mädchen mit der Schleife hat sich ihrer angenommen ...
Sag mal, Linne-senpai, wolltest du nicht einkaufen gehen?!
Da komm ich mit, okay?! ♡
Von hier an übernehme ich, geh du ruhig!
Und? Was ist mit dir? Bist du eifersüchtig?
!!
Was für eine unerträgliche Schmach!
Ich hau ab!
Sorry, ich hör schon auf!

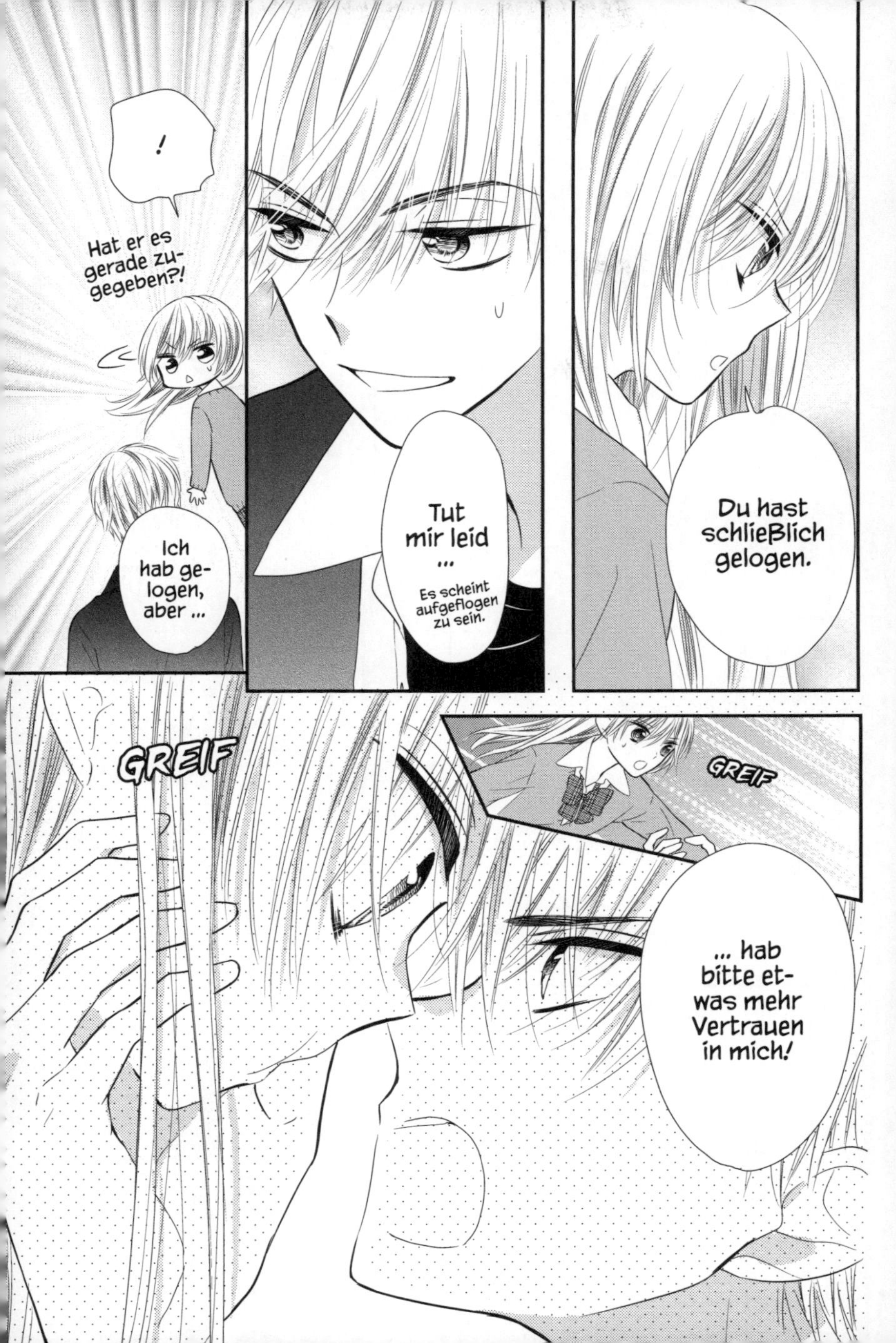
Du hast schließlich gelogen.
Tut mir leid ...
Es scheint aufgeflogen zu sein.
!
Hat er es gerade zugegeben?!
Ich hab gelogen, aber ...
GREIF
GREIF
... hab bitte etwas mehr Vertrauen in mich!

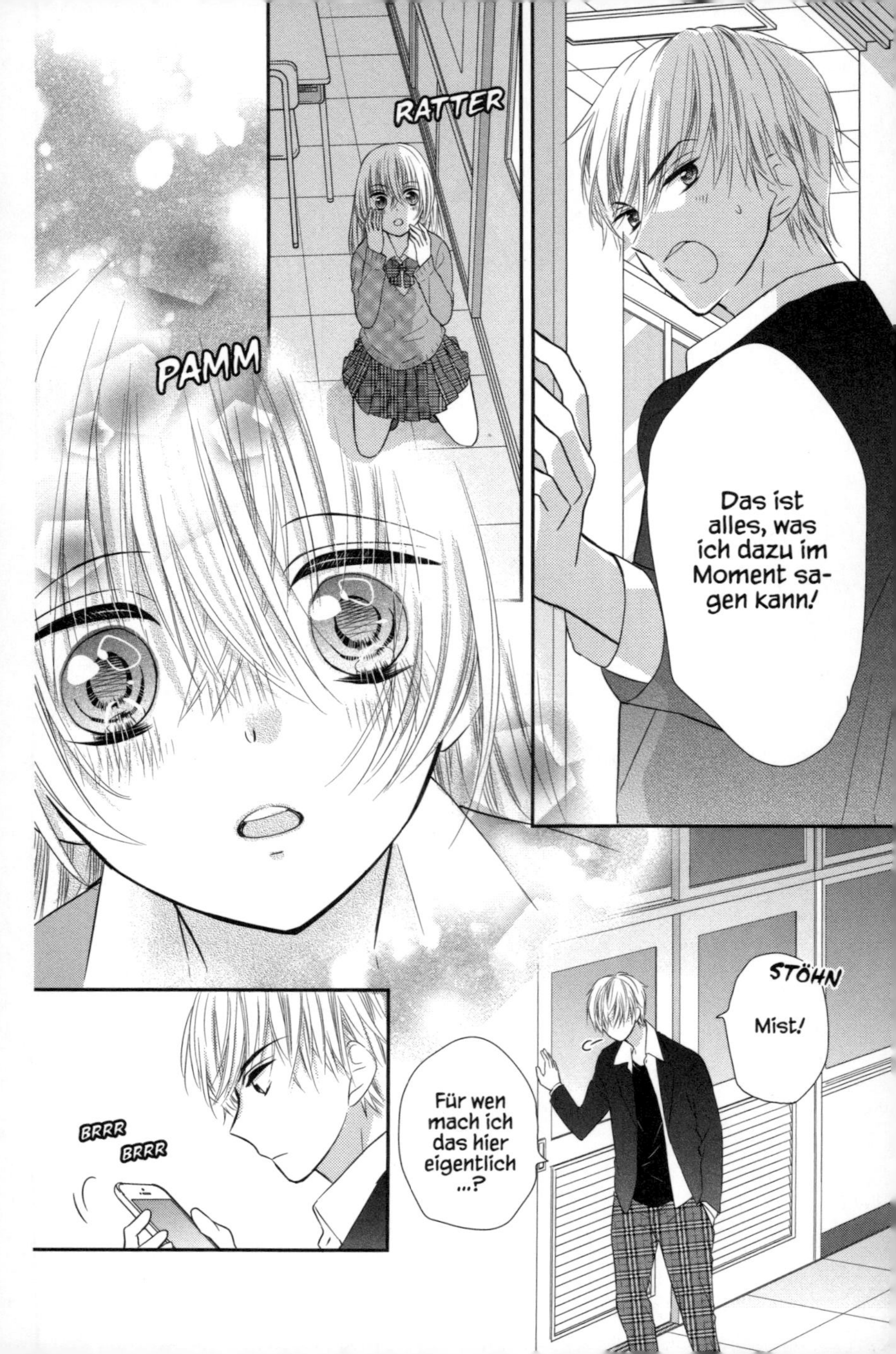
Das ist alles, was ich dazu im Moment sagen kann!
RATTER
PAMM
STÖHN
Mist!
Für wen mach ich das hier eigentlich ...?
BRRR
BRRR

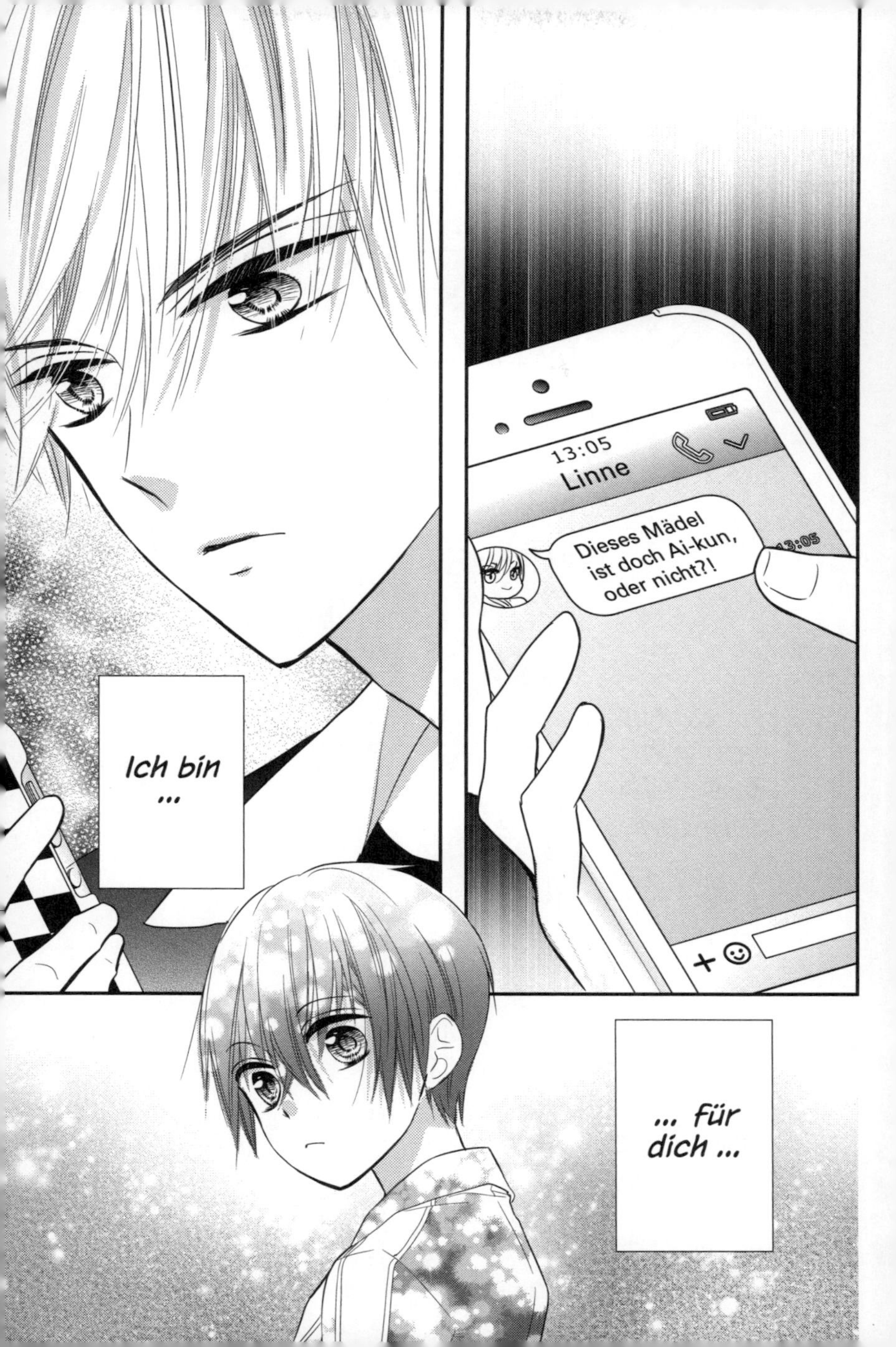
13:05
Linne
Dieses Mädel ist doch Ai-kun, oder nicht?!
13:05
Ich bin ...
... für dich ...

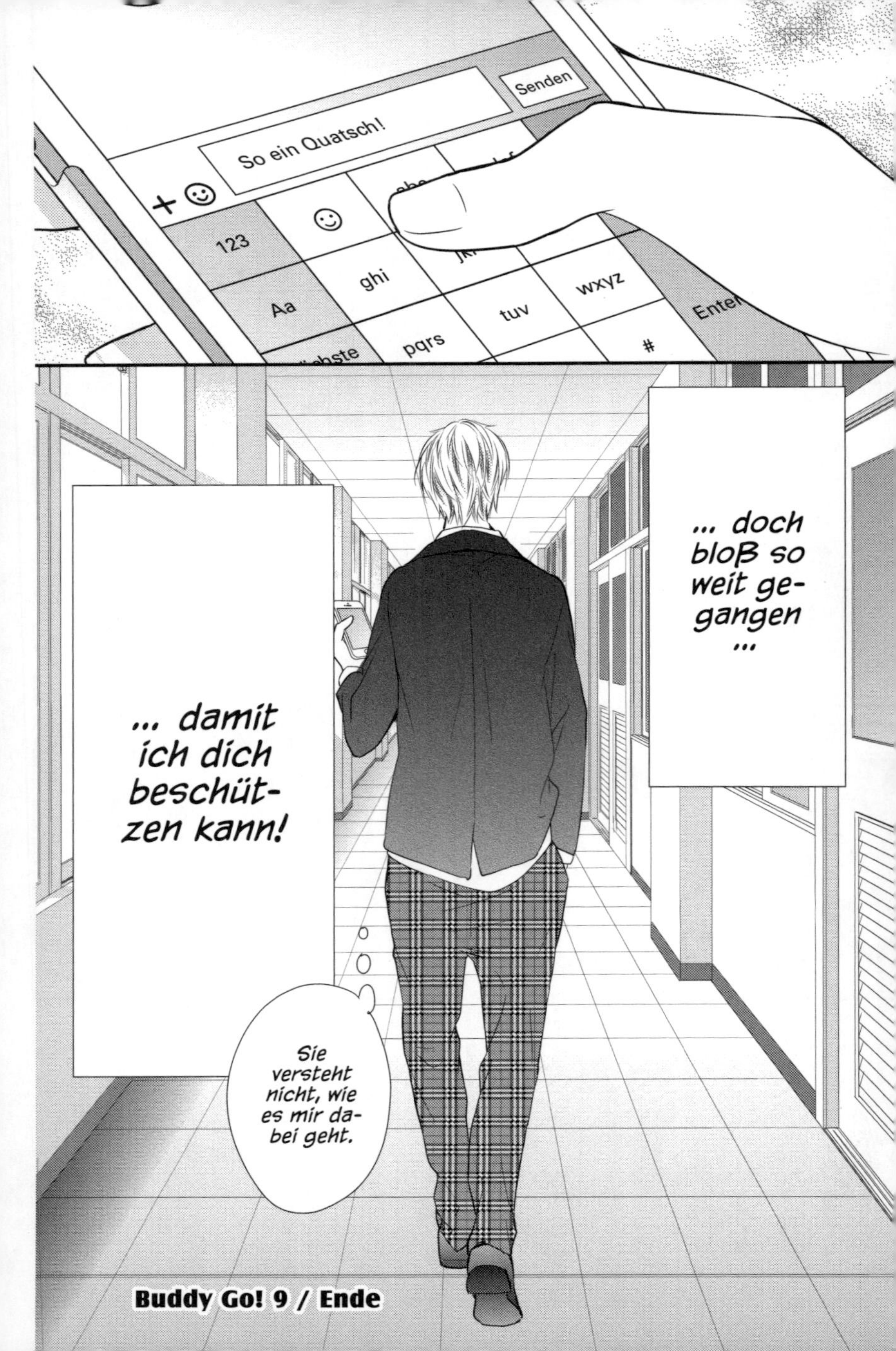
Senden
So ein Quatsch!
123
ghi
Aa
wxyz
tuv
pqrs
#
... doch bloß so weit gegangen ...
... damit ich dich beschützen kann!
Sie versteht nicht, wie es mir dabei geht.
Buddy Go! 9 / Ende

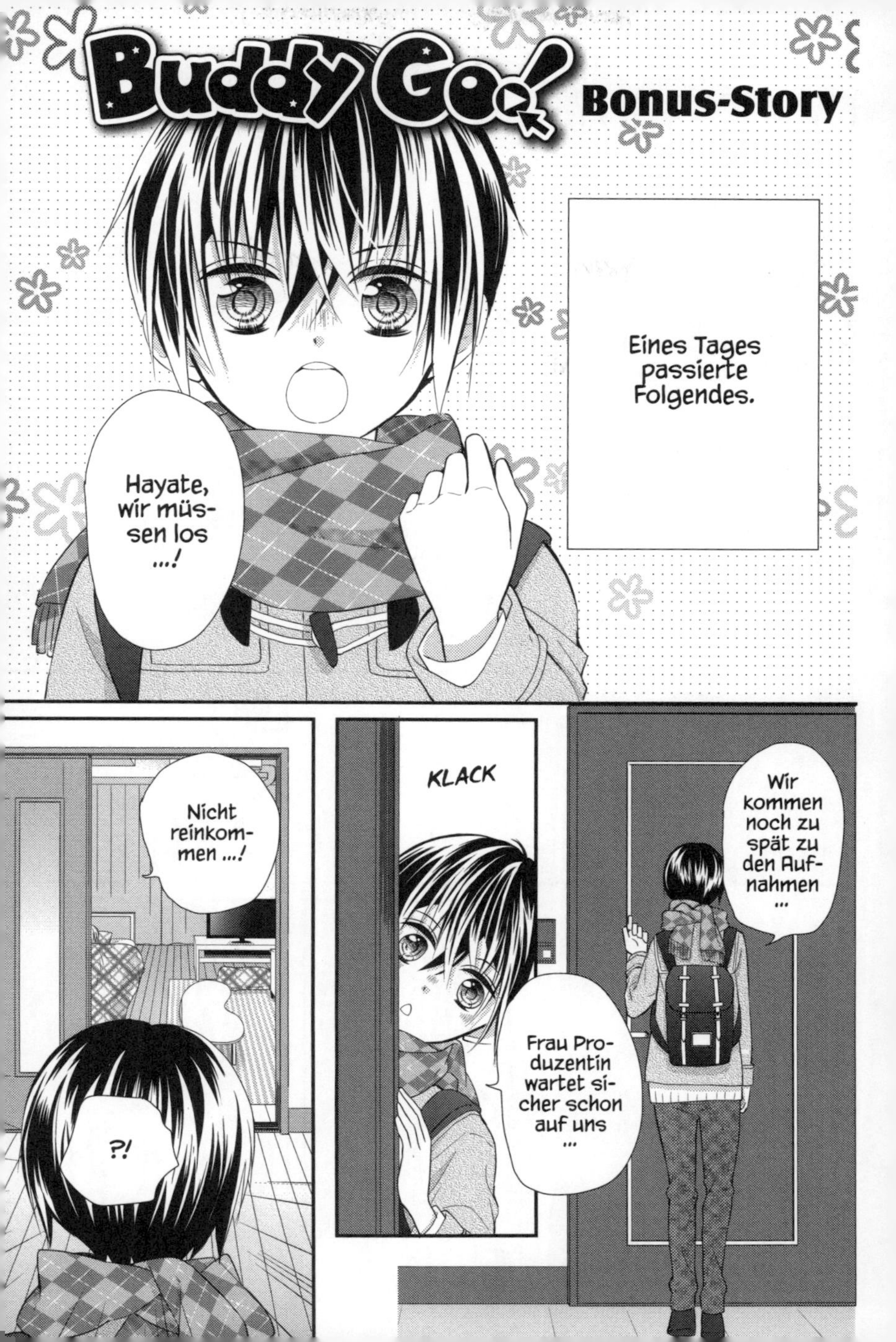

Buddy Go! Bonus-Story

Eines Tages passierte Folgendes.

Hayate, wir müssen los ...!

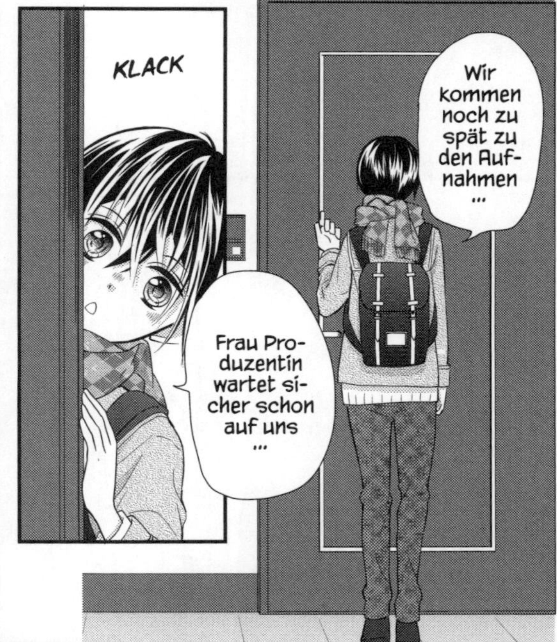

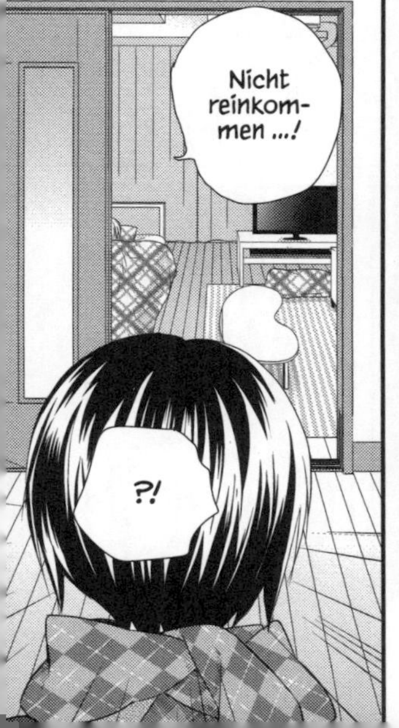

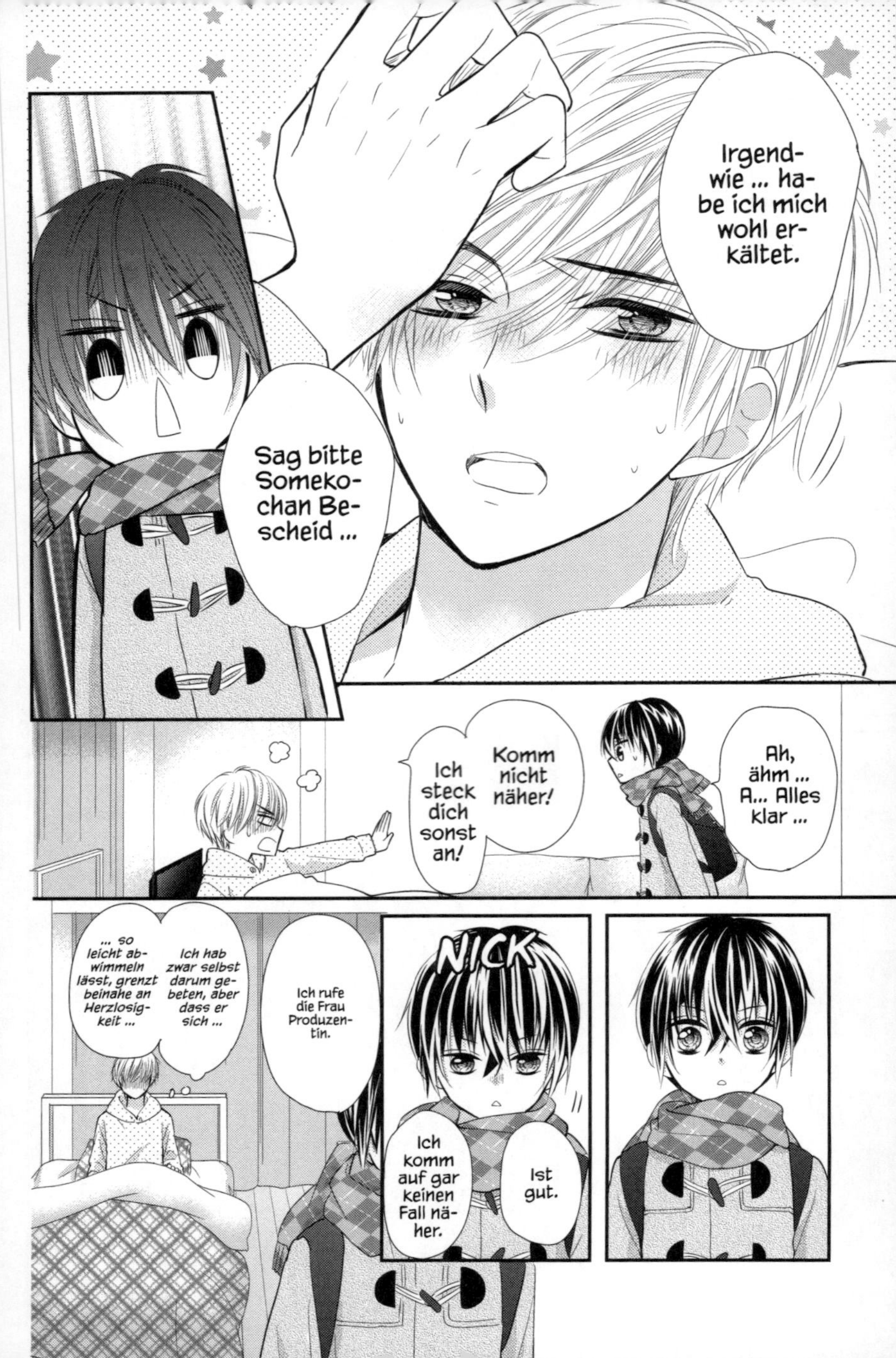

Irgendwie ... habe ich mich wohl erkältet.
Sag bitte Somekochan Bescheid ...
Ah, ähm ... A... Alles klar ...
Komm nicht näher!
Ich steck dich sonst an!
NICK
Ist gut.
Ich komm auf gar keinen Fall näher.
Ich rufe die Frau Produzentin.
Ich hab zwar selbst darum gebeten, aber dass er sich ...
... so leicht abwimmeln lässt, grenzt beinahe an Herzlosigkeit ...

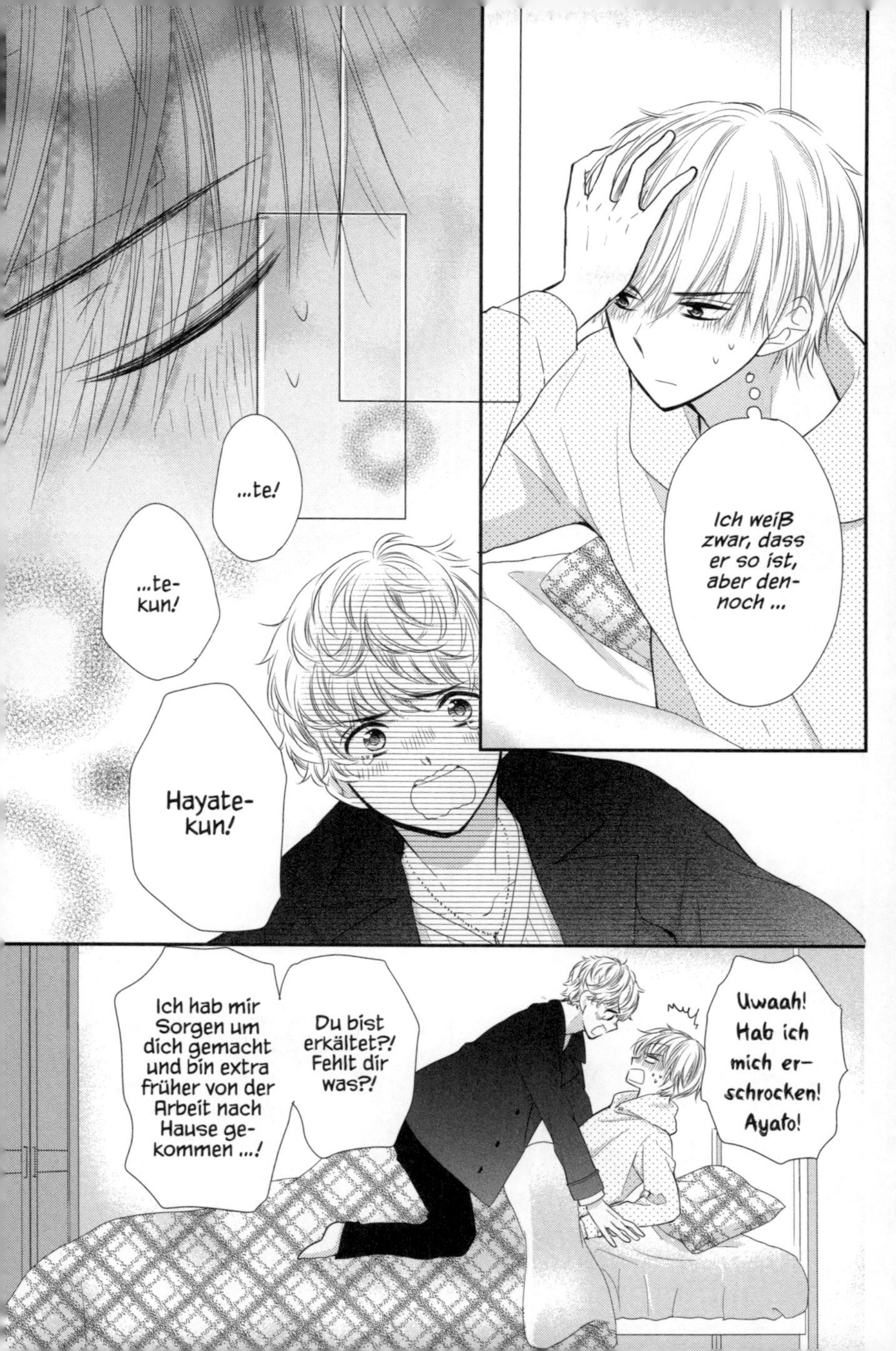
Ich weiß zwar, dass er so ist, aber dennoch ...
...te!
...te-kun!
Hayate-kun!
Uwaah! Hab ich mich erschrocken! Ayato!
Du bist erkältet?! Fehlt dir was?!
Ich hab mir Sorgen um dich gemacht und bin extra früher von der Arbeit nach Hause gekommen ...!

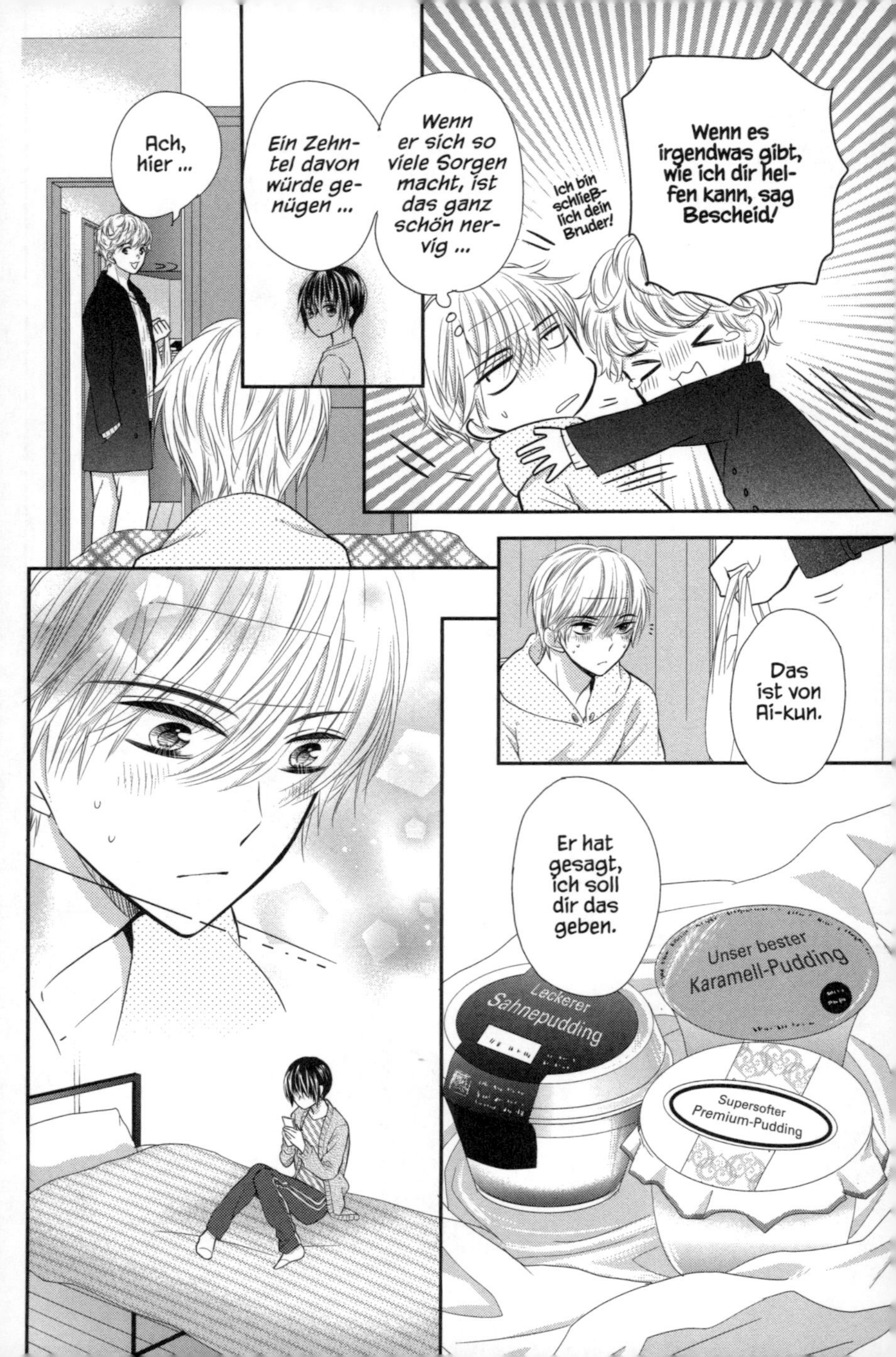
Wenn es irgendwas gibt, wie ich dir helfen kann, sag Bescheid!
Ich bin schließlich dein Bruder!
Wenn er sich so viele Sorgen macht, ist das ganz schön nervig ...
Ein Zehntel davon würde genügen ...
Ach, hier ...
Das ist von Ai-kun.
Er hat gesagt, ich soll dir das geben.
Unser bester Karamell-Pudding
Leckerer Sahnepudding
Supersofter Premium-Pudding

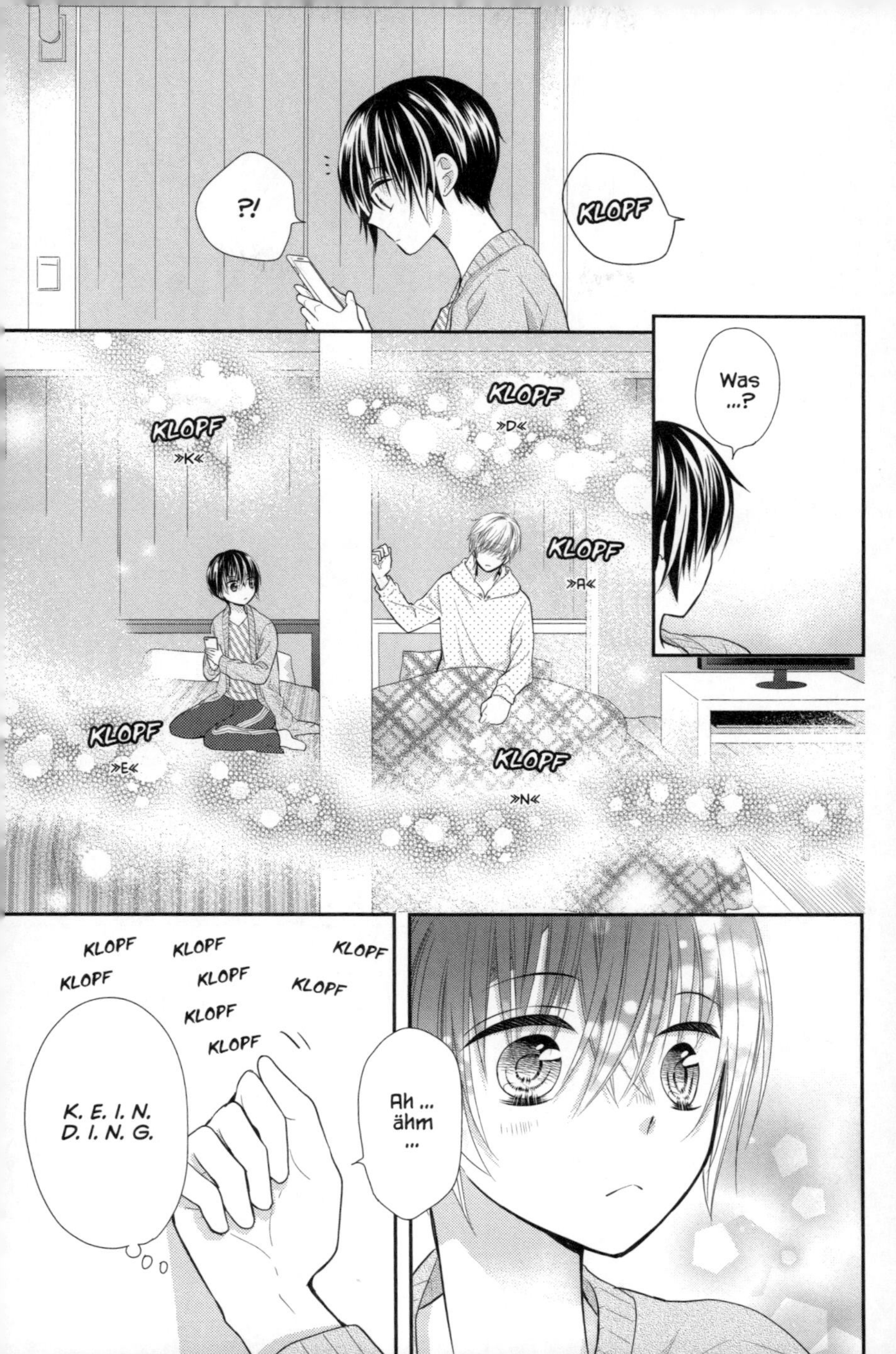
KLOPF
?!
Was …?
KLOPF
»D«
KLOPF
»K«
KLOPF
»A«
KLOPF
»N«
KLOPF
»E«
KLOPF
KLOPF
KLOPF
KLOPF
KLOPF
KLOPF
KLOPF
KLOPF
Ah … ähm …
K. E. I. N. D. I. N. G.

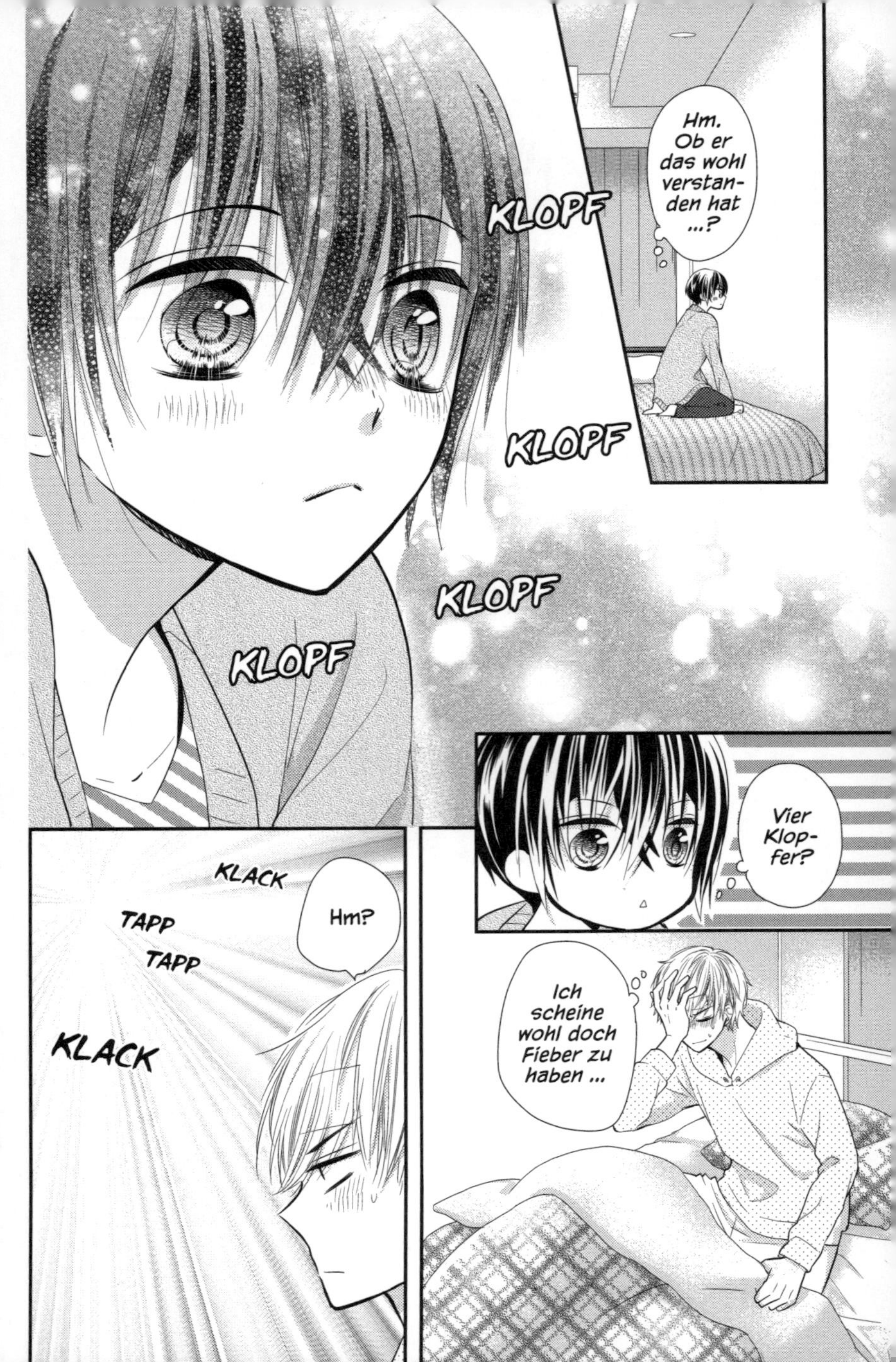
Hm.
Ob er das wohl verstanden hat ...?
KLOPF
KLOPF
KLOPF
KLOPF
Vier Klopfer?
Ich scheine wohl doch Fieber zu haben ...
KLACK
Hm?
TAPP
TAPP
KLACK

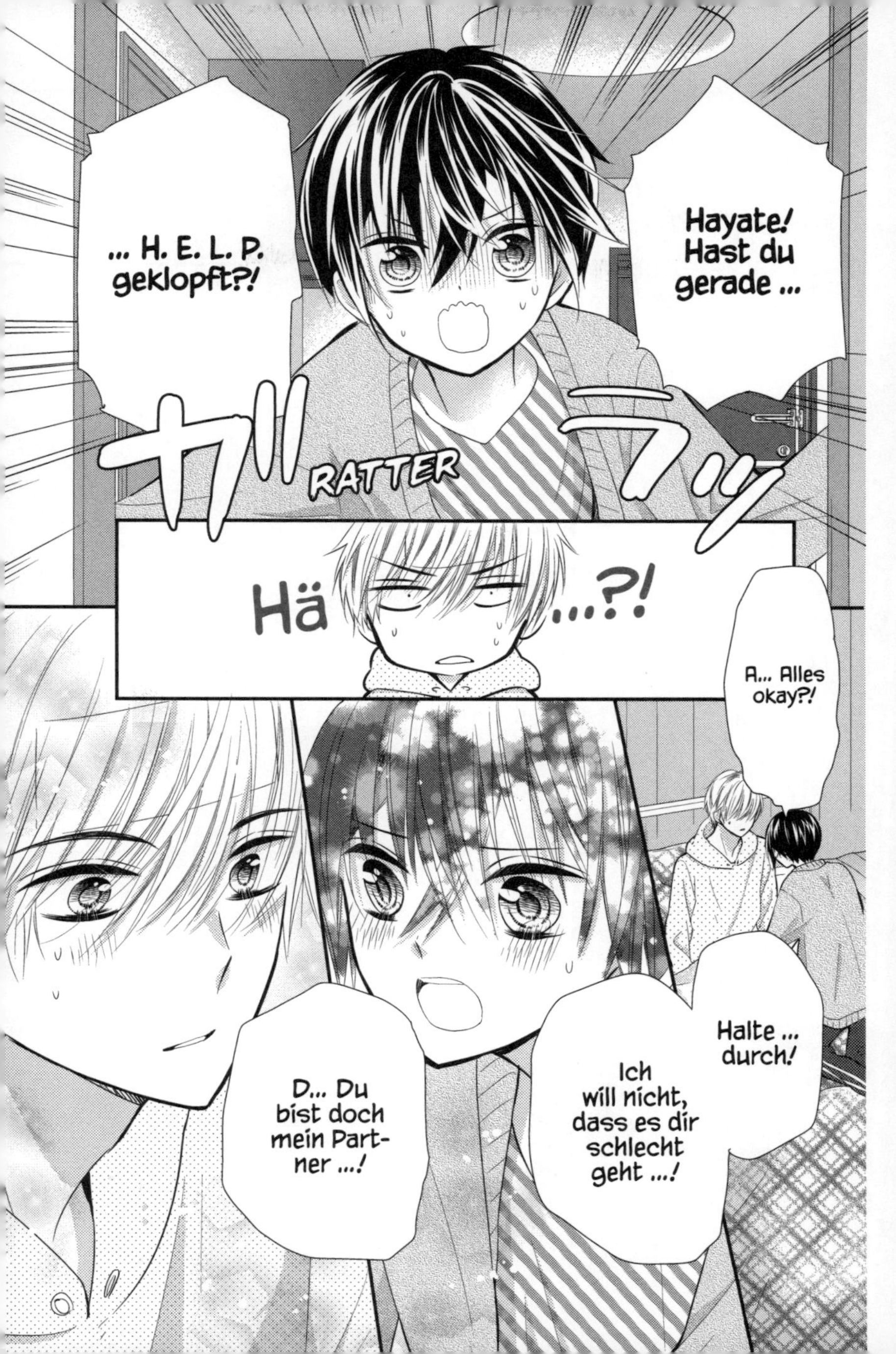

Hayate! Hast du gerade ...
... H. E. L. P. geklopft?!
RATTER
Hä ...?!
A... Alles okay?!
Halte ... durch!
Ich will nicht, dass es dir schlecht geht ...!
D... Du bist doch mein Part-ner ...!

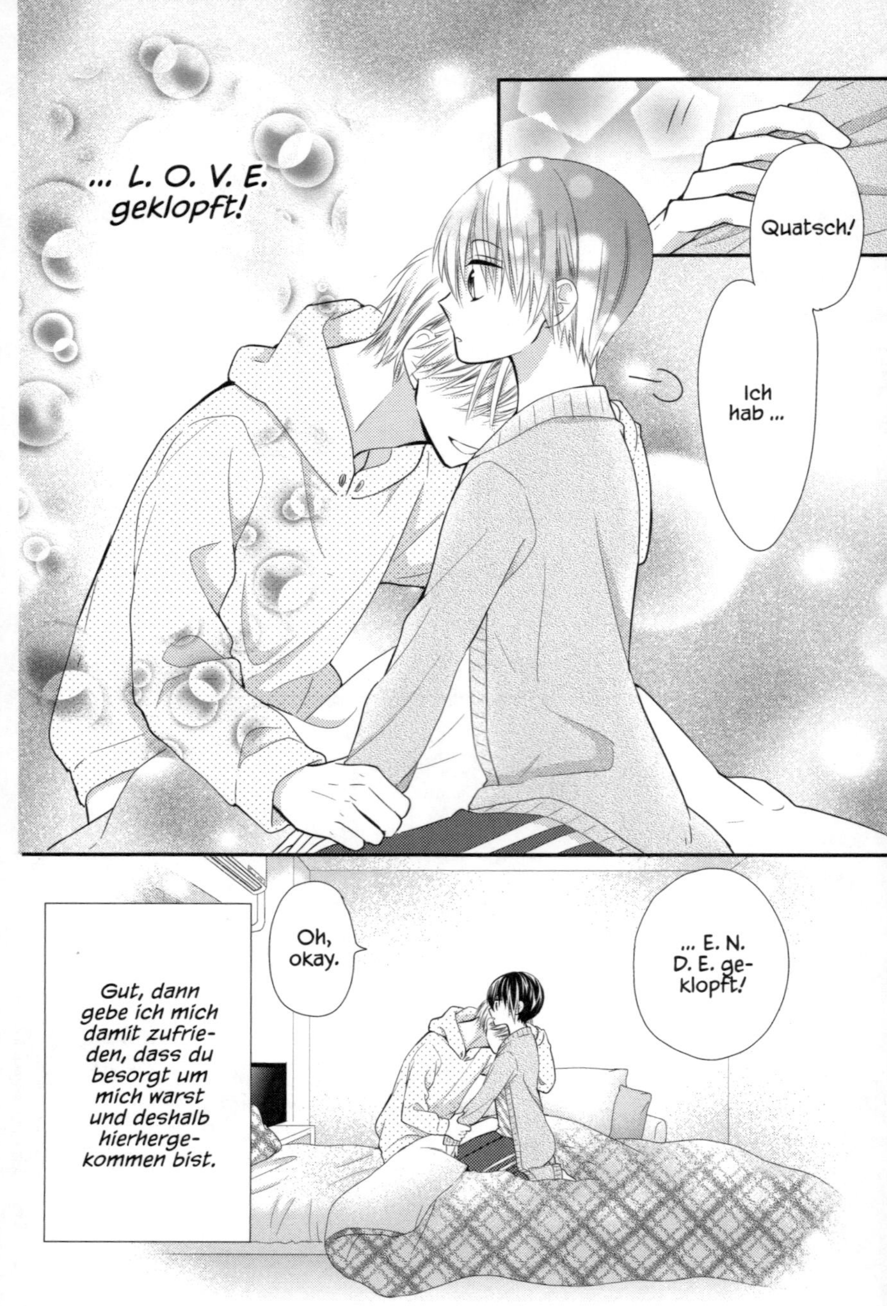

Buddy Go! Bonus-Story / Ende

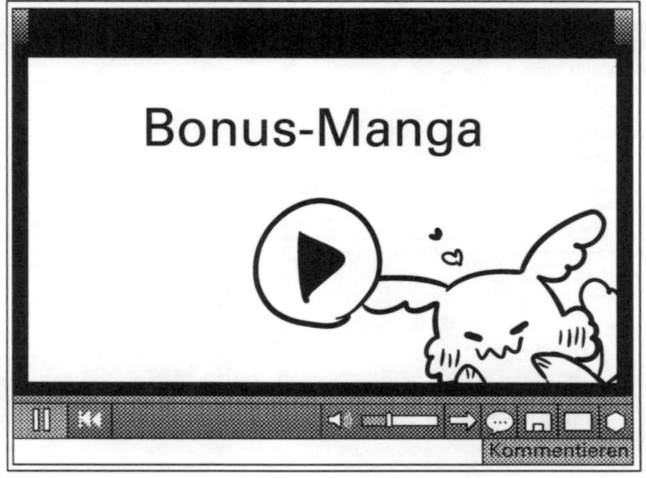

Hier geht es um etwas, von dem bereits in der Hauptstory kurz die Rede war!

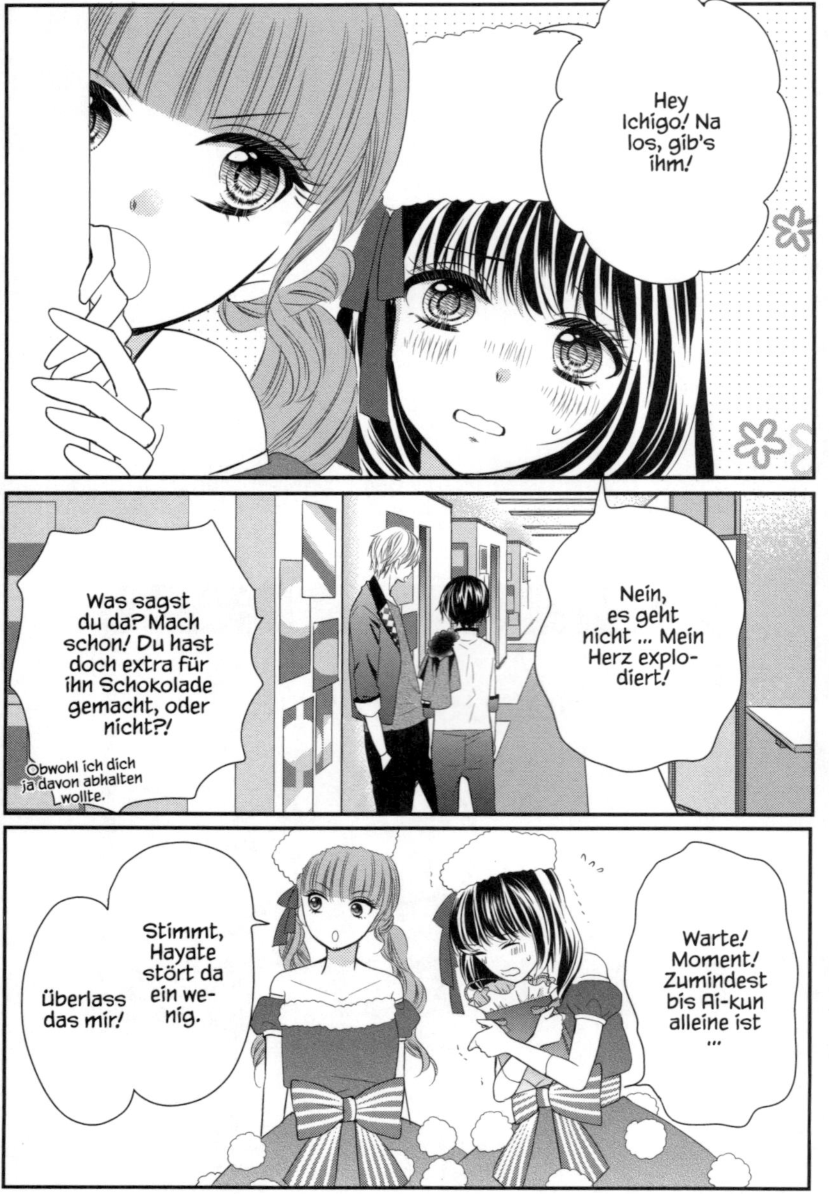

Hey Ichigo! Na los, gib's ihm!

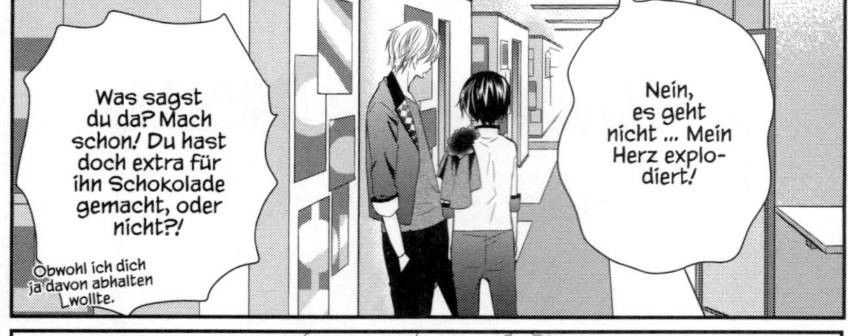

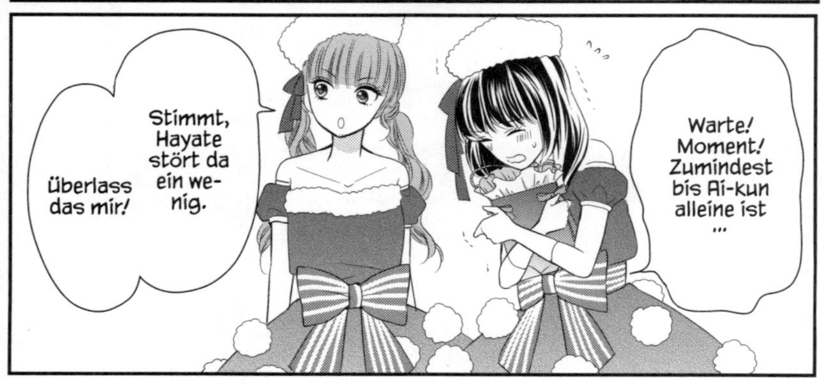

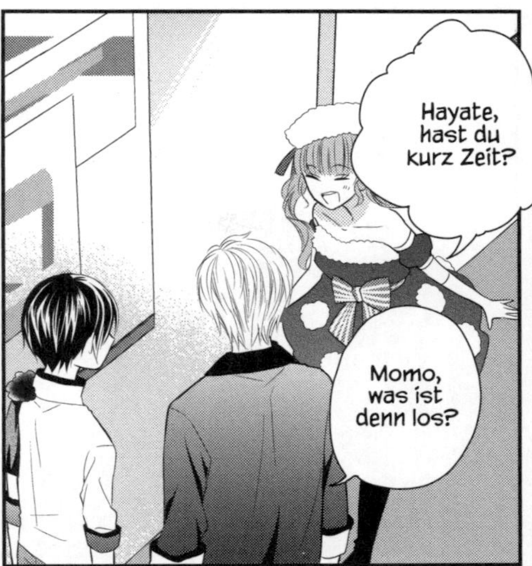
Hayate, hast du kurz Zeit?
Momo, was ist denn los?

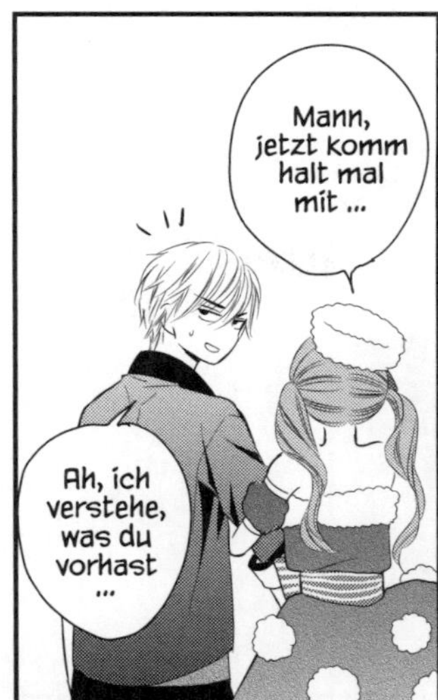
Mann, jetzt komm halt mal mit ...
Ah, ich verstehe, was du vorhast ...

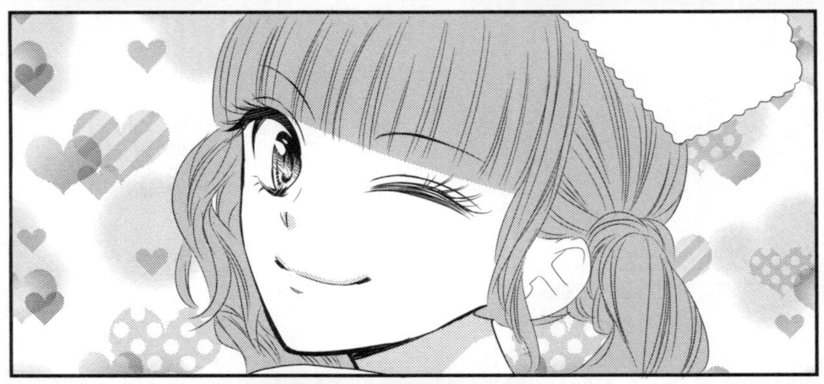

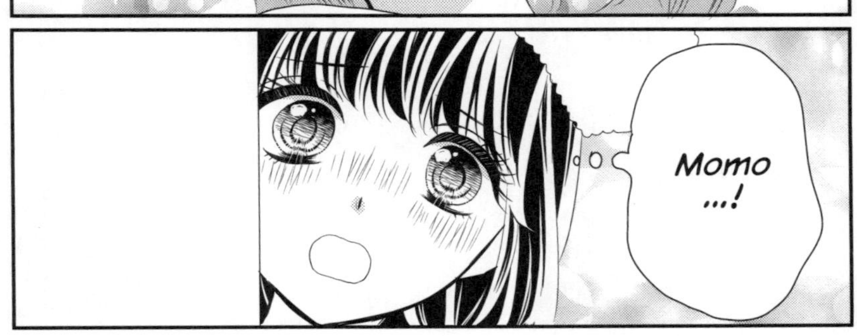
Momo ...!

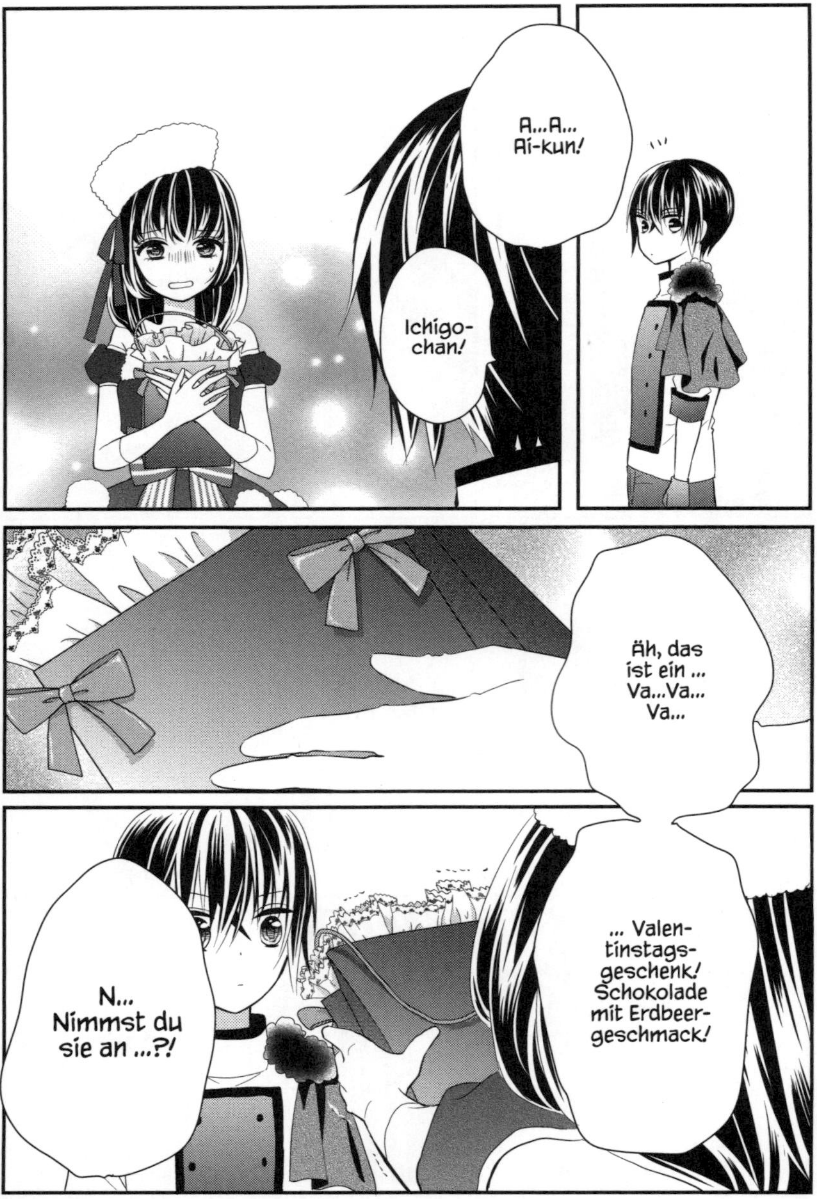

A...A...
Ai-kun!

Ichigo-chan!

Äh, das ist ein ... Va...Va... Va...

... Valentinstagsgeschenk! Schokolade mit Erdbeergeschmack!

N... Nimmst du sie an ...?!

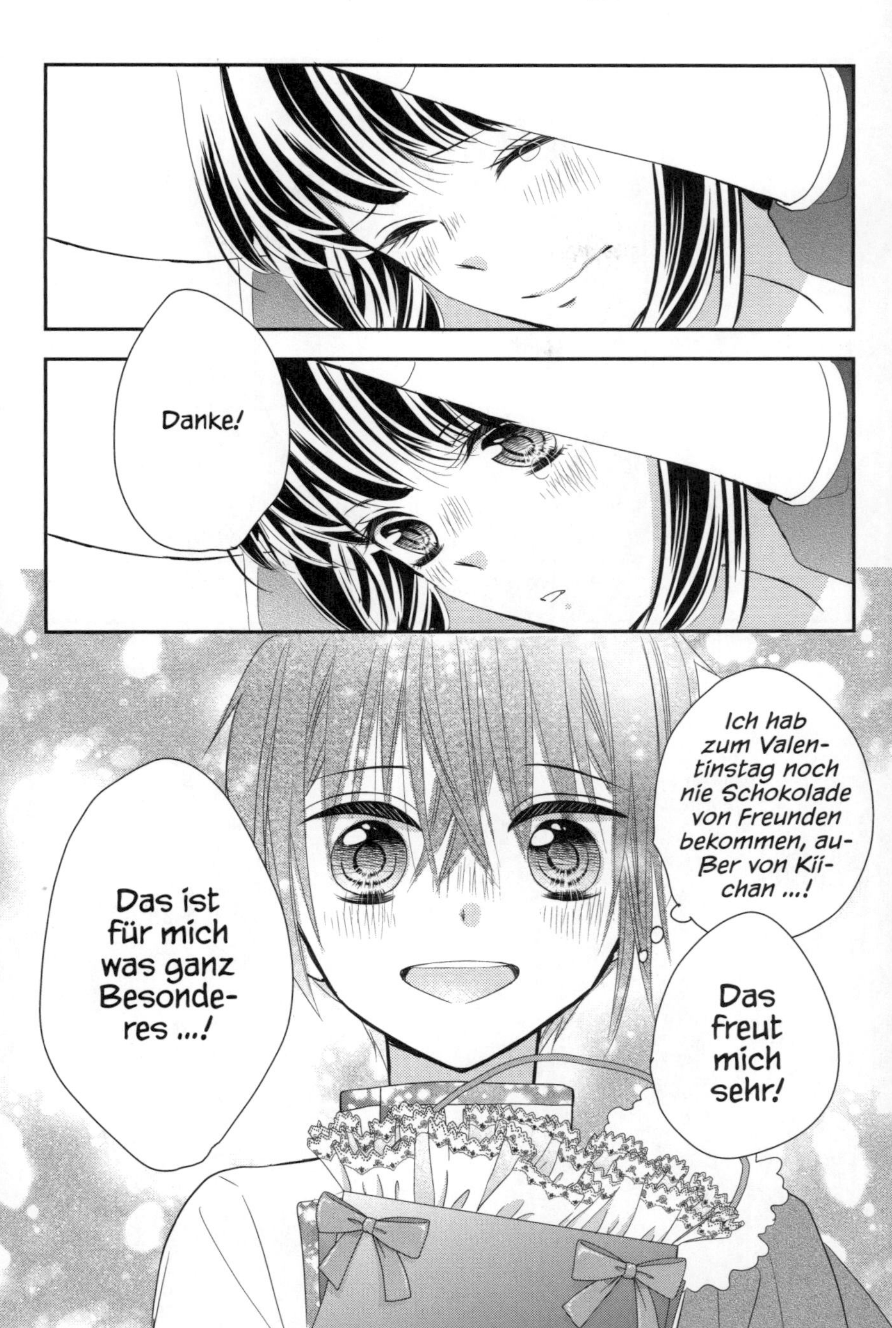
Danke!
Ich hab zum Valentinstag noch nie Schokolade von Freunden bekommen, außer von Kii-chan ...!
Das freut mich sehr!
Das ist für mich was ganz Besonderes ...!

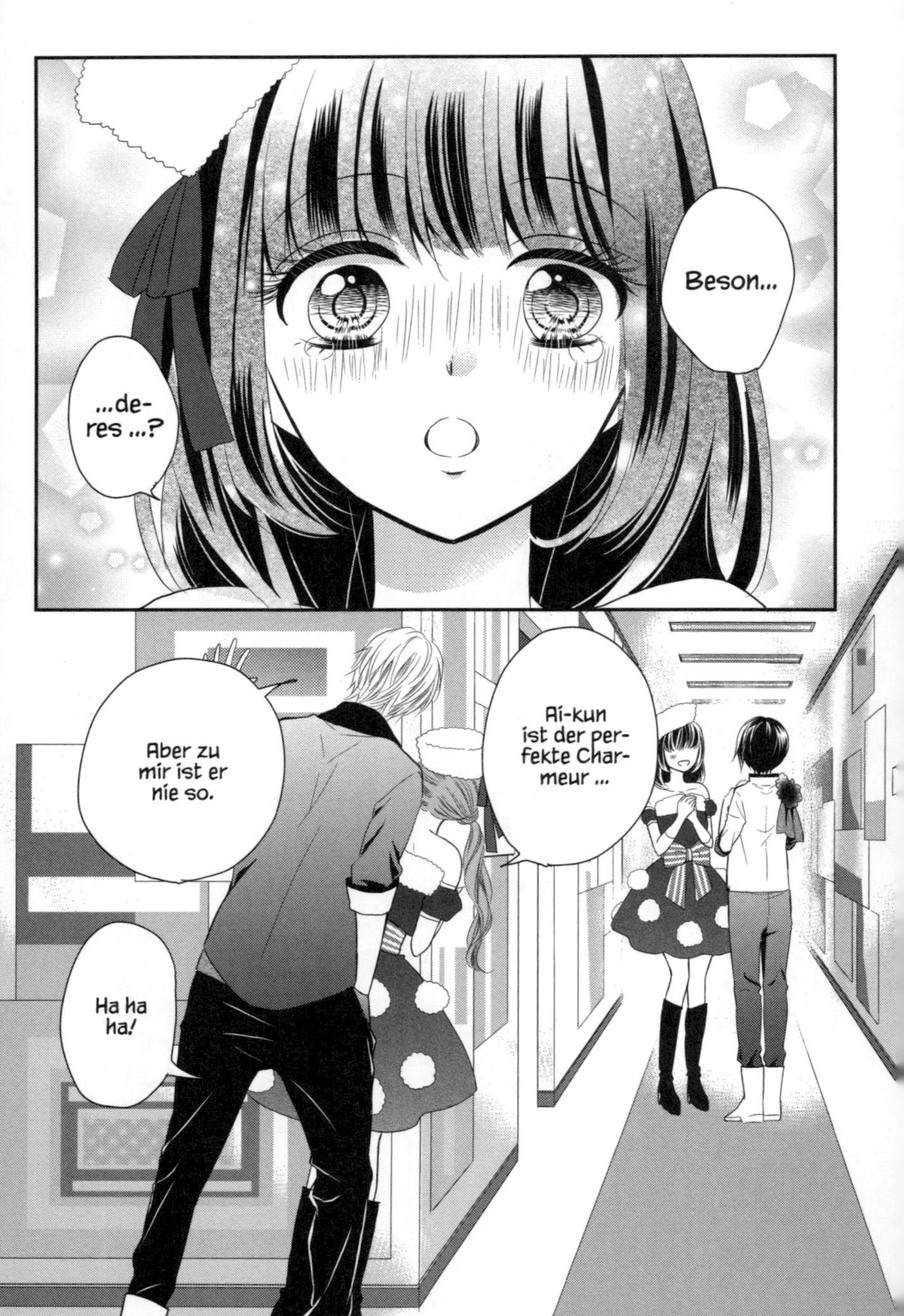
Beson...
...deres ...?
Ai-kun ist der perfekte Charmeur ...
Aber zu mir ist er nie so.
Ha ha ha!

Special Thanks!

Vielen Dank, dass ihr euch für diesen Manga entschieden habt!!

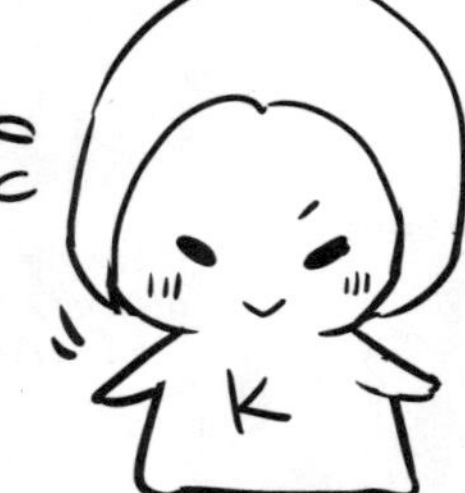

Ich würde mich freuen, wenn wir uns in Band 10 wiedersehen!!

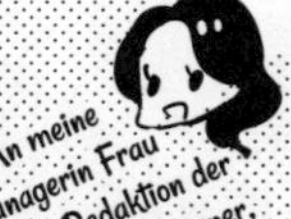

An meine Managerin Frau Suzuki, die Redaktion der *Ribon*, die Grafikdesigner, alle, die mir bei *Buddy Go!* geholfen haben

An meine Assistenten Ueda-san, Kamiyama-san, Saibara-san, Matsuda-san

Und an alle Leserinnen und Leser von *Buddy Go!*

An Nico-san, die mir bei der Jugendsprache geholfen hat

An alle Tänzer und Sänger, die bei den Aufnahmen geholfen haben

Nur dank euch gibt es *Buddy Go!*

Eure Post bitte hierhin senden:
Shueisha *Ribon* Editorial Office
Ms Minori Kurosaki
119-0161 Tokyo, Japan

Twitter
kuromino514

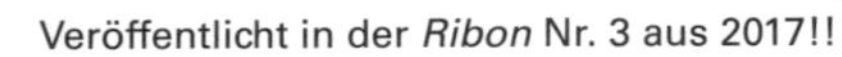

Veröffentlicht in der *Ribon* Nr. 3 aus 2017!!

Buddyz im Interview zum Valentinstag!!

Wenn die beiden Charaktere aufeinandertreffen, sind sie unschlagbar! Ein Spezial-Interview mit Buddyz!

Hayates Antworten

Antwort 1: Klar! Mich machen ja schon die Geschenke allein glücklich, aber außerdem die Nummer eins für die Mädels zu sein, ist echt großartig. Wenn dann auch noch das Mädchen, das ich mag, eins von ihnen ist, könnte es dazu kommen, dass ich Freudensprünge mache. Ha ha!

Antwort 2: Ich freu mich über jegliche Form der Übergabe. Am besten ist es natürlich persönlich, aber ich mag es auch, wenn sie zu schüchtern dafür sind und mir die Geschenke lieber auf den Tisch oder in den Schuhschrank* legen ... Das finde ich voll süß.

Antwort 3: Natürlich würde ich gern jeder genau das schenken, was sie sich wünscht, aber dann käme das so rüber, als würde ich das nur aus Höflichkeit machen. Deswegen gibt's noch eine Umarmung von mir dazu.♡

Antwort 4: Pudding, ha ha! Weil er das total gern isst!

Er freut sich auch, wenn die Mädchen zu schüchtern sind, um ihm ihre Geschenke persönlich zu überreichen.

*An jap. Schulen hat jeder Schüler sein eigenes Schuhschrankfach.

♥ Hier sind die Fragen ♥

Frage 1: Hast du am Valentinstag schon mal eine Liebeserklärung von einem Mädchen bekommen?

Frage 2: Wie bekommst du gern die Geschenke überreicht?

Frage 3: Was gibst du als Gegenleistung?

Frage 4: Wenn dein Partner eine Süßigkeit wäre, was wäre er dann?

Ais Antworten

Antwort 1: Äh, ja. Aber ich hab wirklich Respekt davor, wenn sie es von sich aus sagen … Dafür braucht man total viel Mut … Ich könnte das nicht.

Antwort 2: Ich freue mich über alles. Aber wenn sie mir auf einmal ihre Geschenke hinhalten, erschrecke ich mich immer und weiß gar nicht, wie ich reagieren soll …

Antwort 3: Eine Gegenleistung … Ähm, ich bin nicht gut im Reden … Oh, aber tanzen kann ich! Wenn ich die Gelegenheit für eine Performance habe, dann schaffe ich es schon, meine Dankbarkeit zum Ausdruck zu bringen (lächelt zufrieden).

Antwort 4: Crêpes. Die haben wir auch schon mal zusammen gegessen.

Dance Talk mit Buddyz ♥

Was mögt ihr gegenseitig an eurem Tanz?

Hayate: Wie man sieht, ist mein Tanzpartner sehr klein.

Ai: (Genervt) Was soll denn diese komische Aussage?

Hayate: Ha ha! Aber gerade das unterstreicht ja die Stärken seines Tanzstils. Da er seinen kleinen Körper so gut verbiegen kann, kann er viel mehr Dynamik in seinen Tanz legen, als ich es jemals tun könnte.

Ai: (Glückliches Gesicht)

Hayate: Er sieht total froh aus (lacht). Am Anfang konnte ich ihn, außer beim Tanzen, überhaupt nicht einschätzen. Aber inzwischen weiß ich ziemlich genau, was in ihm vorgeht, wenn ich seinen Gesichtsausdruck sehe (lacht).

Ai: A… Ach was!

Hayate: Und du? Was magst du an meinem Tanz?

Ai: Was ich … daran mag? Äh … ähm … Hayates Tanz baut durch sein Timing eine so starke Präsenz auf, dass man die Augen nicht von ihm lassen kann. Er drückt mit seinem ganzen Körper aus, dass er das Tanzen liebt, und raubt einem damit das Herz.

Dann geht es bei eurem Training sicher heiß zu, oder?

Hayate: Das stimmt. Da kommt schnell mal das Gefühl auf, dass man nicht verlieren will.

Ai: Und dann merken wir auf einmal, dass wir total k. o. sind …

Hayate: Wir schwitzen jeden Tag so viel, dass wir gar nicht mit dem Wäschewaschen hinterherkommen.

Ai: Hayate stinkt manchmal.

Hayate: Was erzählst du hier für 'nen Quatsch?!

Ai: He he! Neue Trainingsklamotten wären super, oder?

Hayate: Stimmt. Ach, wollen wir nicht welche von unseren Fans gestalten lassen?!

Ai: !!

Hayate: Wenn wir damit trainieren, werden wir bestimmt noch besser, oder?

Ai: Ja! (Nickt eifrig)

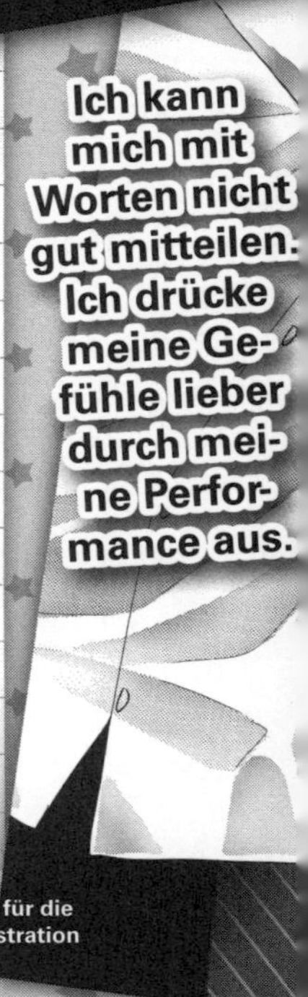

Ich kann mich mit Worten nicht gut mitteilen. Ich drücke meine Gefühle lieber durch meine Performance aus.

In der *Ribon* Nr. 3 aus 2017 fragten wir die Fans tatsächlich nach Designvorschlägen für die Trainingsklamotten! Buddyz trägt das Gewinner-Design übrigens auf der Kapitelillustration von DANCE 32♪. Schaut es euch gern noch mal genauer an.

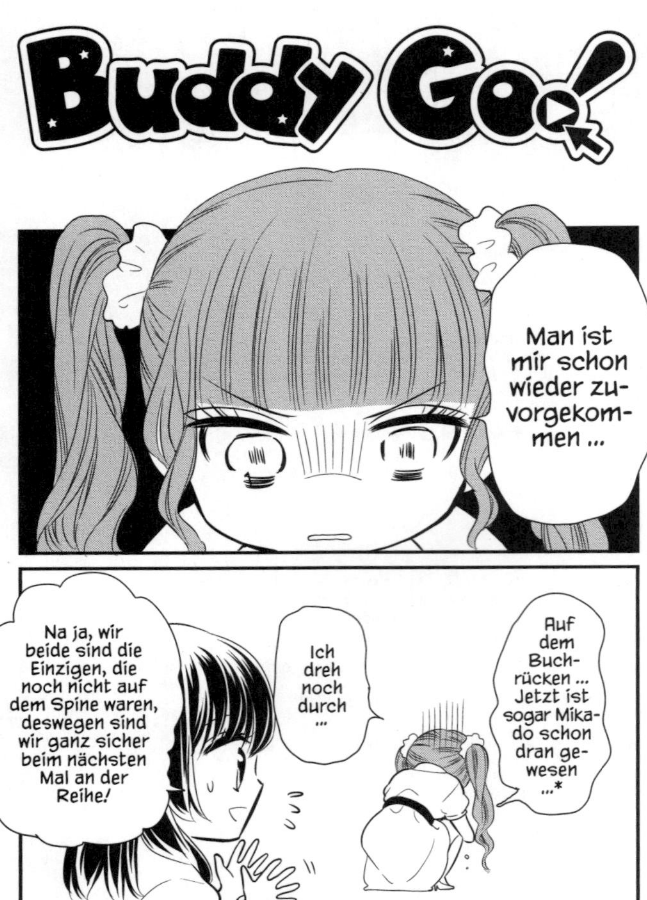

*Auf dem Buchrücken des jap. Originals ist Mikado abgebildet.

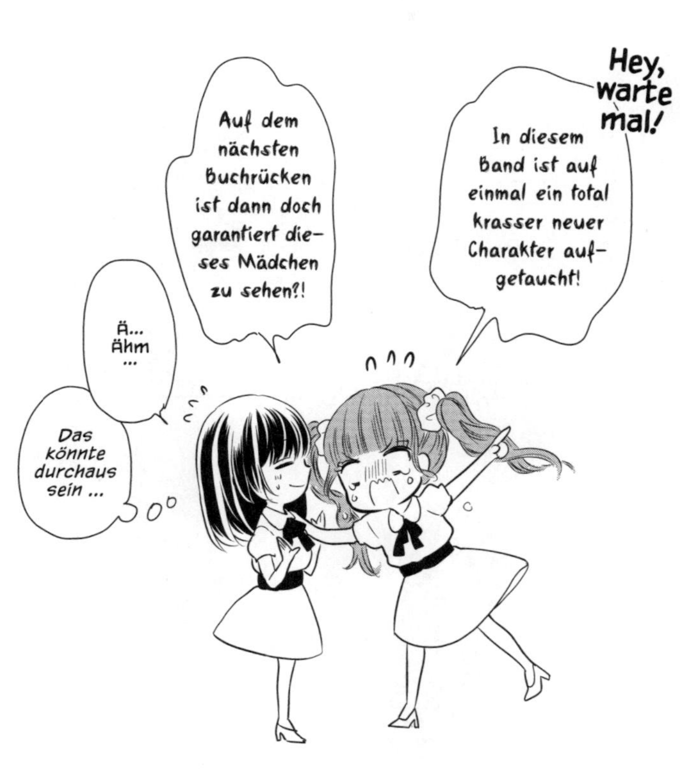
Hey, warte mal!
In diesem Band ist auf einmal ein total krasser neuer Charakter aufgetaucht!
Auf dem nächsten Buchrücken ist dann doch garantiert dieses Mädchen zu sehen?!
Ä... Ähm ...
Das könnte durchaus sein ...

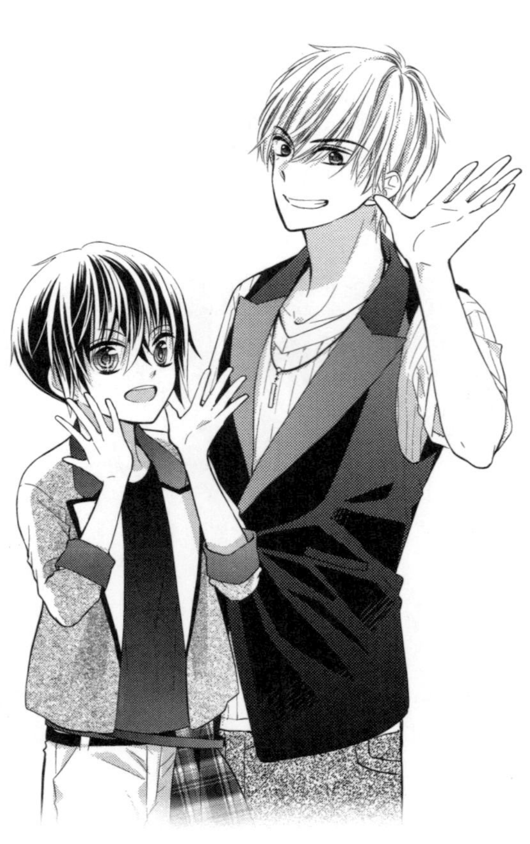

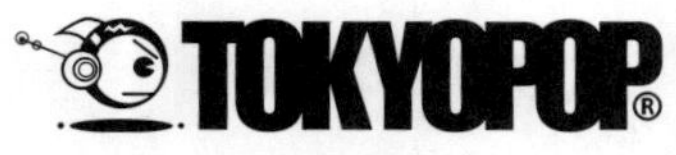

TOKYOPOP GmbH
Hamburg

TOKYOPOP
1. Auflage, 2019
Deutsche Ausgabe/German Edition

Aus dem Japanischen von Mika Friebel

Redaktion: Benjamin Spinrath
Lettering: Vibrant Publishing Studio
Herstellung: Rita Geers, Nils Bornemann
Druck und buchbinderische Verarbeitung:
CPI–Clausen & Bosse GmbH, Leck
Printed in Germany

ISBN 978-3-8420-4761-7

www.tokyopop.de

STOPP!

**Dies ist die letzte Seite des Buches!
Du willst dir doch nicht den Spaß verderben
und das Ende zuerst lesen, oder?**

Um die Geschichte unverfälscht und originalgetreu mitverfolgen zu können, musst du es wie die Japaner machen und von rechts nach links lesen. Deshalb schnell das Buch umdrehen und loslegen!

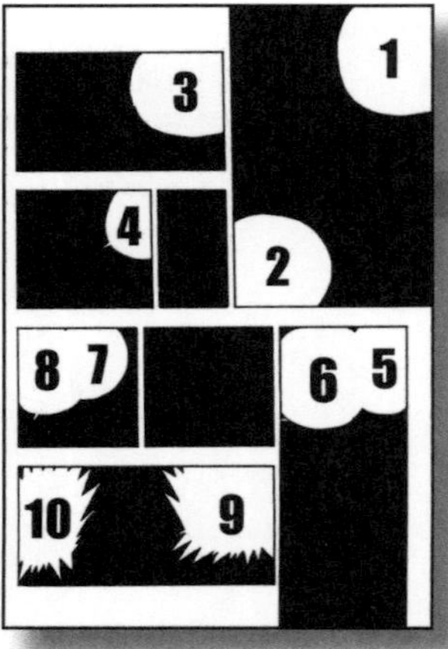

So geht's:

Wenn dies das erste Mal sein sollte, dass du einen Manga in den Händen hältst, kann dir die Grafik helfen, dich zurechtzufinden: Fang einfach oben rechts an zu lesen und arbeite dich nach unten links vor. Viel Spaß dabei wünscht dir TOKYOPOP®!